沈桂龙 主编

十年树木

上海社会科学院世界中国学研究所
成立十周年纪念文集

上海社会科学院出版社
SHANGHAI ACADEMY OF SOCIAL SCIENCES PRESS

编委会

（按姓氏笔画排列）

王圣佳　王海良　吴雪明　沈桂龙

周　武　姚勤华　梅俊杰

2012 年 11 月 10 日，"中国发展与中国学"研讨会暨世界中国学研究所成立大会与会者合影

2016 年 6 月 28 日，世界中国学研究所集体照

2016 年 11 月 15 日，世界中国学论坛办公室创建"上海市三八红旗集体"座谈会

2021 年 3 月 26 日，王德忠院长一行来世界中国学研究所调研指导工作

2021年10月12日，权衡书记等出席九届世界中国学论坛协调动员大会

2021年12月7日，《世界中国学概论》出版座谈会与会者合影

2013年3月23日，第五届世界中国学论坛开幕式

2013年12月8日，中国梦的世界对话国际研讨会闭幕式暨全体会议

2015年5月6日，世界中国学论坛美国分论坛大会

2015年11月，第六届世界中国学论坛－中国学贡献奖获奖人与颁奖领导合影

2016 年 5 月 22 日，世界中国学论坛东亚分论坛大会

2017 年 7 月 9 日，世界中国学论坛欧洲分论坛与会者合影

2017年12月10日，第七届世界中国学论坛大会

2018年12月3日，世界中国学论坛拉丁美洲分论坛与会者合影

2019年9月10日，第八届世界中国学论坛开幕式捷克前总理伊日·帕劳贝克演讲

2021年10月，第九届世界中国学论坛俄罗斯前副总理谢尔盖·沙赫赖视频演讲

2016年9月4日，青年汉学家研修计划上海班（2016）开班仪式

2016年9月19日，青年汉学家研修计划上海班（2016）在浙江衢州调研

2017年9月4日，青年汉学家研修计划上海班（2017）开班仪式

2017年9月6日，青年汉学家研修计划上海班（2017）参观中共一大会址

2018年7月9日，青年汉学家研修计划上海班（2018年7月班）开班仪式

2018年7月22日，青年汉学家研修计划上海班（2018年7月班）参观故宫

2018年9月9日，青年汉学家研修计划上海班（2018年9月班）开班仪式

2018年9月26日，青年汉学家研修计划上海班（2018年9月班）于敦煌合影

2019年6月16日,青年汉学家研修计划上海班(2019)开班仪式

2019年7月2日,青年汉学家研修计划上海班(2019)参观凤凰古城

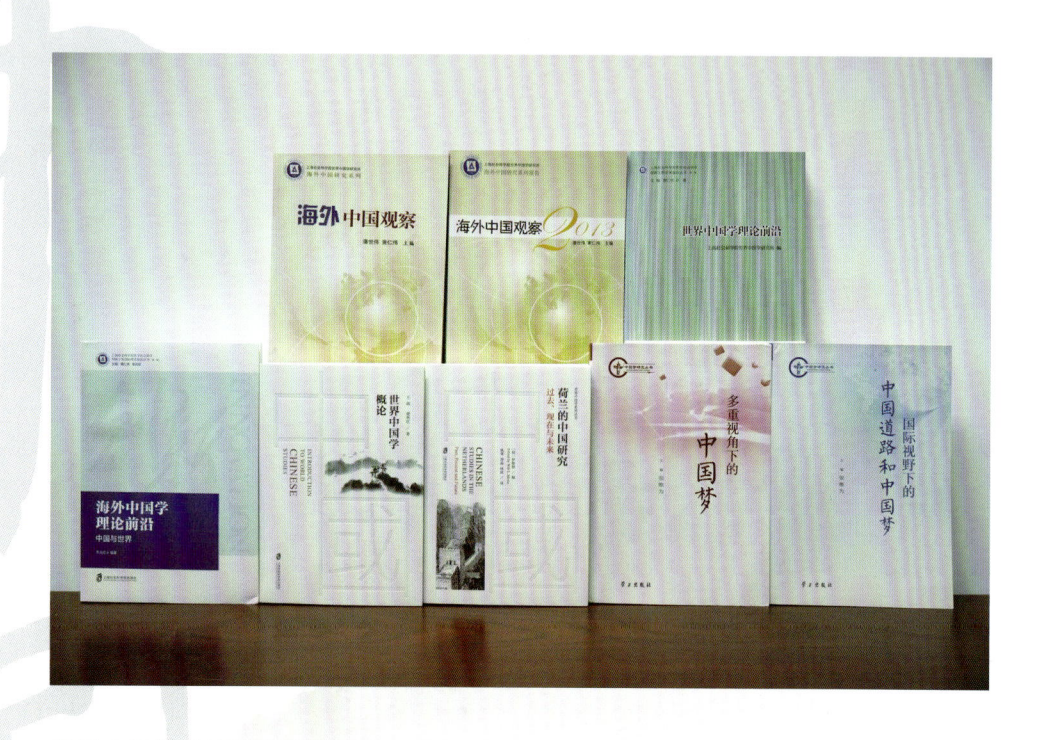

世界中国学理论研究著作

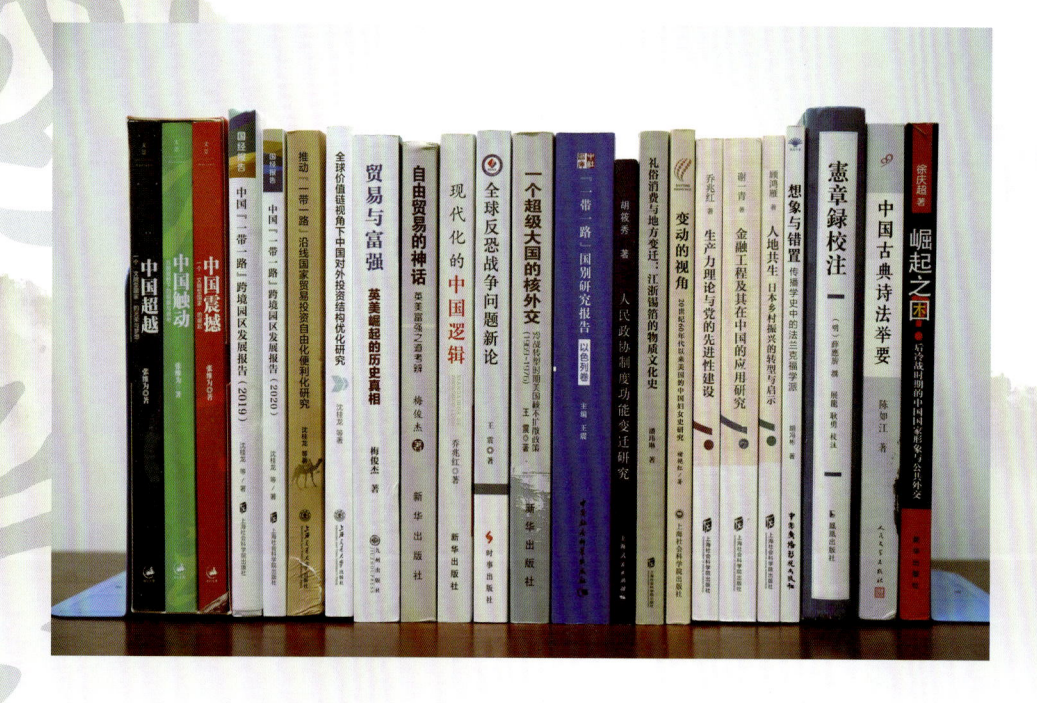

世界中国学研究所研究人员专著

中国学辑刊

海外中国研究书目提要

有关世界中国学论坛书目

世界中国学研究所研究人员译作

序一

朱国宏

改革开放以来,中国经济快速发展,很长一段时间持续以两位数高速增长,成为"二战"后发展中国家的增长奇迹。经历 1997 年亚洲金融危机和 2008 年全球金融危机的洗礼,中国经济的韧性和活力令世人瞩目。在华盛顿共识衰减、北京共识增强的大背景下,中国经济及其背后的制度安排也引起学者更大兴趣,经济、政治、文化、社会和生态等相互联系的诸多领域,成为研究中国发展的全球学者所关心的广泛议题。在这样的大背景下,作为上层建筑的中国学响应社会实践,从过去的传统汉学开始向当代中国研究转变。

党的十八大以来,我国新发展理念得到全面贯彻,综合国力跃上新台阶,软实力也进一步得到增强。但相比硬实力的快速上升,中国的国际话语权和文化影响力还需要大幅提升。2016 年 5 月 17 日,习近平总书记在哲学社会科学座谈会上的讲话中指出,"在解读中国实践、构建中国理论上,我们应该最有发言权,但实际上我国哲学社会科学在国际上的声音还比较小,还处于有理说不出、说了传不开的境地",为此,"要鼓励哲学社会科学机构参与和设立国际性学术组织,支持和鼓励建立海外中国学术研究中心,支持国外学会、基金会研究中国问题,加强国内外智库交流,推动海外中国学研究","增强我国哲学社会科学研究的国际影响力"。

以西方国家为主导的中国研究,在国别和区域研究的方法论中趋向停滞,而对现实问题的研究受到政治制度和意识形态的影响往往失真。对中国问题的研究,很多内容显示出西方学者主观性和片面性的缺陷,而广大发展中国家的中国研究在一定程度上受到忽视,一些更有价值的中国发展研究没有形成主流话语和广为接受的学科语言。特别是作为研究对象的中国,其本土学者对中国研究和叙事仅限于对国外中国研究的跟踪和评估,难以反映中国快速发展的事实,也不足以让更了解中国自身的学者发挥更为主动和积极的作用,从而引导世界中国学的发展。

党的十八大以来的十年,也是世界中国学所从建立到成长的十年。大力发展世界中国学研究所就是上海社会科学院落实习近平总书记"5·17"讲话的重大举措,是学科发展和智库建设的具体行动。建所十年来,世界中国学研究所从成建制的处级所发展成为具有较强影响力的局级所,在研究所的体制机制、发展目标、岗位设定和研究任务上不断优化完善,取得了不少可圈可点的成绩。世界中国学研究所的成立在于世界中国学论坛的召开和常规化运行,论坛反过来促进世界中国学研究所和世界中国学的积极发展。世界中国学论坛是中国研究以及中外文明交流互鉴的国家级平台。依托论坛,世界中国学研究所和各国中国问题专家建立起了密切的学术联系,形成了覆盖全球100余个国家和地区的中国学学术网,并很快成为系统研究各国中国学成果的学术重镇。

十年间,在历任研究所负责同志的带领下,世界中国学研究所取得了令人瞩目的成绩。就上海社会科学院内部而言,世界中国学研究所在全院科研考核中,2015年人均成绩排名第一,2020年综合考核排名第一。就国内学术界而言,世界中国学研究所也已成为中国学研究的高地。在学科发展上,获得国家社科基金项目11项,其中4项为重大项目;出版专著40余部,发表核心期刊论文百余篇;相关成果近10项获"上海市哲学社会科学优秀成果奖";2014年荣获上海市哲学社会科学创新研究基地。在智库建设上,主持完成30余项中央有关部门交办的课题或任务,近20项上海市各类决策咨询课题;所撰写的内参专报中,40余份获省部级及以上领导批示,其中近20份为中共中央政治局常委或委员批示;连续3届获"上海市决策咨询研究成果奖一等奖"。

此外,世界中国学研究所具体负责的世界中国学论坛、青年汉学家研修计划上海班,是讲好中国故事、传播中国声音的重要平台。出于对研究所团队工作的高度肯定,国务院新闻办公室、中宣部对外推广局、文旅部国际合作与交流局先后发来感谢信。对一个历史并不太悠久的研究所而言,可谓成绩喜人。

以2020年跻身首批上海市重点智库为界,世界中国学研究所的发展大体经历了两个阶段。此前,更多的是在论坛的支持下,推进研究所的发展。成为上海市重点智库后,则更加强调以学术的方式为论坛的发展以及讲好中国故事提供智力支撑。2020年以来,研究所先后推出《海外中国研究动态》《国际智库研究动态》《海外中国观察》《海外中国学舆情》等系列产品,出版"上海市重点智库丛书",并围绕当代中国与世界的重大议题产出了一系列原创性成果。自此,研究所从机制上确立了学科发展和智库建设的"双轮驱动"。

世界中国学研究所的成长和发展内在于中国发展的历史进程之中,中国发展催生了各国的中国研究热,全球性的中国研究热也带动了国内中国学研究的大发展与大繁荣。世界中国学研究所的十年发展是上海社会科学院建设中国特色社会主义新智库打开的一扇门户,是中国哲学社会科学发展的特定窗口的剪影,更是日益强盛的中国不断走向世界舞台中心的写照。

建所十周年,回忆过往,既是为了记录十周年辛勤耕耘的足迹,更是为了未来更好发展的总结和谋划。作为分管世界中国学论坛、联系包括世界中国学研究所在内的国际片的院领导,我希望十年树木的世界中国学研究所,更能够为百年树人作出应有贡献,能够推出一批在影响海外中国研究、建设世界中国学学科体系方面的名家大家,为中国哲学社会科学体系建设做出更大努力,为中国软实力提升贡献更大力量。

序二

沈桂龙

世界中国学研究所的十年是全院研究所当中最为独特的十周年。从一定意义上说,世界中国学研究所是上海社会科学院最年轻的研究所。目前全院17个研究所,既有老所大所,有的历史甚至比上海社会科学院还早,编制数是世界中国学研究所两倍的大所也不在少数;也有新改建的研究所,从其他研究所、中心改建或合并而成,规模或大或小,尽管这些新所和世界中国学研究所同一年建成,但从历史渊源和实体化运营的轨迹来看,都还是要比世界中国学研究所更早。世界中国学研究所的成立归因于世界中国学论坛的召开,某种程度上世界中国学论坛办公室也可看作世界中国学研究所的前身,但终究缺了研究所的学术底蕴,2004年就已经运作的办公室一开始就是非实体化的存在。因此,世界中国学研究所的十周年不同于其他研究所,而是走出了从无到有的真正意义上的新建研究所十年。

世界中国学研究所的十年是研究所功能健全丰富的十年。世界中国学研究所出生的胎记带有世界中国学论坛的底色,其主要任务之一就是承办好世界中国学论坛。之所以未将论坛办公室实体化,并负责世界中国学论坛的筹备和召开,我对此的理解是,研究所有着学术研究的任务,需要通过相应研究开展来服务和支撑世界中国学论坛,而不仅仅有着类似会务公司的功能。从院部的要求看,建设国内一流、国际知名的社会主义新智库,是全院的目标并需要所有研究所的共同努力,世界中国学研究所不能例外。世界中国学研究所这十年来的发展,尽管初始更加注重会务的组织和筹备,出现过学术与行政的争论,但总体来看,和其他研究所一样,落实并推动学科发展和智库建设的双轮驱动是研究所努力的主要方向之一和需要执行的重大任务。2020年沪社科院〔2020〕24号文《上海社会科学院世界中国学研究所"三定方案"》对世界中国学研究所职能进一步进行了明确:主要从事世界中国学领域的动态研究与专题研究,承办世界中国学论坛,建设中国学数据库,开展学术外宣和培训活动。研究所的十年成长,从其功能看,是个不断健全、不断明晰、不断丰富的过程。

世界中国学研究所的十年也是人员结构不断调适和优化的十年。2012年世界中国学研究所的成立,其成员组成既有原非实体化运营的论坛办公室成员,也有从其他研究所调配过来的人员。其后,陆续从外部招聘以及从院内其他研究所调入,不断增强研究所的科研实力。在人员流入的过程中,也有不少研究人员流出,甚至包括研究所的班子成员、论坛骨干和中坚的科研力量。研究所十年的发展和运行,一个不可回避的问题是,科研人员如何处理好论坛和科研的关系?沪社科院〔2020〕24号文对世界中国学研究所的定位十分明确,对世界中国学研究所的编制结构划分也十分清楚,即分成科研岗位、科辅岗位和行政岗位三大类,尽量保证专业的人干专业的事,但并不是各人自扫门前雪,而是围绕研究所的功能把研究所的主要任务做好。十年来研究所的人员有些流动,尽管流失了一些骨干,但总体向着有利于研究所人员结构的优化方向迈进,也为研究所同志不断调整和适应研究所发展目标提供了时间保障。从更长远和更客观的角度看,人员的流进和流出对研究所有利,对流动中的每一个人也都有利。

世界中国学研究所的十年也是世界中国学学科繁荣发展的十年。目前,国内已经有不少高校自主设置了跨专业的中国学交叉学科,也有不少高校已经在相关一级学科下自主设置了中国学专业。尽管目前中国学学科发展有着不同的名称,有海外中国学和国际中国学等,但对中国学研究在学科体系方面的需要越来越迫切,推进的速度越来越快,力度也越来越大。党的十八大以来,中央对哲学社会科学发展提出了更高要求,对中国学发展提出了更高目标。世界中国学研究所当前的专业分布还过散,聚焦性和显示度还不能适应当前的需要,在人员结构调整的过程中,更核心的是专业的调整,要把分散的专业对焦到世界中国学的发展上来。比较可喜的是,十年来世界中国学研究所在这方面取得了不少进展,专业的向心力得到很大提高。

回顾世界中国学研究所的十年发展,作为研究所的负责人,为研究所取得的成绩而自豪,为所有领导对世界中国学研究所的关心、关爱而感激,也为所有曾经或迄今仍在研究所工作的同志付出的辛勤努力而由衷的感谢。这本回忆性文集,记录了十年中的重大事件和所有在职与离开同志的点点滴滴。这本集子不仅是记录过往,更有着对未来的思考和期盼。未来较长的一段时间内,世界中国学研究所需要更加关注领导和同事们所聚焦的问题,在体制机制的良好协调、学科和智库的双轮驱动、学术研究和行政会务的相互支撑方面取得更多更好的成绩。

十年是两个五年规划的时间,是中国曾经定下经济总量翻一番的时间长度,也是经济学上介于短周期和长周期的中周期朱格拉周期的平均时间,还是文学和影视中时常出现的文艺点和感情点。这是三十年河东、三十年河西的前后每个重要阶段的中间周期段,是开始与改变需要经历的最重要时间变量。我希望在这个特殊时间节点上,世界中国学研究所的所有努力和积淀会化作未来辉煌的坚实基础,我也相信世界中国学研究所的明天会更好!

目录

1　朱国宏　序一
1　沈桂龙　序二

1　黄仁伟　从世界中国学论坛到世界中国学研究所
7　洪民荣　因"会"而起，由"会"而生
　　　　　——关于世界中国学所成立的点滴回忆
11　王　振　世界中国学研究所建所十年中的五项亲历工作
16　张兆安　我与世界中国学结缘
20　张维为　关于世界中国学所的一些回忆
24　方松华　一个古老而又年轻的学科
27　姚勤华　最后的坚守
30　沈桂龙　难忘的记忆与深刻的体会
36　王海良　我与世界中国学所的链接
45　梅俊杰　中国学所最早那三四年
48　周　武　往日崎岖还记否
　　　　　——世界中国学所"前史"琐记
86　吴雪明　我与中国学所的六重缘分
96　赵念国　我有幸目睹并参与了中国学所的诞生
100　陈如江　一个匆匆的过客
105　王　震　我在中国学所的第一次国际交流
　　　　　——2013年9月柏林参会纪行

- 113　潘玮琳　中国学研究所成立前后的点滴回忆
- 118　张　焮　从零到正无穷：中国学所建所前的回忆
- 123　褚艳红　我与中国学所共成长
- 128　顾鸿雁　筚路蓝缕，以启山林
- 132　徐庆超　不负遇见：拾忆那"一片潮流"
- 137　胡筱秀　文明因交流互鉴更精彩：青汉班纪事
- 140　焦世新　我与中国学所的渊源
- 143　高莹莹　我与中国学所
- 148　侯　喆　在上海聆听中国声音
- 151　宋晓煜　纪念那些一起奋斗过的时光
- 153　王　玉　上海·中国·世界
   　　　　　　——所庆十周年有感
- 157　王素云　岁月留痕：我与中国学所
- 160　谢一青　意外惊喜
   　　　　　　——我与中国学所的缘分
- 162　刘　晶　中国学所是我职业生涯的起点

附录

- 167　世界中国学论坛与中国理念的国际传播
- 180　中国学贡献奖介绍
- 182　青年汉学家研修计划（上海）五年
- 192　中国学所研究课题与学术奖励
- 197　中国学所大事记

243　**后记**

从世界中国学论坛到世界中国学研究所

黄仁伟

今年是世界中国学研究所成立十周年。如果要谈研究所建立的过程,就要谈到世界中国学论坛,因为世界中国学研究所是在世界中国学论坛的基础上形成的。我想谈一谈论坛是在怎样的情况下办起来的,经过怎样的发展过程,以及在建立研究所时,市里和院里对于建立研究所的一些考虑。这里面,我主要是谈院、市层面对论坛和建所的谋划思路:第一,上海社会科学院是怎么开始办论坛的;第二,在论坛产生了较大的国内外影响后,院里如何考虑把论坛转建为研究所,形成一个学科体系,组织一支研究队伍;第三,论坛与研究所并行后,两者如何形成相互加强、双轮驱动的关系。所刚建立时,学科和办论坛的关系没有完全理顺,这是一个不得不经历的过程。总的来说,世界中国学研究所的建立,形成了一支中国学的研究队伍。在全国来说,至今它仍是唯一的成建制的中国学研究所。

一、中国学论坛的起步

2001年,市委宣传部开始策划举办世界中国学论坛。当时,市委宣传部领导准备搞两个国际论坛,一个是中国学(汉学)方面的国际论坛,一个是城市文化方面的国际论坛。前者放在上海社会科学院,后者放在上海市社会科学界联合会,两个任务同时下达。社科院首先行动起来,我们举办国际会议的基础较好。张仲礼老院长在国际学术界声望卓著,加上有院所两级的国际学术交流网络,论坛的框架很快就搭好了,并计划在2003年上半年举办。但是2003年上半年发生"非典"疫情,全国各地都实行了不同程度的隔离措施,论坛当年没能开成,延期一年举行。

2004年7月,第一届世界中国学论坛召开。论坛前两周,恰逢社科院领导班子换届,尹继佐院长退休,上海市政协副主席王荣华同志接任院长兼院党委书记。我也是在这个时候进入院领导班子,担任分管外事的副院长。第一届论坛筹备工作是在我的前任——左学金常务副院长主持下进行的,屠启宇院长助理做了许多工作。我在论坛筹备的收尾阶段才介入,等于是跟着左院长"实习"了一段时间。当时我的一项主要工作是修改主旨演讲稿,因为主旨演讲人从尹院长换成了王院长,演讲稿的内容也要作相应调整。

第一届论坛留下了两个重要的遗产。其一是主旨演讲中用了"和而不同"这个主题词。整篇主旨演讲围绕为什么"和",怎样解决"不同"的问题,从文化和当前世界经济政治关系的角度展开阐述。由当时有能力的所各办一个分论坛,它们在自己的学科范围内围绕论坛主题设计相应的学术主题,这也就开启了论坛的"和"字系列主题。第一届到第四届论坛的主题都是"和"字当头,分别是"和而不同""和谐和平""和衷共济""和合共生",充分挖掘了中国文化传统中"和"的精神内核及其当代价值。在"和"系列主题的演绎方面,上海的专家学者们贡献了不少智慧。每届论坛筹备伊始,都请他们对主题进行一番演绎。围绕每一届的主题起草主旨演讲的任务,则由本院学者承担。历史所的杨国强、周武和哲学所的周山等研究员都参与了这四届论坛主旨演讲的起草工作,我则为演讲稿的起草增添一些国际关系学的背景材料,并担任最终的统稿工作。

第二是明确主办单位。第一届论坛是上海市政府主办,上海社科院承办。从一开始论坛的规格就定位非常高,由上海市政府主办人文社会科学方面的国际学术会议,是没有先例的。论坛实际是由上海市委宣传部指导策划,考虑到这样一个国际学术论坛,不宜使用市委宣传部的名义,经由市委领导研究,决定以上海市政府的名义主办。第一届论坛组委会的双主任是时任副市长的杨晓渡和时任市委宣传部部长的王仲伟。

这两点对此后论坛的定位和主题演绎至关重要。主办方明确以后,论坛的组织架构就有了基础性的定位,主题设计也有了明确的方向。否则,论坛就可能变成由社科院自己举办,主题也可能采用中国学方面的其他概念。

前五届论坛唯一发生的较大变化是主办方调整。2006年,上海市政府提出不主办。经过上下反复沟通,最后由社科院主办第二届论坛,这也是唯一一次由社科院主办的论坛。但是在实际操作层面,仍然由上海市委宣传部指导和下拨经费,和第一届是一样的。到了第三届论坛筹备得差不多的时候,王仲伟部长调任国务院新闻办公室副主任。他到新闻办后确定国新办作为论坛指导单位。第三届论坛在国新办指导下,由上海社科院继续主办,当时仍然没有恢复上海市政府主办的名义。到了第四届论坛筹备时,国务院新闻办公室主任王晨与上海市市长韩正当面商量,最终确立由国务院新闻办和上海市政府共同主办。自此之后,论坛开启了"双主办"模式。

尽管这个过程充满变化和波折,上海社科院始终坚持把论坛办下去。"双主办"确立后,在操作层面也还有一定困难,比如具体的事情该向谁请示,由谁来决定。社科院作为承办方,要面对三四个上级单位,整个协调工作比较复杂。不过,经过第四、第五届论坛的磨合,请示工作的流程基本理顺,为后来论坛筹备工作的顺利推进奠定了基础。我担任论坛秘书长具体负责筹备工作,一直到第七届为止。第八、第九届论坛筹备工作先后由王振、朱国宏两位副院长分管,我只提供一点参考建议。

二、论坛带动中国学发展

前四届论坛把"和"的核心理念提出来并加以充分演绎。从第五届开始,"中国"成为论坛的主题词,分别围绕"中国现代化:道路与前景""中国改革,世界机遇""新时代的中国""中国与世界:70年的历程""中国共产党·中国·世界"等主题展开研讨,这也更加符合当代中国研究的主线。中国学以中国为主要研究对象,讲好中国故事,促进世界与中国的相互了解、交流对话,是论坛的主要功能。这样论坛的现实功能和学术功能就衔接起来了。

论坛主题演绎反映了中国学与时俱进的发展变化,从另一个角度来说,论坛也带动了中国学在国内外一波又一波的发展。

其一，2005年，趁着第一届中国学论坛的余热，上海社科院承办了第四届世界亚洲学大会。这次大会在国内可谓规模空前。1 200多名学者到会发言，其中中国学者有200人左右，1 000多人是外国学者。整个会期7天，除开幕式、闭幕式和全体大会，还有240多个分会，平均每天举行40个分会。会议在上海展览中心举办，把那里大大小小的会议室都用上了。在上海展览中心正中间带金色雕花拱门的大厅里举行1 500多人同时用餐的冷餐会，场面也令人叹为观止，终身难忘。

当时举办这么大规模的国际学术会议，市里并非没有顾虑，也担心出状况。但是我们的胆子比较大，有点初生牛犊不怕虎。千人规模的国际学术大会，组织工作十分繁重。在市委领导下，会议办得很顺利，没有出现任何政治、安全、健康方面的问题，学术交流氛围非常活跃，讨论热烈。市委副书记殷一璀在参加完开幕式后称道，你们的大会已经成功了！

第一到第三届世界亚洲学大会都是在欧洲举办的。第四届亚洲学大会是第一次在亚洲召开，就在上海举办。此后亚洲学大会始终在亚洲举办，实现了亚洲学回归亚洲，意义非凡。这次会议把上海社科院的国际学术交流能力提到空前高度。亚洲学大会的学者网络与世界中国学论坛的学者网络融合了起来，此后，世界各国亚洲学和中国学的学者都可以来参加世界中国学论坛。

其二，从第四届开始颁发世界中国学贡献奖。这一奖项进一步提升了论坛的地位，使论坛走向世界中国学领域的高峰。国内外一流学者都参与了该奖项的提名和评选。获奖者都是毕生从事中国学研究，且在中国学领域内德高望重、成就卓著的大师名家。他们接受奖项并发表获奖感言，无论本人是否亲自到场领奖，都具有重大意义，对提升论坛的学术高度和影响力起到巨大作用。

其三，从2015年起，世界中国学论坛创办每年一届的海外分论坛。先后在美国、韩国、德国和阿根廷等国成功举办美国分论坛、东亚分论坛、欧洲分论坛和拉美分论坛，进一步拓展了论坛的海外影响，使论坛在广度方面更进一步。

其四,2016年开始到2019年我院承办了由文化和旅游部(当时为文化部)主办的青年汉学家研修计划(上海班)。该计划与在北京举办的汉学家座谈会平行。这个班的参与者都很年轻,平均年龄在30—35岁,其中大部分人拥有中国学相关的博士学位或正在从事与中国相关的工作,会说流利的汉语,很多人来自发展中国家。这个群体的加入,使我们突破了论坛原有的以美欧学者、资深学者为主体的参与者结构,将更多的中国学领域后起之秀纳入论坛的范围。

以上这四个方面是世界中国学论坛的拓展,也可以说是论坛带动起来的中国学发展。由此我们开始着手进行中国学的学科建设,这就涉及论坛向研究所的转型。

三、中国学研究所与中国学学科建设

2012年,我在院里的分管工作从外事转到科研,同时兼任历史研究所所长。论坛工作与王振副院长分管的外事工作有了交叉。在中国学所创建的工作上,前任的王荣华院长对论坛和研究所有过十分宏大的设计构想。继任的王战院长在学术上高度重视研究所的建立。潘世伟书记负责人事,抓工作落实尤其实际,认为应优先调配本院力量。潘世伟、王振和我组成中国学所筹建班子,具体推进。

当时建立中国学研究所的指导思想是,我们不能仅仅有会务,如果不搞中国学的研究和学科建设,论坛的支撑力就难以持续。经过这么多届论坛,带动了国内的中国学研究,现在,研究中国学比宣传中国学的人更多,论坛成为学术成果亮相的平台。

在潘世伟书记的积极推动下,我们从沪上高校引入了一批年轻人,从会务工作做起,慢慢开始转向中国学研究,另外,也从院内其他研究所调入具有中国学研究潜力的研究人员。所成立大会很隆重,来了不少国内外中国学领域的重量级学者。

年轻同志在开始时不得不面临兼顾论坛会务与科研的难题,而从其他研究所调入的研究人员也面临研究领域转换的问题。同时,这个初创的研究所虽然规模不大，但是在日常管理和科研工作上受院里领导，而在论坛会务工作上受市委宣传部、市新闻办、国新办等党政部门的领导。研究所的轮子在两个轨道上勉力运行，要协调步调，统筹兼顾，十分不易。两个轮子怎么配合，真正实现双轮驱动，是一件难事，不能一个轮子转，一个轮子不转，也不能哪个轨道上的事忙起来就转哪个轮子。在发展中遇到的困难，我们要逐一解决。

为了让论坛和所的两个轮子紧紧咬合起来，研究所的一项重要工作是对论坛进行成果转化，将历届论坛上诞生的创新观点和学科交叉成果梳理出来，形成一套中国学的论集。当时，院里还组织各研究所出版理论前沿系列，中国学所也出版了《世界中国学理论前沿》，这本书在国内中国学界有开风气之先的意义，产生了一些影响。所里也办了一个不定期刊物《中国学》。院领导下了很大的力气，为《中国学》争取刊号，可惜最终没有做成。历届所领导班子，对研究室进行了几轮调整，形成了中国学所自己的研究板块。很重要的一点是，所里开始培养中国学的后继人才，开设了中国学的硕博士项目。

虽然，建所过程中出现这样那样的困难，但是，归根到底，建不建所是完全不同的。中国学所就像一条小溪流，在蜿蜒曲折中不断变大。无论其间经过多少转折，它前进的根本方向始终不变。论坛从无到有，中国学所从无到有，从零敲碎打到形成一个体系，如果仅仅从世界中国学研究所和上海社会科学院在国内中国学学科体系内的发展来看，还是远远不够的，要放在中国和平崛起和中国的世界影响力不断提升的大背景下来认识。

从2002年到现在过去了20年，从2012年建所至今过去了10年，现在回过头来看，这些都只是开了一个头，今后可以做的事、要做的事情还有很多。

(本文由黄仁伟口述，潘玮琳记录)

因"会"而起，由"会"而生
——关于世界中国学所成立的点滴回忆

洪民荣

2012年3月，上海社会科学院世界中国学研究所（简称"中国学所"）正式成立。这在当时上海社科院50多年发展历史上，是一个标志性的大事。中国学所的建立，并不是单纯在院内增加了一个新的研究机构，而是有着更大的宏观背景和更广泛的深远影响。

建立中国学所，完全是因时而谋，顺势而建，其渊源自然是2004年开始举办的世界中国学论坛（简称"中国学论坛"）。可以说，中国学所是因"会"而起，由"会"而生。中国学所建所到今天已经10年，但溯源还必须回到20年前开始酝酿的中国学论坛。

中国学论坛最早是时任中共上海市委常委、宣传部部长王仲伟2002年倡议和积极推动的，并将首届论坛筹备工作交由上海社科院负责。上海社科院积极承担了这项重大任务并开展准备。时任院长尹继佐在作2003年工作报告时明确提出："要以主办首届'世界中国学论坛'等重大学术活动为契机，展示我院的学术实力，拓展我院对外交流工作，提升我院在国内外的影响力。"按照2002年8月的初步方案，"建立世界中国学论坛，旨在全方位地为世界中国学研究学者建构一个研究、交流和对话的平台，促进世界各国中国学研究的健康互动和蓬勃发展，为我国的社会主义现代化建设提供重要的借鉴和参考。论坛每两年召开一次年会，每次确定一个交流研讨的主题，邀请世界各国包括发展中国家的著名中国学研究学者与会，力争办成世界中国学研究、交流和对话的盛会"。依照这一方案，首届中国学论坛计划于2003年夏天举办（为了便于世界各国中国学研究学者能够顺利与会，时间初步定于2003年8月12—16日，其中三天开会，一天考察）。这一年，也恰是上海社科院建院45周年。但之后由于受2003年SARS疫情的影响，首届中国学论坛于2004年8月21—22日举行，由上海市人民政府主办、上海社科院承办。

在中国学论坛基础上建立中国学所，既是一个随论坛发展而渐进的过程，也是各方面条件和时机逐步成熟、水到渠成的结果。

第一，中国学论坛后来明确"落户"上海社科院，是中国学所得以建立的前提。中国学论坛的主办单位几经变化，但无论怎样变化，其背后都是上海市委宣传部，是由上海市委宣传部创办和支持的。虽然首届论坛交由上海社科院承办，但一开始并没有明确今后都由社科院承办。事实上，市委宣传部最初的设想是由上海几家主要社科单位轮办。首届论坛取得巨大成功后，院领导就积极争取将中国学论坛永久落户在上海社科院。2004年11月18日，王仲伟到社科院指导工作，时任市政协副主席、社科院党委书记、院长王荣华在汇报时就表示："世界中国学论坛，我们党委和行政讨论过，我们知道宣传部要轮流，总的由部里面考虑，但是我们请战，今后两年一次就放在我们这里，我们一定把它搞好，如果我们搞得不好，你们收掉。"从2005年起，院党委就在务虚会、工作会议、职代会等各个重大场合以及年度工作计划、"十一五"规划等重要文件中都非常明确、非常坚定地表示，要打好"世界中国学论坛"这张牌，要力争一届届地办下去，打造上海国际学术交流中心的载体和平台，在国际国内学术界树立起上海社科院的品牌。2005年7月下旬，市委、市政府和市委宣传部正式决定由上海社科院主办2006年的第二届中国学论坛（国务院新闻办公室和上海市委宣传部担任指导单位）。2007年7月7日，上海社科院在关于第三届中国学论坛和《中国学季刊》筹备工作的建议中就中国学论坛主办方问题，明确提出第二届中国学论坛曾因主办方问题出现复杂情况，第三届应避免出现类似情况。应争取市委宣传部认可今后每届中国学论坛都由上海社会科学院主办。2008年9月8日，第三届中国学论坛举行，由国务院新闻办指导，上海社科院与上海市政府新闻办主办。之后，中国学论坛一直采取由国务院新闻办和上海市人民政府联合主办，上海社科院和上海市政府新闻办联合承办的模式,中国学论坛工作稳定落户在了上海社科院。

第二,在中国学论坛筹备初始,就有建立中国学研究常设机构的念头或思考,这使得中国学所的建立有了很好的思想准备。2002年8月中国学论坛初步方案就提出,要"使之成为常设的有世界影响的'中国研究学术交流中心'"。2006年2月28日,王仲伟在听取上海社科院关于第二届中国学论坛筹备工作汇报时指出:"要写一份'近两年来中国学研究的进展报告'。先做内部报告,合适的内容可以在论坛发表。这份报告不只是介绍机构和方法,而是回答中国学研究的现状和未来。这份报告应当能够显示主办者的地位,是中国学的研究中心,至少是信息中心。"2008年5月26日,王仲伟在上海社科院研究有关工作时再次对建立一个中国学研究机构提出具体的设想:"办好中国学论坛,从长远看,内容建设和策划很重要,要有很好的组织机制,要有好的理念。要有建设一支专业化的人才队伍。要建立中国学研究会或中心,中心应该包容院内外、市内外、海内外的专家学者。中心发展的关键是不断更新,不要论资排辈,要搞项目制和成就制。此外,中心还可以设立工作站,举行年度会议,出版刊物和建立网站。除了刊物,还可以编辑一个资料集。"

第三,经过连续4届举办,特别是上升为国家层面论坛后,中国学论坛开始形成广泛性影响,中国学研究逐步成为"显学",并成为上海社科院的一张重要名片,这为中国学所的建立打下了非常好的基础。中国学论坛的连续举办,开辟由中国主导的"中国学"研究领域,使历史上曾被西方学者掌握话语权的"汉学"逐步转变为"以我为主"的"中国学"。上海社科院依托成功举办中国学论坛,集聚和联络了一大批国内外研究中国问题的大家、名家,提升了自身中国学研究队伍的能力和水平,形成了一支比较完整的国际化学科梯队、能够承担重大国际学术活动的组织管理队伍和一支素质较高、结构较完整的学术外宣团队。这就需要通过一定的组织化方式把积累的经验、取得的成果和重要的活动更好的集聚起来。更好地适应高水平举办中国学论坛的需要,更好地使中国学研究支撑上海社科院学科发展和智库建设,进一步打响品牌,为上海发展战略和中国的总体外交外宣战略服务。

第四,机构改革为中国学所的建立提供了非常重要的契机。2011年上海开展事业单位清理规范工作,时任上海社科院党委书记潘世伟抓住这一契机,谋划推动全院机构和编制设置的调整与改革。社科院制定并按照市有关部门批复实施了事业单位清理规范方案,其中根据学科建设和社会发展需要,对原有15个研究所的设置结构进行了调整和完善,新建、改建和扩建5个新的研究所,这就包括用非常稀缺、珍贵的一个独立法人、独立建制(原上海社科院亚太所)新建了中国学所。中国学所在之后的发展过程中,又经历了很多探索性的改革实践与创新,例如聘请院外专家担任所长,等等。

中国学所的建立,是上海社科院对于中国学的重要贡献。世界中国学所完成了从世界中国学论坛的协调机构向研究实体的转变,这一转变意义重大。第一,这是战略性举措,一举奠定了上海社科院在世界中国学领域的地位,丰富了社科院的学科体系,更体现了上海社科院作为地方社科机构的国际视野和国家担当。第二,这是创新性举措。中国学所既是一个跨学科的机构,也是一个具有办会功能的研究机构,两块牌子、一套班子,既是中国学论坛组委会办公室,又是世界中国学研究单位,这在传统研究体制设置中是没有的。第三,这是长远性举措,进一步加强了上海社科院的特色和基础,特别是在历史研究、国际研究和对外交流上的强项。通过强强组合,进一步凸显了上海社科院的优势,开拓了社科院发展的新空间。

中国学所从酝酿、成立到今天已经10年发展,这是几任领导班子不断谋划和积极推进的成果,是全所上下付出心血和努力奋进的结果,祝愿中国学所有更美好的明天!

世界中国学研究所建所十年中的五项亲历工作

王 振

世界中国学研究所(以下简称"中国学所")于 2012 年 3 月 13 日正式成立。这是当时我院研究所体制机制改革的一项重大举措,围绕新的学科与智库建设布局,通过整合相关力量,新建 5 个处级研究所。5 个新所包括了世界中国学研究所、国际关系研究所、中国马克思主义研究所、城市与人口研究所、政治与公共管理研究所。世界中国学研究所是在院世界中国学办公室基础上,同时抽调了几位国际问题研究所科研骨干建立的。

我于 2012 年 1 月正式就任副院长。初到院部,当时根据潘书伟书记与院党委提出的分工任务,我的主要任务是负责 5 个新建研究所的筹建工作和研究所体制机制改革创新工作,同时分管人事、外事工作。2017 年分管世界中国学论坛的黄仁伟副院长退职后,由我接替分管世界中国学论坛,同时负责联系中国学研究所。到今年,中国学研究所建所十年。回顾十年过程,觉得有五件我负责操作过的工作事项值得一写。

一、新所筹建

世界中国学研究所因世界中国学论坛而设立。世界中国学论坛是我院唯一的国家级的论坛,由国务院新闻办公室与上海市政府共同主办,我院和上海市政府新闻办公室具体承办,每两年举办一届,2004 年举办了第一届世界中国学论坛。在中国学所成立之前,共举办了 4 届。世界中国学论坛的主要任务,就是讲好中国故事,扩大中国研究的学术影响。

中国学所成立后的首要任务，就是明确研究所的定位。既然是研究所，开展学术研究是基础。同时这个研究所又与其他社会科学专业领域的研究所有很大不同，世界中国学论坛是立所之本，世界中国学研究是学术支撑。作为推动世界中国学论坛向长期化、制度化、机制化发展的常设性研究机构，中国学所的主要功能是为论坛提供学科基础和学术支撑。在对国内相关汉学、国学、中国学研究中心进行调研后，明确了中国学研究所的研究定位：一是全面跟踪和掌握世界各国的中国研究动态；二是向国内系统推介海外当代中国研究的代表人物、机构、流派及其重要学术观点；三是在系统搜集、整理海外当代中国研究最新成果的基础上，形成政策建言专报，发挥智库功能；四是向海外推介国内学者最新成果，影响世界各国的中国研究，在主流的世界中国研究领域内奠定中国自己的学术话语权；五是依托公共媒体、网络、学术出版物，及时将国内人文社科研究的新动态以学术语言传播到国外学术界；六是建设世界中国学研究资料库、网络数据库、学者信息库，形成学科研究、学者网络、高峰论坛和学术出版物四位一体的体系。

院部对新建的中国学所给予了积极支持。院部核定中国学所编制为 25 人，对最紧缺的科研人员鼓励从相关研究所直接引进；落实办公场所，在中山西路分部 7 楼提供了半个楼面的办公用房；提供经费保障，除研究所正常预算经费外，另外提供专项配套经费，如 2012 年下达 60 万元专项经费，2013 年下达了 50 万元专项经费，支持其开展课题研究和建设网站；支持对外聘请客座研究员，并可实施课题对外公开招标制。

二、聘请张维为教授兼任所长

中国学所第一任所长是张维为教授。张维为教授在 20 世纪 80 年代初中期曾担任过邓小平和其他中国领导人的英文翻译，走访过 100 多个国家，曾任牛津大学访问学者、日内瓦外交与国际关系学院教授、日内瓦大学亚洲研究中心高级研究员，2011 年回到母校复旦大学，担任中国模式研究中心主任。2011 年 1 月张维为教授出版了《中国震撼：一个文明型国家的崛起》一书，引起了社会各界的广泛关注，该书曾于 2011 年 9 月被时任国家副主席的习近平推荐给来华访问的世界银行行长佐利克,此书也被译成英文、阿拉伯文等多种文字出版。因为张维为教授具有世界眼光,对中国模式研究很有影响,当时王战院长建议聘请张维为教授兼任中国学所所长,并亲自与他沟通。我负责与张维为教授具体对接,最初设想是把张维为教授直接引进我院,但考虑到与复旦大学的关系,张维为教授更愿意担任兼职所长,因此最终我们采取了合同制方式柔性引进。对所长岗位采用柔性引才方式,在我院也是首创。由于中国学所是二级法人,这样从管理角度,需要有本院的同志负责财务方面的审核签字职责,为此我们专门为张维为所长配置了常务副所长,张维为所长重点负责中国学研究所的对外合作、国际论坛、课题研究、人才队伍建设等。院部为张维为教授专门提供了配套条件,包括年度岗位津贴、个人科研专项经费配套、研究助理等。这些配套后来也进一步成为我院引进成熟人才的关键举措。张维为教授兼任了一个任期三年的所长,其间为中国学所深化科研、办好论坛、扩大影响,发挥了领军作用,作出了积极贡献。

三、赴阿根廷举办拉美分论坛

自 2015 年以来,在国务院新闻办国际推广局的支持和指导下,世界中国学论坛每年在海外举办一届分论坛。2015 年在美国举办美国分论坛,2016 年在韩国举办东亚分论坛,2017 年在德国举办欧洲分论坛。2018 年根据国际推广局的意见,选择当年 G20 举办国的阿根廷举办拉美分论坛。我与中国学所沈桂龙所长多次前往国际推广局商讨论坛方案,并争取到中国社科院拉美研究所的合作主办。G20 阿根廷峰会刚刚落下帷幕,我们的拉美分论坛于 12 月 3—4 日在布宜诺斯艾利斯举行。会议聚焦"一带一路"热点议题,紧扣中拉合作的关心话题,共有 160 多位代表与会,拉美地区有影响的中国问题专家多数应邀出席了本次论坛。我院张道根院长专程赴阿根廷出席论坛并作学术报告。这次论坛感受最深的,是拉美各国学者对中国发展问题非常关注,但他们的中国问题专家对中国的改革开放又缺乏客观的系统认识。这也让我们感受到,世界中国学论坛海外分论坛,要讲好中国故事,更需要拓展到拉美、非洲、南亚等地区。在论坛举办前的一个月,我与院智库建设基金会的李轶海秘书长、中国学论坛办公室的樊慧慧副主任专程赴布宜诺斯艾利斯落实合作单位、致辞嘉宾和会场设施,其间拜访了阿根廷国际关系理事会(CARI)、阿根廷拉普拉塔国立大学(NULP)、阿根廷工银基金会(ICBC FOUNDATION)等机构,都得到了他们的高度重视和支持。我们与这些机构达成了合作意向,并在论坛上举行了签约仪式。

四、成功举办第八届世界中国学论坛

第八届世界中国学论坛是我代表院具体负责的一届论坛,于2019年9月10—11日在上海国际会议中心成功举办。本届论坛的主题是"中国与世界:70年的历程",中央政治局委员、中宣部部长黄坤明同志莅临本次论坛并作主旨演讲,中央政治局委员、上海市委书记李强同志在论坛开幕式上致辞。这是历届规格最高、国外学者最多、议题最广的一次会议,可谓盛况空前,效果超出预期。530多人参加了论坛开幕式和大会,超过800人参加了各平行分论坛,35个国家和国际组织的300多位中外中国学研究学者围绕论坛主题,展开热烈精彩的研讨,近百名中外记者采访报道本届论坛。因为这次论坛规格高,黄坤明部长将作主旨演讲,所以中宣部分管领导蒋建国副部长高度重视,亲自在北京和上海两地召集协调会。作为论坛主要负责人,我的考虑,就是要努力办出规格、办出特色、办出气氛。与以往历届有所不同,这次论坛,突出外国学者参加为主,受经费限制,邀请专程从国外来上海参会的学者只能控制在100名以内,所以就特邀在国内高校访学的一批国外学者、在上海参加联合国培训项目的外国学员与会,出席大会的外国学者就超过了200多名。对分论坛,我们采取适当的开放方式来增强人气,一批高校的研究生也积极与会,与各国学者进行面对面交流,每个分论坛会场满员、气氛热烈。另外在市新闻办的指导下,在中国学所同志们的共同努力下,我们对会场布置、会议手册编印、宣传片制作、外国学者接待等,努力从细节入手,做到了高标准、高质量,与我院的国家高端智库形象相匹配。

五、中国学所的"三定"工作

2019 年,根据市编办的相关精神,推进事业单位定职能、定编制、定岗位的"三定"工作,我院选择中国学所和信息所两个承担特殊职能的研究所作为试点单位先行启动。中国学所承担了承办国家级论坛的任务,信息所承担了国家战略数据库建设的任务,除了配备常规的科研岗位,还需要配备专职的论坛工作岗位或数据库岗位,也就是科研辅助岗位,另外两个所的科研工作也要与世界中国学论坛或国家战略数据库相衔接。通过调研和交流,院部对中国学所提出的基本职能定位是,主要从事世界中国学领域的动态研究与专题研究,承办世界中国学论坛,建设世界中国学数据库,开展学术外宣与培训活动;事业编制核定数为 26 名;设三类岗位,科研岗位 18 个,科辅岗位 6 个,行政岗位 2 个。中国学所根据院部提出的"三定"方案,对研究室设置进行了优化调整。

我与世界中国学结缘

张兆安

说起来,我与世界中国学的结缘,也许,确实可以被称为一个巧合。这是因为,在我以往几十年的工作经历和研究领域等众多方面,一直与世界中国学是很少有交集的。

但是,缘分来了,推也推不掉。

时间回到了2017年,在那个时候,我还担任着上海社会科学院副院长,因而也就分管了一些工作,其中,比较吃重的、时间和精力投入比较多的,应该是研究生院的教育工作。

当时,在我接手这项分管工作之后,就面临着一种"两难"的境地。一方面,研究生院朱平芳院长等人纷纷向我反映,在很长一个时期以来,研究生院工作存在着一个比较困扰的问题,那就是每年上海社会科学院博士研究生招生名额一直为40名,这么多年来,虽经许多努力,但始终没有增加招生名额,而相关研究所领导也有进一步增加博士研究生招生名额的强烈呼声。另一方面,每两年举办一届的"世界中国学论坛",上海社会科学院作为主要的承办单位,影响力越来越大,关注度越来越高,而世界中国学研究所因为没有博士研究生的招生名额,进而影响到本来应该在上海乃至全国很有特色的专业建设,以及研究生培养教育工作。

面对着这么棘手的情况,我确实也感到了左右为难。

怎么办呢?我想,即使再难,也要去争取。实际上,很多事,往往都在于事在人为。还好比较幸运的是,当年,上海社会科学院院长王战教授与我都是全国人大代表,于是,我们在2017年3月出席第十二届全国人大第五次会议期间,把这个情况向国务院领导和教育部领导进行了充分的反映和呼吁,还不断地与有关部门领导直接沟通和汇报。在全国人代会闭幕回到上海之后,我又专门带着研究生院朱平芳院长、佘凌副院长再一次赴北京,面对面向教育部的部领导和相关司局领导作了一次专题汇报。紧接着,在上海我又与王战院长、于信汇书记一起,向当时的上海市分管副市长、市教委领导专题汇报了上海社会科学院研究生教育工作的总体设想和需要解决的困难。最终,在教育部和上海市教育主管部门的大力支持下,在当年就给予了上海社会科学院增加 5 个博士研究生的招生名额,专门用于招收世界中国学研究方向的博士研究生。

与此同时,我还特别高兴的是,教育主管部门除了给上海社会科学院增加 5 个博士研究生招生名额之外,还增加了每年硕士研究生的招生名额,批准了每年可以招收 30 名金融专业硕士生的招生资格。后来,博士研究生招生名额又从 45 名逐年增加到了 48 名。在此,还要十分感谢教育部、上海市以及教育主管部门这么多的领导,有了他们的大力支持,才会迎来研究生教育工作的新局面。

这一个攻坚克难的过程,一直深深地印记在我的脑海里,我也经常会回忆起当时的一些人物、一些情景,确实令人十分感慨,也会常怀感恩之心。

应该说,博士研究生招生名额的突破,以及硕士研究生招生名额的增加和金融专业硕士培养点的设立,确实来之不易,必须好好珍惜。同时意味着,上海社会科学院正式开始招录和培养世界中国学研究方向的博士研究生了。应该说,这个十分重要的举措,无论在上海,还是在全国,也可以称得上是一个非常积极的探索。当然,只能成功,不能失败。

世界中国学研究方向博士研究生招生名额解决了,接下来,新的挑战又来了。由于世界中国学在国内研究生教育的学科框架内,还不是一个独立的学科,至于博士研究生培养更是一个新生事物,在这种情况下,我们只能采取集中资源、汇集力量打"歼灭战"的办法。于是,一些院所的领导和优秀学者都纷纷加入了世界中国学研究方向博士研究生的带教工作团队,这样,我也就自然而然地成了这个带教工作团队中的成员之一。

由此，我与世界中国学，也就逐渐开始深深地结上了缘。

第一，作为世界中国学研究方向的博士生导师。长期以来，我一直从事着经济问题研究和决策咨询工作，对于世界中国学确实是一个门外汉，几乎是进入了一个全新的专业领域。在这种情况下，我也不可能有其他的选择，只能花很多时间、很多精力，去不断学习、不断认识、不断积累，如今，终于也算比较快地、初步地入了一些门，但是，在未来的教育工作和自身学习中，仍然还有很大的提升空间。

后来，上海社会科学院出于各个专业博士研究生带教工作安排，在经济学专业博士研究生导师和世界中国学研究方向博士生导师这两者之间，需要我"二选一"。实话实说，我一直擅长于经济学研究和经济学专业博士生带教工作，当然希望继续担任经济学专业博士研究生导师，但是，最后还是考虑到世界中国学研究方向的教育资源比较少，再加上院部的总体部署和世界中国学研究所的实际情况，我也只能对经济学专业博士研究生导师"忍痛割爱"了，也只能仅仅成为世界中国学研究方向的博士生导师。

在这个过程中，有人认为我个人损失太大了，放弃了擅长的，投入全新的，也许，这个话说得没错，但我想，还是应该以大局为重。现在，回过头来想想，这也算是一种担当精神吧，也算是对世界中国学专业作出一点贡献吧。

第二，承担起世界中国学研究方向博士生的教学任务。由于2017年拿到增加5个世界中国学研究方向博士生招生名额的时候，博士生入学考试已经结束了，因此，这5个名额就只能分配给了其他专业的考生。到了2018年9月，第一届世界中国学研究方向的博士研究生正式开学了。当时，根据研究生院和世界中国学研究所的世界中国学研究方向博士生的培养规划和教学要求，由我来给博士研究生讲授"中国宏观经济分析"的课程。

真是强赶鸭子上架了。我自己是经济学背景，研究了数十年的经济问题，做了大量的决策咨询工作，出版了经济类的著作，发表了数量不少的论文和文章，还带教了经济学专业的博士研究生。今天，我所面对的是一群几乎没有经济学学科背景，又是世界中国学研究方向的博士研究生，如果仔细地想一想，就不难理解，这个教学任务确实有不小的难度。

那么,怎么去讲呢？我想,如果给这些博士研究生们纯粹去讲宏观经济学理论,不仅他们听不明白,而且也没有这个必要,毕竟他们不是经济学专业的博士研究生。为此,也就特别需要我好好地动动脑子,耗费一些心思了。在经过深思熟虑之后,我还是根据世界中国学专业研究方向的基本特点和知识体系,对这门"中国宏观经济分析"课程进行了必要的定位,设计了基本的框架,选择了在中国宏观经济发展方面的16个重要命题,并且按照这个思路去展开教学任务。时间过得真快,一路过来,娓娓道来,屈指数来,至今为止,我已经给连续四届的世界中国学研究方向博士研究生以及一些旁听生讲授了这门课程,也得到了博士研究生们的一些好评。这说明,自己花的一些功夫,也算起到了比较好的效果。

如今,在我自己带教的世界中国学研究方向的博士研究生中,已有两位博士研究生通过论文答辩毕了业,为此,也让我这个曾经的门外汉感到由衷的欣慰。

此时此刻,我也在想,我与世界中国学的缘分,一定还会继续下去,一定也会结出更加丰硕的成果。由此,我衷心地祝愿世界中国学研究方向的硕士研究生、博士研究生教育工作越办越好,也衷心地祝愿世界中国学研究所能够取得更加辉煌的成就！

关于世界中国学所的一些回忆

张维为

我与世界中国学所的关系可以追溯到自己连续参加了几届世界中国学论坛。我当时人在瑞士，任日内瓦大学亚洲研究中心高级研究员，先后应邀参加了第二届(2006年)、第三届(2008年)和第四届(2010年11月)世界中国学论坛，其中第四届论坛对我还有一番特殊的意义，因为我当时刚刚校对完《中国震撼：一个"文明型国家"的崛起》书稿清样，我为论坛提交的论文《文明型国家视角下的中国模式》源于这本书稿。始料未及的是，该书一个月后出版立即成为学术畅销书，迄今还是常销书。现在"文明型国家"话语现已成为国际政治的主流叙事之一，俄罗斯、印度、伊朗、土耳其等国都称自己为"文明型国家"。西方不少人认为"文明型国家"话语正在挑战西方自由主义秩序，而"文明型国家"概念及其理论框架第一次比较完整的发布，就是我给论坛提交的论文以及当时国内媒体的报道。

当时我还是上海社科院邀请前来参会的客人，但从2012年起我回到母校复旦大学任教。记得从2013年2月开始，上海社科院几位院领导王战、黄仁伟、王振等先后与我商谈，由我出任正在筹备中的世界中国学所所长事宜。他们对我说，中国学所将在中国学论坛筹备班子基础上组成，希望我来牵头把它逐步变成一个有一定分量的研究机构，同时将继续承办世界中国学论坛。我记得王战院长对我说，社科院的性质决定邀请纯粹的海外学者不行，但你有广泛的海外经历，现由复旦大学引进回国，我们聘用你属于柔性引进，把一个所交给一个海外引进的资深学者，也算是社科院建立学术特区的一种尝试，你也由中国学论坛的客人变成了论坛的主人。

我感谢社科院领导对我的信任，也担心复旦繁重的工作恐会耽误中国学所的工作，社科院领导则表示将积极支持我的工作。我也与他们探讨了自己关于中国学所未来工作的一些思考，归纳起来主要是三点：

一是"走向前台"。在中国学所的定位上，我认为可以考虑从过去处于"幕后"的跟踪分析走向中国学研究的"前台"，与国际学界进行实质性的对话和交流。如果说过去的定位是"跟踪、整理、吸收海外中国研究的最新成果"，那么现在可定位为"在跟踪、整理和吸收海外中国研究最新成果的同时，也争取在某些领域内逐步影响海外的中国研究"。如果说过去的定位是"发挥建言资政的作用"，那么现在也可以定位为"在发挥建言资政作用的同时，也通过创新研究、议题设置等，逐步推动中国话语走向世界"。这种定位的转型意味着要加强中国学所的原创研究能力和国际沟通能力。

二是"突出重点"。在研究方面，考虑到我们的人力财力资源有限，我们可能要有所为，有所不为。在有为的领域内，也要有重点，以点带面。我建议重点拟放在中国道路、中国模式和中国话语的研究。如果说我们的"跟踪、整理、吸收"是一个"面"，中国模式和中国话语的研究可以是主要的"点"，这个点应可以带动研究所的许多研究、创新和突破。

三是逐步"形成学派"。我们可以考虑推动形成中国模式和中国话语研究领域内的"上海学派"。现在在上海已有一批具有一定影响力的学者，他们高度认同中国模式，有很强的使命感，在各自的领域内已有一定的影响力。我们可以考虑以这些学者为基础，以中国学所为一个平台，推动学者间和机构间的协作创新，逐步形成一个在国内外都能产生一定影响的"上海学派"，这个过程也能有力地带动中国学所研究队伍的成长和研究水平的提高。

我正式就职是 2013 年 6 月 28 日上午，我记得是王战院长主持的会议，王振副院长宣布任命。他说，中国学所是我院最年轻的所，充满朝气，以中国学所为主力筹备的世界中国学论坛是我院国际化的重要平台。张所长的到任是我院人事制度改革中的一个积极实验；院里对所的发展将大力支持，特别是在组建国际专家网络方面，应实现院所互动，在社科院国际化工作方面可以走向前列，努力让"中国学的重心回到中国"。我那天也作了一个简短的发言,大意是:世界中国学所所长是一副沉甸甸的担子,我把一个研究机构的发展比作人生。人的年龄、阅历、思想高度构成了人生的长度、宽度、高度,三者相乘就是人的价值和对社会的意义。中国学所作为一个新所和小所,在长度、宽度上存在客观劣势,但在高度上可以做些文章,通过探索和创新做一些新所可以做的事。我说,我们现在对海外中国研究的再研究,具有天时、地利、人和的良好机遇。中国处于快速上升期是天时,我们身处即将成为世界最大经济体的国际大都市上海是地利,而一个年轻的团队加上院部的鼎力支持是人和。中国学是一个综合性的研究领域,需要我们改变目前原子化的研究模式,进行整合性研究。我希望青年科研人员带着使命感进行工作,通力合作,致力在我们选定的领域内建成国内一流、具有一定国际影响力的机构。

三年时间飞逝而过,我和中国学所的同志一起努力,当初提出的有些目标初步实现了,有些目标还未来得及实现,但事业没有中断,我在 2015 年 11 月成立的复旦大学中国研究院继续推进之。2017 年 5 月 11 日,也就是中国学所"民族复兴中国梦"创新基地项目结项时,我结合这个项目和三年来所里的工作作了一个简要汇报,我找到了当时汇报的 PPT,主要有下面一些内容:

一本专著《中国超越:一个文明型国家的光荣与梦想》于 2014 年获得主要领导人批示,于 2016 年获上海市第十一届中国特色社会主义理论体系研究和宣传优秀成果获(2014—2015)著作论文类一等奖。《民族复兴中国梦》创新项目下,主编出版了两本著作。整个研究所在过去三年中获得中央领导批示 6 项,获得重要奖项 5 项,获得省部级以上课题 13 项,出版专著和译著 10 部,发表在中英文核心期刊的学术论文 20 多篇。组织和参与"中国梦国际研讨会"(2013 年底),2013 年第五届世界中国学论坛,2015 年第六届世界中国学论坛,世界中国学论坛美国、东亚分论坛,率团赴英国、比利时、埃及等国进行学术交流,与复旦大学中国研究院联合举行了 12 期中国话语高端论坛等。

其实,就我个人而言,重要的不是这些量化的指标或种种奖项,而是获得了一段宝贵的心路历程,自己从"客人"到"主人",从海外到国内,从体制外到体制内,从跟踪海外中国学研究到力求引领海外中国学研究,后来又从中国学所走向更大的平台,继续推动中国道路和中国话语的原创性研究,推动中国话语走向社会,走向世界,这当中有太多令人难忘的人和事,这里无法一一叙述。在中国学所成立十周年之际,谨写此回忆短文向上海社科院的各位老领导和中国学所的新老同事表示衷心的感谢和崇高的敬意!

一个古老而又年轻的学科

方松华

值此世界中国学研究所创所十周年之际,我首先表示由衷的祝贺和致敬。十年前,上海社会科学院在市委宣传部潘世伟副部长(兼我院党委书记)主导下,新建了国际问题研究所、政治与公共管理研究所、中国马克思主义研究所、城市与人口发展研究所以及世界中国学研究所五个新所。十年来因为学科发展、研究生培养以及世界中国学论坛等诸多工作,曾经与世界中国学所的历任所领导梅俊杰、王海良、姚勤华、沈桂龙、周武等有着密切联系与兄弟般的情谊。十年间,他们兢兢业业将世界中国学所打造成了国内外中国学研究的重镇,并培养出了第一批自己的博士生,能够和世界中国学所的同仁一起见证这个古老而又年轻的学科的蓬勃发展,我感到与有荣焉。

十年间,世界中国学所从学科建设着手,使"汉学"这门传统小众的冷门绝学一举成为炙手可热的热门显学,这当然是由于中国改革开放以来的迅速崛起,让世界感受到了古老东方的魅力与难以言说的困惑。其实,早在21世纪初,为了更好地向世界说明中国,上海社会科学院就开启至今蜚声各界的国家级"世界中国学论坛",十多年来我也曾经代表中国马克思主义研究所和哲学研究所组织过多场关于"中国模式"和"文明对话"议题的圆桌会议。

除了学科发展和论坛筹备工作,近年来世界中国学研究所还举全院之力致力于博士点的建设,作为马克思主义中国化博士点曾经的负责人,我也被院里派来支援中国学所担任博士点导师工作,并很荣幸地带了两位博士生,使我这个中国近现代哲学和当代中国马克思主义的研究者跨界涉猎更为广泛的领域,这期间,甚至还为世界中国学所带了两名短期交流的伊朗和伊拉克学生，使我对人类不同的文明有了更加深入的同情理解和敬畏之心。

所以，值此世界中国学研究所十周年创所之际，深深感谢中国学所的同仁让我有机会学习和研究相关的课题。回望世界与中国的关系，有几点体会和诸君分享。

第一，研究世界中国学需要开阔的视野，特别是两千多年来世界的中国观研究。我特别注意到相关的三个阶段。第一阶段：早在欧洲文艺复兴时期，伏尔泰就曾经说，中国是"举世最优美、最古老、最广大、人口最多和治理最好的国家"。他说，当中国已经成为广大繁庶而且具有完善而明智的制度治理国家的时候"我们（欧洲各国）还是一小撮在阿尔登森林中流浪的野人哩"！他甚至说，早在四千年前，我们还不知读书识字的时候，他们就已经知道我们今日拿来自己夸口的那些非常有用的事物了。第二阶段：亚当·斯密在他的《国富论》中曾经写道："中国是比欧洲任何国家都富裕得多的国家。"但是，亚当·斯密说得更为直白的是："中国一向是世界上最富的国家，就是说，土地最肥沃，耕作最精细，人口最多而且最勤勉国家。然而，许久以来，它似乎就停滞于静止状态了，今日旅行家关于中国耕作、勤劳及人口稠密状况的报告，与500年前视察该国的马可·波罗的记述比较，似乎没有什么区别。也许在马可·波罗时代以前好久，中国的财富就已完全达到了该国法律制度所允许的发展程度。各旅行家的报告，虽有许多相互矛盾的地方，但关于中国劳动工资低廉和劳动者难于赡养家属的记述，则众口一词。中国耕作者终日劳作，所得报酬若够购买少量稻米，也就觉得满足。技工的状况就更恶劣。欧洲技工总是漫无所事地在自己工场内等候顾客，中国技工却是随身携带器具，为搜寻，或者说，为乞求工作，而不断在街市东奔西走。中国下层人民的贫困程度，远远超过欧洲最贫乏国民的贫困程度。"这其实就是我们所说的中国社会的超稳定结构，它既成就了中国在古代世界长期超稳定的繁荣发展，也导致了近代中国近两百年的沉沦。

一百多年前，中国曾经建立了亚洲第一个民主国家，但是，之后连年的军阀混战特别是日本的入侵，使得中国陷入苦难的深渊。新中国成立以后，特别是改革开放40多年，中国人用一代人的时光经历了现代西方三四百年的历程,成了世界第二大经济体,世界的中国观也得以反转:这就是第三阶段的世界中国观,既有捧杀中国的"当中国统治世界"、中国模式论,也有棒杀中国的"中国崩溃论""新中国崩溃论"。因此,比较深入的追问是罗素百年前的中国问题和汤因比之问,世界中国学的研究者责无旁贷、任重道远。

第二,世界中国学的研究应该有宏大的格局,这一点我们可以从中国的世界观的三个阶段来考察。

第一阶段:中国长达两千多年的封建社会所带来的经济发达、文化繁荣、社会稳定的局面,一直历经康乾盛世,维持到乾隆末年。约200年前,中国的经济总量仍占世界的第一位,人口占世界的三分之一,对外贸易长期出超,所以,乾隆在给英王乔治三世的信中称:天朝物产丰盈,无所不有,原不藉外夷货物以通有无。

第二阶段:鸦片战争以后,中国屡战屡败。西学思潮成为"五四"前后的主潮,继陈独秀之后,胡适、陈序经等更进一步提出了全盘西化论,在《我们对于西洋近代文明的态度》中,胡适旗帜鲜明,"很不客气地指责我们的东方文明,很热烈的颂扬西洋的近代文明"。在以后的《中国近日的文化冲突》一文中,胡适明确提出"全盘西化论"。他明确表示:"我主张全盘的西化,一心一意地走上世界化的道路。"不仅仅是主张全盘西化的学者,就是20世纪保守主义者、"中国最后的儒家"梁漱溟也认为,中国文化之最大错失在于"个人之永不被发现"。

第三阶段:中国应该对世界有更大的贡献,我们必须谨记:中华民族的伟大复兴并不是要回到汉唐盛世,而是融摄了现代人类诸多文明优秀成果的结果,其中更有马克思的伟大理想。中国文明的本性决定了中国的崛起不会走西方资本主义崛起时的军事扩张老路。中国的发展模式与道路之所以是和平的发展,乃是由其文化、文明的本性与特性所决定的。但是这些论断还亟须学理的研究,这也是世界中国学研究的任务与使命之一。

以上只是个人对世界中国学研究的一点浅见,鉴于当下与未来中国和世界的关系对中国和世界今后的发展的无与伦比的重要性,可以预见,世界中国学的研究也将会在未来的时光里成为世界性的前沿的恒久命题。

最后的坚守

姚勤华

在世界中国学所有三个出乎意料。

一是来世界中国学研究所工作出乎我的预料。我是 2016 年 11 月走马上任的,距我法定退休年龄仅剩 6 个月。事先我没有任何思想准备,没想到在即将退休的前夕,还要更换岗位,去一个新的单位工作。在社科院,管理人员轮岗不是什么新鲜事,按干部管理规定,处级干部在同一个岗位任职一般不能超过两届,我换工作岗位已经不是第一次了,在同时期的管理队伍中,我可能是更换岗位最多的人之一,从最初的东欧所到科研处工作,从科研处转到干部人事处,又从干部人事处转到研究生部,从研究生部调到院党政办公室,最后从党政办公室转到世界经济研究所。我以为这辈子就在世经所干到退休了,没想到这个"最后"不是句号,在临退休前,又来到了世界中国学研究所。作为党员,作为管理者,当然得服从党组织的安排,所以当领导找我谈话,我没有怨言,当然也没有豪言壮语,因为毕竟在岗位上工作的时间不多了。不过我心里清楚,我得站好最后一班岗。

二是世界中国学研究所工作的繁重性出乎意料。世界中国学研究所是个研究机构,这是毫无疑问的,特别对外界而言,但是进了这个所你就知道了,它不是一个单纯的研究所,而是一个科研机构+会务公司。上海社科院从 2004 年创办"世界中国学论坛"起,就挑起了国家级学术平台的担子,肩负着从学术视角讲好中国故事的责任,为此专门组织了筹备工作组,每逢开会都要倾注全院的力量,投入会务工作,使会议能够圆满成功。由于"世界中国学论坛"的影响与日俱增,中宣部直接领导了论坛的组织工作,院党委从国家大力发展哲学社会科学的需要出发,综合考量全院的学科建设,决定成立世界中国学研究所,服务于国家对外开放,服务于中国问题的研究,市编制办特批了"世界中国学研究所"这个机构。所以,这个研究所除了学术研究,更重要的任务是办好"世界中国学论坛"。近年来,世界中国学研究所又承担了文化部交办的"青年汉学家研修班"的工作,接待了来自世界各国的青年汉学家。无论是论坛还是研修班,政治性强、业务要求高、难度系数大、涉及面广、工作繁重,作为所长,理所当然要有条不紊地组织全所同仁齐心协力,做好各方面的工作,并且尽可能地不遗漏死角,将差错减少到最低限度。因为全身心地投入,每次会议结束,如释重负,其中的酸甜苦辣唯有自己心里明白。

三是世界中国学的学科建设之复杂程度出乎意料。关于中国的学问,由来已久,盘古开天以来就有什么是中国的思考,绵延不断至今。之所以如今中国学成为显学,与近代西方殖民东方有关。大量的西方传教士、文人墨客、鬼迷心窍者来到中国,"发现"中国是一个与他们不同的社会,怀着极大的好奇心,从历史、语言、思想、文化、艺术、民族、习俗等多方面观察中国,形成了"汉学",从最初的吹捧羡慕到后来的贬低打杀,西方的快速变脸,中国从崇拜偶像变成了腐朽僵化的代名词,西方是先进的、民主的;中国是落后的、专制的,西方固化了对中国的认识。新中国的诞生,中国人民站立了起来,改革开放使中国发生了巨大变化,但是中国是什么依然是西方的话语天下,中国的国际形象遭到西方世界的歪曲、抹黑。中国是什么,怎么能由外国人说了算,也得有中国人自己的观点和理论,这成为中国人研究中国学的责任。但是中国学涉及的范围太广泛了,从时间上说,既有历史的,也有现代的;从学科上说,中国学已远远超出汉学的范畴,除了历史、语言、思想、文化、民族、宗教外,还有政治、经济、军事、科学技术、对外关系等;从地域上看、文献上看,不仅要挖掘整理中国本土的文献,还要研究外国关于中国研究的文献,不仅要搜集研究中国的传统国家和地区的文献,也要搜集研究中国周边国家、第三世界国家关于中国研究的文献;从研究对象看,不仅要研究中国人自己的中国观,也要研究外国人的中国观。由此可见,中国学是一门综合学科,其学科建设的难度也是始料未及的。

一次在研究所的走廊上偶然驻足，发现了一件趣事，墙上悬挂的镜框中有一幅照片，是2012年底研究所成立大会时的与会者的集体照。市委宣传部领导和市里特邀代表，以及院、所、机关处室等领导出席了成立大会。这张集体照的与会者中有张维为、我和沈桂龙，张维为作为同行专家出席了成立大会，我作为党政办主任，沈桂龙当时是院办副主任，也陪同院领导出席了会议。我们三人恐怕都没想到日后会成为这个研究所的一员，张维为在我任职前曾担任研究所的所长，我退了后，沈桂龙接任了所长职务。好生奇怪，这是冥冥之中注定的事？

人的一生，有好多事不是自己能做主的，但人可以顺应时势，坚守自己的职业操守。

难忘的记忆与深刻的体会

沈桂龙

2018年7月20日,在上海社会科学院召开的干部大会上,我被宣布担任世界中国学研究所所长。8月24日,时任上海社会科学院党委书记于信汇代表院党委到世界中国学研究所进行干部任免情况的说明。由此,我经历了在上海社会科学院不同部门或单位工作年限到目前为止仅次于经济研究所的工作任期,也是世界中国学研究所建所以来工作年限最长的研究所负责人。回顾四年多来的经历,那些难忘的记忆,让人感慨颇多,体会深刻。

到世界中国学研究所工作,迄今最难忘的事有三件。

第一件是青年汉学家研修计划带队参加甘肃第三届丝绸之路(敦煌)国际文化博览会,其间发生了两件意想不到的事情。2018年青年汉学家研修计划上海班举办了7月份和9月份两期,我到世界中国学研究所后刚好接手9月班的研修计划。其中一项重要工作就是带队参加当年的敦煌国际文化博览会,并主持时任文化和旅游部部长雒树刚与青年汉学家的会见。

第一件意想不到的事是塞拉利昂青年汉学家林海突然生病。到达敦煌后,他告知身体不舒服,忽冷忽热,但他并不以为然,不想就医。我担心可能不是小毛病,忧虑久拖成大病,带来难以预计的重大影响,坚决让他在当地赶紧就医。后经医生检查其身患疟疾,当即住院治疗。国外青年汉学家来华前都需要体检并提交体检报告,林海提交过来的是健康报告。我推测,很可能是体检后感染,疟疾的潜伏期是12—35天,平均20天,而他刚好在三个星期左右研修计划的末期发病。更麻烦的是,参加完敦煌国际文化博览会,学员们研修时间已满,需按计划回国。林海从上海回国的机票早已预定,尽管此时一个完整疗程仍未结束,但他坚持要求离开敦煌,赶上预定航班。为此,在征得医生同意,再三确认他本人意见,形成相应记录后,我决定同意他结束当地治疗,按照原定计划和路线回国。同时,安排志愿者和他同行,并准备好返程中的治疗疟疾用注射液,叮嘱他在西安飞上海时一定要在西安机场及时注射。林海从上海返回塞拉利昂,我又要他在中途第三国转机以及回国后都及时报个平安。当他踏上本国国土并用微信发给我信息后,我心里的石头才算真正落地。

第二件意想不到的事是雒树刚部长会见青年汉学家议程的大幅改变。由于雒树刚部长在敦煌国际文化博览会期间,各项活动安排得较多,需要会见较多参加博览会的国外嘉宾,按照原定计划会见青年汉学家的时间不能过长。议程的初步安排是7个人发言,每人5—7分钟,给我概要介绍的时间为3—5分钟。雒树刚部长到达会场后,临时改变计划,与每一个青年汉学家握手,并给予更多青年汉学家发言的机会。我到世界中国学研究所不久,且刚负责青年汉学家的培训,担心出现各种难以预料的情况。因此,对每件事情都反复考虑,力求各项活动的顺畅和圆满。我和青年汉学家打成一片,了解他们具体情况,会见前又仔细看了每个人的材料。这在雒树刚部长与青年汉学家见面握手时发挥了作用,能够快速而准确地介绍每一个人。此外,由于了解每个青年汉学家的特点,也希望更多青年汉学家能够发言,我拟定的发言人数为11个人。比较巧合的是,雒树刚部长十分重视青年汉学家计划,给予了发言者的时间自由,并让更多人发言,最后也刚好让11个人发言完毕,他才作最后讲话。

第三件事是第八届世界中国学论坛准备过程中重要稿件准备和国外重要嘉宾发言文章的处理。重要稿件准备是为大会重要领导发言的准备稿起草,国外重要嘉宾发言文章则是大会发言稿电子版内容的修改。

第八届世界中国学论坛大会重要稿件初稿起草,委托了院里相关领域有专门研究的学者撰写。但一份高质量的稿件总是需要反复推敲和修改,从而更好契合主题,准确表达。时任中宣部副部长、分管世界中国学论坛的蒋建国同志,高度重视这项工作,专门让我们到北京汇报情况。由于撰稿专家在国外学术交流而无法成行,故让我去北京汇报撰写思路。2019年是我第一次具体参与和组织世界中国学论坛上海主论坛的相关工作,当时只和刚加入世界中国学研究所不久的耿勇博士一起去北京。开始我以为这次去北京主要是听取指示,把任务接回来,再交给原撰稿者修改。但在去北京的高铁上,觉得第一次经历世界中国学论坛的具体筹划,只是被动地去接受任务,不是积极而主动的作为,很是不妥,就认真、仔细地看了初稿,并思考如果是自己怎么写这样的稿件。后来的情况证明,这样的准备是多么重要和必要!蒋建国副部长把对外推广局、国际传播局的局长、副局长、研究室主任等都叫了过来,而且首先让我汇报,并提出自己的修改意见。接着,让其他在座同志交流想法和意见,再让我谈谈交流讨论后的新体会。最后,蒋建国副部长总结并明确具体思路和重要观点,相关写作任务也做了分配。

会议筹备期间,一位国外重要嘉宾的发言稿电子版提前发给了我们,便于提前做好翻译准备,但内容存在一些不得不修改的硬伤。其发言稿中存在一些道听途说的东西,内容也很不严肃。尽管我们希望国际论坛交流能讲出给人启迪和有益的观点,加强国内外学者的沟通和联系,但还是有些原则性要求,不能有不真实的信息或者低俗的内容。为此,我让联系国外嘉宾的同志,明确给对方提出来,那些非常不适合大会演讲的不可靠故事,需要从内容中删去。这位嘉宾在沟通中不太愿意删减,并上升到观点和言论佐证的层面。我们在沟通过程中既尊重对方,但又明确底线,最终说服了对方。后来这位嘉宾来到上海后,我们精心安排,照顾周到,化解了前期沟通过程中存在的不愉快,确保了世界中国学论坛的严肃性和有效性,并保证世界中国学论坛的开放性和高端性,更多汇聚国内外高层人士和知名学者。

第四件事是世界中国学研究所科研人员科研能力突出,综合能力较强,改变了我对力量分散、规模较小的研究所科研方面偏弱的看法。

世界中国学研究所是个二十多人的小所,人员部分来自院里其他各所,部分为新招聘进所。总体上看,成员学科领域过于分散,真正毕业于中国学方向的只有极个别研究人员。加之,需要科研人员参与筹备世界中国学论坛和组织青年汉学家研修计划,包括我在内的大多数人以为,世界中国学研究所的科研能力和科研产出会受到影响。但经过几年的观察和工作推进,发现世界中国学研究所科研人员的个人科研能力一点都不弱,综合能力也比较强。在编的正高职称科研人员,每人都获得一项国家社科基金重大研究专项;获得哈佛燕京项目的有三人,外语水平非常突出的人员不在少数;不少科研人员都已经出版了多本个人专著或译著,一些专著在图书销售市场的专项排名很靠前,社会影响较大。在我加入世界中国学研究所之前的六年左右时间内,研究所已经出版中国学前沿、海外中国学动态等不少有影响的成果。2019 年,世界中国学研究所全院科研考核尽管不够理想,但还是排进了前十名。2020 年取得全院科研考核第一的好成绩。这都是基于科研人员具有的较高的研究水平,以及前期研究所已经打下的良好科研基础。

智库方面的重大进展,是 2020 年以世界中国学为主体,院领导作为首席专家,汇聚全院相关领域知名专家,在全市竞争中成为上海市首批 15 家重点智库之一。在获批的重点智库名单上,上海社会科学院世界中国学研究所排在上海国际问题研究院、上海市人民政府发展研究中心、复旦大学发展研究院之后的第四位。这充分说明了世界中国学研究所特有的智库特点,以及已经取得的丰硕的智库成果。在申报过程中,世界中国学研究所所内科研人员的省部级领导以上批示,以及研究所本身得到的中宣部、文化和旅游部的批示和感谢信都有着较强的说服力。

这些难忘的记忆既是对我工作的锻炼和考验,也促使我深入思考相关问题,有了更为深刻的体会。

第一,处理好论坛与科研的关系。世界中国学研究所因世界中国学论坛而建,核心任务是办好世界中国学论坛,但科研工作作为研究所发展的重要任务也丝毫不能懈怠。如何更好统筹世界中国学论坛、青年汉学家研修计划和科研工作,实现论坛以及青汉班与科研工作的互促互进,彼此助益,一直是世界中国学研究所需要努力抓好的重中之重。但从更高标准和要求来看,论坛内容成为科研人员研究的重要素材,并在跟踪中国学前沿方面发挥更大作用,还未达到理想状态。借助于论坛和青汉班帮助年轻学者更快地融入国际学术界,更便利开展国际交流、跨国研究乃至发表高质量国际成果方面,也还需要做更多努力、更大提升。在科研方面开创性发展世界中国学,提升国际交流水平与能力,更好服务论坛和青汉班,也存在一些亟须解决的问题。2020年,院部出台关于世界中国学研究所的"三定方案",将原有科研岗位缩减至18个,减少的编制转为科辅岗位,应该是从专业的人干专业的事的角度出发,做出有利于既办好论坛又推进好科研工作的岗位设定,这为论坛和科研形成更好的良性互动在编制结构上迈出了坚实一步。

第二,处理好行政与学术的关系。世界中国学研究所不同于其他研究所,由于论坛和青汉班的存在,作为所长必须有意识投入更多精力,进一步提升行政能力,做好各项协调服务工作。世界中国学论坛并不是短期几天的举办,而是从主题议题商议到专家邀请以及具体会场安排和组织的一系列具体工作,筹备和举办的周期较长,没有更强行政能力和足够时间投入,很难做好这项工作。青年汉学家研修班,则需要更多与青年汉学家接触、交流,更好帮助国外学者客观认识真实立体全面的中国。开展学术研究则要适当转型并聚焦,一方面是自身了解并提升中国学研究水平;另一方面则是组织全所开展中国学研究。有同行赞誉世界中国学研究所为中国学研究的重镇,全国哲学社会科学规划办公室也特意找世界中国学研究所了解相关重大问题。这都需要我们继续在学术上聚焦、学科上创新。如果不能处理好行政与学术的关系,时间分配失衡,工作力道有偏,就很可能导致世界中国学研究所难以全面发展。

第三,处理好原则性和灵活性的关系。世界中国学论坛作为高端的国际性论坛,在对外交往和论坛举办过程中,有着一些原则性要求,应在国家发展和对外交流中发挥积极作用,传播中国形象,发出中国声音,传递正能量,团结更多国际友人。但正因为论坛的开放性和国际性,以及论坛本身建立国际学术交流网络的需要,灵活处理各种问题就显得特别重要,僵硬或机械地对待论坛工作,必然会导致国际友人越来越少,对话和交流的国际圈子越来越小。处理好原则性和灵活性对于论坛工作程序来说,也体现出常态化和弹性化相结合的方式。既要把论坛工作尽可能按照工作流程分类细化、分工相对固定、时间周期稳定,也要给予一定的冗余,考虑到论坛时间的不确定性、主题议题的更改以及参会人员的变动,需要留有余地,并及时做好应对各种变化的准备。

  成为世界中国学研究所的一员,是我人生经历中的一大幸事!小所大平台,在这里经受了更多锻炼,有着许多难忘的经历,得到了提升自己综合能力的诸多机会。四年多来的种种体会,一直提醒我,要加倍努力,兢兢业业,在院部总体规划和要求下,努力推动世界中国学研究所更上台阶,为研究所发展作出更大贡献。

我与世界中国学所的链接

王海良

十年树木,此话至理,世界中国学所成立十载,而今蓦然回首,已见枝叶繁茂之象,让人欣慰之余不免惊讶。我没有参与中国学所的创建工作和起步阶段,只是一位中途上车的成员,不过我与中国学所的链接却不短暂,而是说来话长。就从2015年的春天说起吧!

思绪回到2015年春天

2015年是我在上海社科院工作的第20个年头,此时我担任院图书馆馆长,在静态中管书读书著书的我,离退休已没有多长时间。没曾想,那个春季的一天,院办通知我去和党委书记于信汇同志见面,说有事相商。原来,中国学所有新情况,更要紧的是当年要举办第六届世界中国学论坛,亟须有人担当相关重任。在分管外事和论坛的黄仁伟副院长推荐下,管干部工作的于书记决定与我谈谈,希望我能受命承担起这一沉重负担。于书记小我几岁,但居高位,老成稳重,真心说出"危难之际盼老将出马"这样的重话,让我惊讶之下,有些不知所措,无法回答,只好说回去考虑一下。此事一度搁置,但论坛越来越近,实际上不容推辞,再应召面谈时,我只好勉为其难,兼任执行所长及论坛办公室副秘书长。之所以是兼任,是因为我认为图书馆馆长是我职业生涯的最后一站,心理上保守到了雷打不动的地步,且手头也有几个重要工作放不下。所以,个人的主观意念是临时应急,兼任一段时间,没有久留的可能。宣布任命之前,我先参加了论坛筹备活动。宣布后,出任执行所长,其时张维为研究员仍担任所长,但他不过问所里的实际工作,且聘期已近尾声,我就这样开始了研究所的管理工作。

与中国学所早结"前缘"

院领导之所以选定我接手中国学所,主要是由于我与中国学所有"前缘",这就是中国学所成立前的中国学论坛。首届论坛筹备前,我担任院外事处副处长兼台办主任,全面参与了论坛的筹备工作。作为一个全新主题下的大型国际学术交流活动,论坛层次较高,设 7 个分论坛,广邀外国汉学家和中国研究者,人数超过百人。其间还经历了院领导班子的变更,困难和挑战很大,是举全院之力办成的,从主题设定、论坛标识设计、分论坛研讨内容、全部后勤安排等都是靠各单位通力协作完成的。论坛设有秘书处,但是基本活动由秘书处办公室负责,时任院长助理的屠启宇、外事处处长李轶海和我负责办公室,颇有"三个火枪手"的意味,外事处全体同仁也都扑到了这项工作上。当时没想到,这样一个宏大主题下的国际学术性论坛会持续举办 9 届、近 20 年,至今尚未终结。

更难忘的是第二届中国学论坛,院里专门拿出办公空间,设立了论坛秘书处办公室,还请研究生部选派了几位同学,以志愿者的身份投入论坛筹备中。我被指派为这届论坛办公室负责人,承担了日常工作,到办会后期则主要管论坛手册和论文集编辑印制工作。第二届中国学论坛改为在上海展览中心举办,设 20 多个分论坛,为论坛规模盛况空前绝后的一届,办得很成功,影响非常大。我通过东方卫视设立的现场直播栏目,向观众介绍了论坛概况。为了让公众了解和理解中国学这个新词语,《新民晚报》邀请我写一篇长文,阐述什么是中国学、它与汉学的不同、中国论坛的意义、第二届论坛的内容等,我趁热打铁,及时撰稿并发表了。到了 2008 年第三届论坛时,我已不再参与国际交流,而主要负责全院的对台港澳交流和台湾研究,故只承担了举办两岸关系分论坛的任务。

后来,教育部下设的国家汉办与人民大学合办汉学大会,为了与中国学论坛形成南北呼应、各有特色,汉办派人来我院"取经",全面了解中国学论坛,我接待了他们并详细介绍了有关情况。他们回京汇报后,汉办领导邀请我去北京,到汉办"传经送宝"。时任汉办主任许琳女士亲自出席座谈,还邀请著名学者李学勤教授、陕西师大国际汉学院院长张建成等专家到场交流。许琳既认真听取了我关于中国学论坛的介绍和专家们对举办汉学大会的意见建议,也介绍了汉办建设海外孔子学院和讲好中国故事的计划等。

筹办第六届中国学论坛

在中国学所的第一年,主要是围着第六届中国学论坛筹备工作转,实则全所力量基本上都投入其中了。在基本框架搭好后,我与黄仁伟副院长及论坛工作人员去了一趟北京,与国新办外宣部门负责人商议论坛重要事项,并达成一致。返沪后即全面铺开论坛筹备工作,院里动员各方参与,分工协作,扎实推进。我再次全力以赴编撰和印制论坛手册与论文摘要集,好在有以前积累的经验和几位研究生同学的倾力协助,按时顺利完成了这项繁重任务,拿出了规范的论坛手册和厚重的论文摘要集。与此同时,还要做一些协调会场一线与后方工作之间的关系。给我留下深刻印象的是,最后一天傍晚,竟发现没有中国学贡献奖获得者的介绍材料,而第二天就要给人家颁奖了。得知此事时,我还在办公室电脑前,情急之下,只好亲自操刀,补做了这道作业。

到论坛开幕时,我守在后面的秘书处,心无旁骛地盯着电脑屏幕上的分论坛界面,一刻不停地根据最新信息,调整分论坛主持人、评论人及发言者名单,以至于错过了看一眼主会场开幕式盛况的机会。身旁的研究生助手看到这情景说,没想到大型国际会议的幕后运作是这样操盘的。后来在走廊里匆匆而过,碰到老友石之瑜、郑永年、孙哲、任晓等时也只能寒暄几句,略表有失远迎的歉意。最后,又因临时调整,我赶到黄河厅主持了论坛的圆桌会议,算是在论坛场面上多坐了一会。另外,论坛安排了一个规模不大的书展,我也过问了其中关键环节的工作。而今回看,第六届中国学论坛不仅是十分成功的,也是精彩纷呈的,为它所做的幕后工作、付出的所有辛劳都是值得的。

在首尔举办韩国分论坛

在中国学所的第二年春,在韩国首尔举办中国学分论坛是一项重要任务。韩国高丽大学亚洲问题研究所中国研究中心主任李正男教授是中国学论坛的与会者,她承担了中国学首尔分论坛韩方计划、联络及筹备工作。我方派遣中国学所的顾鸿雁博士担任驻韩联络人,她曾留学澳大利亚,英语很好,还会日语,承担驻韩任务十分恰当。在韩国期间,她发挥热忱和优势,克服种种困难,顺利完成了分别论坛筹备任务。我院于信汇书记带队前往首尔开会,北京、上海等地的参会学者则分别各自前往。高丽大学规模不大,但景色优美,石楼厚重,草坪平整,略具欧美教会大学风貌。

2016 年 5 月 22 日,中国学论坛首尔分论坛在韩国高丽大学开幕,主题为"中国未来的发展前景"。分论坛规模不大,但主题鲜明,内容丰富,效果理想。论坛在首尔产生了不小影响,韩国各类媒体到会采访,广泛报道,感觉不是一个简单的学术交流活动,而是一个重要国际会议。分论坛举办期间氛围轻松友好,没有发生不愉快的事情。这是很不容易的,毕竟是在别国他地合办国际会议,相互理解、相互体谅、精诚合作是根本保证,我认为中韩双方做到了这一点。我也作为参会学者准备了一篇关于"一带一路"建设中的海上丝绸之路重要意义的英文发言提纲,并在一场研讨中发了言。

开会之余,我们一行还拜访了韩国最高学府首尔大学,与该校外事部门进行了交流,宾主双方在友好的气氛中商讨了学术交流计划。该校颇有现代气息,其中央图书馆号称世界第一,设计理念先进,富于人性化,建筑格局是新馆覆盖老馆,两者融于一体,样貌非同一般。该馆的多媒体阅览厅空无一柱,一览无余,令人愉悦。在首尔的几天里,只能就近走马观花,领略一下该城风貌。首尔给我的印象是东西合一、新旧兼容、静胜于闹的。我们下榻的酒店斜对面就是东大门,一座韩国样式的古城门,门前虽车辆川流不息,但它稳立原地独处一尊。我还抽出时间参观了离酒店不太远的战争博物馆,重点观看了朝鲜战争部分。看到露天陈列的各种美式武器装备,还是不免感到几分震撼,顿时的闪念就是交战何等残酷、战争多么可怕、和平多么可贵!

说到首尔分论坛,不能不顺便提一句美国亚特兰大分论坛。该分论坛的美国合作主办方是卡特中心,中国学所的潘玮琳博士被派去负责全程筹备工作。我并没有参加该活动,不过事后从美国回来的外事处同仁带给了我英文原版《卡特回忆录》(A Full Life, Reflections at Ninety),扉页上有卡特前总统的亲笔签名和致意语。这格外令我高兴与感动,只因它是一份带有浓浓人情味的礼物。

盛夏里开办的青汉班

我到所任职的第二年冬,遇到了青汉班这桩事。元月的一天,黄仁伟副院长和我接待了专程来访的文化和旅游部对外文化联络局朱琦副局长。朱局长来访的目的是商谈委托我院承办青汉班事宜。他介绍了青汉班的背景及进展,表示在北京、西安等地举办青汉班取得良好效果,文化部决定扩大这一项目,希望办到上海等地,争取达到更好效果。总的精神是,对外文化交流要走出去请进来,努力讲好中国故事,并培养大批新一代中国通。为此,文化和旅游部决定委托上海社科院负责上海班,希望我院能大力支持。这对我们来说,可谓一新二难,因为第一是以前没办过这样的班,至少对中国学所而言是如此,第二是操办中国学论坛就已经让我们感到压力山大了,再承接这样的国家级对外交流项目,确实有很大负担和困难。但想到文化和旅游部慕名而来、怀抱厚望,我们很难张口拒绝,同时考虑到这一交流项目可以扩大我们的海外中国学人网络,符合办所大方向和发展需要,便答应了下来。其后,朱局长介绍了一些办班情况和新的设想,双方商讨了上海班的方案。青汉班就这样落户我院我所了,开启了第一届上海班的探索实践。

青汉班的招生是以文化部方面为主的,但也从中国学论坛学者库里挑选了多人,形成了一个覆盖五大洲 20 多国的布局。入选的大部分是中青年学者,有的确有汉语基础,也熟悉中国,但也有一部分不太会或初学汉语的,所以授课不得不配翻译,而为了节省授课时间,只能采用同声传译。这个代价是比较高的。我们邀请了葛剑雄、杨洁勉等著名学者讲中国历史、外交等专题;时任院长王战讲了江南文化,原副院长熊月之讲了上海文化。学员的总体反映不错,感觉收获很大,每每提出问题,都得到了满意的答复。青汉班的后勤安排不是一件易事,吃住行都有麻烦。餐饮问题中需要注意穆斯林和素食者的特殊情况,还要特别注意饮食安全问题。分部的酒店还不是外事酒店,学员得住到附近的神旺大酒店,每天派车接送来往。学员的外出安全是让人操心的事情。所幸,在王圣佳等同仁的努力下,后勤方面没出意外。

青汉班的特色之一是走出课堂看中国,上海班自然要走出课堂看上海。我们安排的参观大飞机项目、地铁盾构、徐汇法院、华阳街道等,我都陪学员们参观了。大飞机项目只登上飞机模型体验了一下。地铁盾构更有实感,也饶有趣味。徐汇法院的硬件条件、规范操作以及借助于现代化手段实施庭审等都令学员们耳目一新。参观华阳街道居民文化中心,与居民欢聚一堂,才艺展示与交流,其乐融融。华阳街道是长宁区乃至全上海市民活动最活跃精彩的社区之一,我担任院台办主任时与之合办过两岸妇女合唱活动,有亲身感受,所以特别推荐并安排了这次实地参访,果然效果颇佳。外地的参访则主要是参观浙江衢州的孔庙,我也陪他们去了。学员们探访了南孔遗址、地偏人稀的衢州榉溪,参观学堂书院,瞻仰孔庙祠堂,观赏戏台林地,浏览清国寺、桐柏宫、古道观、隋塔等名胜古迹,也亲临水库及近旁村落,领略村民静态生活,所见所闻颇令远道而来的外国学员们感到情趣盎然。后又经过杭州,临观西湖,欣赏美景,无不欣然。正因首届青汉班取得了佳绩与好评,上海班更受重视而得以持续举办。

青汉班实行导师指导制,在后来举办的青汉班中,我应邀担任过三次导师,一次学生是非洲的,一次是拉美的,一次是亚洲的,也算是涵盖了亚非拉。最奇妙的是,我指导的印度青年学者来自旁遮普大学历史系,他的导师乔拉教授是我1995年参加美国新闻署委托波士顿学院举办的夏季国际交流项目"美国历史上的法律"研讨班的同学,长期失联的我们俩竟是通过青汉班牵线再续前缘的。其后,乔拉教授经推荐,应邀来沪出席了中国学论坛,我们老友再聚,自是感慨万千。尤其令我感动的是,2020年初我国因遭受新冠疫情袭击而多地陷入危情、国际上有人在恶意造谣污蔑我国的时刻,我指导的这位印度学员和乌拉圭学员都写信来,热情鼓励我们抗击疫情,并在他们所在的城市为我们做了正面宣传。

我在中国学所的日常工作

由于编制在图书馆,且所里办公空间紧张,我就继续在四楼的馆长室办公,形成了七楼开会四楼办公模式。工作上则维持惯例,坚守平衡,不做变动。工作上接触最多的同仁是办公室负责人王圣佳、主管人事和论坛报批的樊慧慧和负责论坛联络及资讯的张焮,他们勤勤恳恳、任劳任怨,在所务与论坛两方面做了大量日常协助工作。在所务方面,我代表中国学所参加了不少院的会议,做到了上情下达和下情上陈。对中国学所的结构、模式和特色,我虽有些自己的看法和想法,但没能有所行动,进行调整。所里的研究、发表和出版等都按部就班,小有成果,虽不能与大所相比,但就规模与成果的比例关系而言,还是说得过去的,毕竟中国学所承担了举办大型论坛的重任。我也按时举办学术活动,印象较深的是哈佛大学燕京学社社长裴宜理教授来所访问并做学术报告。

中国学所当时是最小的所,编制只有十多个,所以新人进所或调动很受限制。不过,考虑到所里的学科与知识结构较偏重经济和历史两个学科,我主张增加政治学、国际关系、文化学等领域的学者。当时,我院政治学所的胡筱秀博士有意调动,我便邀约她商谈进中国学所,她愉快地接受了。我又拜访刘杰所长,请他支持中国学所,出让一名比较成熟的科研人员,他没让我费太多口舌说服,就不无遗憾地同意了。胡筱秀对协商民主颇有研究,我从她那里学到不少知识,后来把协商民主的精神和方式用到两岸关系上,向中央提出两岸民主协商国家统一的建议,受到重视并成了我们的一项政策"两制台湾方案"的内容。我还接受了国关所的焦世新副研究员,安排他从美国回国后来中国学所工作,以增强我们的国关研究队伍。他对中美关系有很深的研究,来中国学所后承担了主持一项涉美的国家社科重大专项课题,我应邀参加了该课题,负责并完成了其中的涉台子课题,提交了课题研究报告,这过程中还先后提交了几个相关专报。在举办重要会议和处理所务之外,我坚持做研究工作,除发表了几篇国际问题方面的论文和文章,基本上围绕着台湾问题和两岸关系。感到欣慰的是,我以中国学所执行所长或研究员名义撰写的舆情专报,五次获得习近平总书记的肯定批示。

在任期间,我还为中国学所争取博士点做了一点基础性工作。当时院领导、研究生院在获悉复旦大学得到了中国学博士点的消息后,觉得我院也可以申请中国学博士点,故要我撰写一份专题报告,再经院方修订后,由王战院长送交教育部。我们先找有关人员聊了聊思路和结构,然后就起草了一份4 000字左右的报告。报告主要阐述了我院设立中国学博士点的必要性、合理性和可能性,并从硬件与软件两方面做了全面介绍,也提出了跨所设点、联合培养的思路等。后来,中国学博士点作为中国马克思主义博士点的一部分在我院落了地,我为之感到高兴和欣慰。

在中国学所的"余絮"

我于2018年3月从上海社科院退休,但还是与中国学所有一些联系,且称之为"余絮"吧。2019年初,中国学研究生必修课"中国与世界"需要安排教师授课,但该课程一无任何教学及教材基础,二又十分宏阔,一人很难承担此重任,沈桂龙所长找我与姚勤华、黄仁伟合上这门课。我承担了其中第六至第七讲,效果还不错。所以,沈所长与我相商,可否由我一人上该课,我答应一试。之所以答应一试,一是我可支配的时间更充裕了,二是我平时的关注、阅读和思考面与课程范围较为重合。于是,作为对中外交叉宏观问题的探索,我对课程进行了系统梳理和建构设计,并先后在线上线下为两届硕博研究生做了完整授课,取得了良好效果。

在我看来,作为世界中国学基础性学位必修课的"中国与世界",主要教学任务是研究探讨看中国与世界的眼光、视角、方法,并解决以下核心问题:中国与世界的关系是什么?中国如何看世界?世界如何看中国?中国如何与世界互动?中国如何与世界并进?面对如此宏大复杂的主题,我们应该采取什么样的原则立场、基本态度?分析研究这一宏大复杂主题,我们应该采用什么样的方法论?对此,我提出应该探讨以下观察维度:(1)时间维度:从历史方位、历史长程、历史规律、历史交汇、历史传统、历史机遇、发展道路、发展轨迹、代际承继等看问题;(2)空间维度:从全球体系、国际社会、世界经济、世界政治、地缘战略、国际格局、国际秩序、国际治理、国际关系、周边环境等看问题;(3)精神维度:从全球大潮、社会思潮、意识形态、人类命运、理论塑造、道路选择、制度设计、文化选择、文明关系、种族关系、文化融合、文化冲突等看问题。主要教学目的是为学生奠定观察、分析、研究中国问题、全球问题、中外关系问题、国际问题或其他与中国相关的重大问题的理论基础、知识体系和方法论基础,并为学生做学位论文和学术论文创造必备条件。

据此,设计了如下课程大纲。概论:本课程的核心问题与综合方法论;(1)历史方位:中国与世界的关系空前凸显;(2)经济视角:中国成为第二大经济体的意义;(3)历史机遇期:从历史长程看中国道路与中国崛起;(4)国际格局:百年未遇之大变局中的中国与世界;(5)中外关系:新国际环境与中国新型大国外交;(6)中美关系:拜登选择重回接触、合作兼竞争;(7)地缘战略:中国全方位地缘战略与美国的印太战略;(8)台湾问题:实现祖国完全统一的战略思考;(9)香港问题:"一国两制"折射的政治经济社会文化;(10)"一带一路":中国倡议的意义、境遇及前景;(11)办好中国的事:深化改革、全面治理、文明提升;(12)中国智慧:处理好世界的和平稳定发展问题;(13)全球治理:全球问题、多边主义与国际秩序;(14)中国方案:构建人类命运共同体理念的世界意义;(15)文明互鉴:从中华文化看世界文明的发展与冲突;(16)中外互观:客观、全面、公正、理性地看中国与世界。这门课程还是很有分量和意义的,授课过程真正做到了教学相长。现在,这门课已交给了中国学所王震研究员,相信他会上得更好。

今天,面对下一个十年,如果要寄语中国学所的话,我想说,已经初具规模、阵容整齐的中国学所,有可能、有条件、有能力继往开来,百尺竿头,更上一层楼,取得更多成果、更好成绩、更佳声誉。衷心祝愿中国学所根深叶茂,走向繁盛!

中国学所最早那三四年

梅俊杰

从 2012 年 3 月至 2015 年 9 月,我应命担任新建的上海社会科学院世界中国学研究所常务副所长兼法定代表人,具体负责了研究所的创建和日常事务。成立时,全所仅有八名在职人员,我与大家一起承担了纷繁的建所立制任务。在院领导和职能部门的支持下,新所不久就在办公条件、人员配备、内部设置、制度建设、科研组织、对外交流等方面稳步走上正轨。

为保证各项工作能规范运转,中国学所开初主要借鉴院里及兄弟所的已有规章,形成了适合本所的制度,包括"三重一大"制度、财务制度、人事制度、国有资产的采购和管理制度等,并依此开展工作。我针对所小人少的特点,倡导所务公开,凡涉及科研规划、任务分配、预算编订、财务管理、人员聘用、考核晋升等重大事项,均交全所会议讨论并通过,实现了决策过程的民主化和透明化。回顾那几年的本人工作,我尤其为此感到欣慰。

作为当时全国首个编制化海外中国研究机构,中国学所需要找到自身的恰当定位。为此,结合院里的总体要求,经过内部讨论和外部调研,我们明确了"厚今薄古,面向当代,聚焦热点,服务现实"这一研究定位。科研工作重在跟踪了解世界中国研究动态、分析吸收海外最新研究成果,力图借 2004 年以来定期召开的世界中国学论坛,开辟本院学科建设的新增长点,同时发挥海外中国研究独特的资政潜能。根据这一目标,我们规划了所的配套产品系列,包括海外中国观察报告、海外中国学书目提要、海外中国学著作译丛、中国学季刊、中国学网站等。

任职期间我努力做好科研管理、激励学术研究。在科研人员不到 10 名的情况下，全所仍迅速取得了一批研究成果，推出了作为集体"大田"的海外中国观察报告、海外中国学书目提要、中国学季刊等系列出版物超过 10 种。同时，全所人员还出版与发表了专著 3 部、国外 SSCI 刊物论文 2 篇、院外甲类核心期刊论文 6 篇、院外乙类核心期刊论文 15 篇、译著 9 部，其中 2 部位列上海书展十大好书排行榜。此外，所内人员还发表了 96 篇其他论文、文章或译文。丰硕的成果表明，全所同仁在中国学及原擅长领域的研究积极性得到了充分调动，使得中国学所成了院内人均产出最高的科研基地。

为响应院智库建设的倡议，我也鼓励科研工作与决策咨询相结合。前三年中，所内人员中标 2 项国家社科基金一般课题，加上原在研究中的 3 项，半数科研人员手上都有国家课题。大家共撰写了 29 份上送专报，其中获得国家和市领导批示的就有 14 份，有关成果还先后获得上海市决策咨询一等奖、内部探讨奖、张仲礼奖等荣誉。此外，所内人员也成功申请到 6 项国家或市部委办课题、1 个市级重点研究基地、4 项院内课题，另还有 2 个团队、2 名个人入选本院创新工程。

那三四年里，我与所内同事参与组织了多项重大会务活动，主要是筹办了第五届世界中国学论坛，承办了"中国梦的世界对话"国际研讨会，举行了所成立大会暨学术研讨会等。这些活动的举办得到了从国家到本院各级领导部门的大力支持，我们也集全所力量，加班加点，往往是在较短时间内就邀请到数百位国内外专家就一系列议题进行研讨，借此广泛交流国内外中国研究成果，深入分析中国当今发展中的突出问题。中国学所在出色完成上级交办任务的过程中，也迅速在国内外学界建立起良好的声誉。

为拓展国际学术交流，所内同仁都有意识发挥世界中国学论坛这一高规格平台的带动作用，以让国际交流切实转化为本所自身的国际化能力。中国学论坛之外，所内人员在那三四年里还举办了 4 次海外孔子学院院长研修会、13 次外国专家来所报告会，进一步把外事与学术紧密联系到一起。我也支持大家人人争取国际学术交流机会，借此较快地提高个人科研水平。在我负责期间，这个小所共有 12 人次前往境外著名学术机构开展交流，而且其中 7 人次的活动均由外方承担经费，另外有 1 人获得了国家留学基金委员会的资金支持。

总体而言,立所初年,人少事多,但依靠大家的一身多任、齐心协力,我们取得的成绩还是超出了预期,令人感佩。我自己任职期满时,能完成院下达的所长任期目标责任书,特别是经院考核,人均工作量考核分数在各所中位列第一,这些可喜成绩的取得与所内各位的努力和院内外各方面的协助是分不开的。每念及此,我总是心存感激。当然,最初那三四年也不可能事事如意,在上下沟通上、制度规定上、工作安排上、人员磨合上,乃至幽暗人性上,都会冒出这样或那样的问题。然而,变换一下位置和角度,特别是时过境迁之后,它们早已不足挂齿,不提也罢。

世界中国学研究所忽忽已经十载,寒来暑往,不少细节开始淡忘,要不是找出离任时的一份审计报告,以上情况也未必能确切写出来。可始终让人印象深刻的是,似水流年中中国学所的发展壮大以及同道中人的有缘相遇。放眼未来,十方世界无量无边,百尺竿头更进一步,是所望焉!

住日崎岖还记否
——世界中国学所"前史"琐记

周 武

我的专业是历史学,主要研究中国近现代史和上海城市史,本来跟世界中国学关系并不大,未曾想此生却跟世界中国学这门新兴学科结下了不解之缘。若从2002年8月奉命参与首届世界中国学论坛筹备算起,屈指算来,这种缘分已延续二十年之久。这二十年,以2012年中国学所成立为界,大致可分为前十年和后十年。中国学所成立后的十年,我未全程参与,且已有许多同仁为文详记,暂且不表。中国学所成立前的十年,也就是中国学所的"前史",现在能说出个大概的人可能不多,而我曾被深深卷入其间,几乎无役不与,对其中的宛委曲折略有所知,可说是一个亲历者和见证者,适值中国学所十周年所庆,因撮其要作此琐记,明其之所由来,以为纪念。

一、关于"首届世界中国学论坛"

中国学研究所系依托世界中国学论坛而设,因此,讲中国学所所史,就不能不追溯到世界中国学论坛的创设。

稍微熟悉一点院史的人都知道,上海社科院一向高度重视国际学术交流,特别是1978年上海社科院恢复重建以来,在老院长张仲礼等老一辈学者的带动下,率先实施"引进来、走出去"的发展战略,国际学术交流更呈现出蓬勃发展的态势,逐步构建起覆盖全球的海外学术网络,与世界各地汉学/中国学研究机构签订过合作协议,保持稳定而紧密的合作关系,每年到访的外国学者常在千人次以上,当今许多知名汉学家/中国学家都曾有过上海社科院的经历,并引以为豪,上海社科院因此而被誉为"连接中外学术界的重要码头"。1997年张仲礼老院长退休后,继任院长尹继佐先生认为海外学术网络特别是海外中国学学术网络是上海社科院的一大优势和特色,要创新一种学术机制,让这个网络得以持续巩固并不断拓展,为世界了解中国、中国走向世界发挥更大的作用,于是而有创设世界中国学论坛的最初构想。这个构想很快得到中共上海市委宣传部郝铁川副部长和王仲伟部长的大力支持,创设世界中国学论坛遂由构想进入筹备阶段。

记得2001年7月我应邀赴哈佛燕京学社做访问学者,行前尹院长曾特意到分部请我吃工作餐,嘱咐我到哈佛后要多了解世界中国学的前沿动态,并及时向他汇报。2002年7月我回国后不久,尹院长即邀我参与首届世界中国学论坛的筹备工作。8月22日,也就是暑假结束后的第一个工作日,尹院长即在院部召集世界中国学论坛筹备会。会上,尹院长通报,世界中国学论坛系市委宣传部拟办的国际性学术大会,且已获得中宣部的批准,初步定于明年夏天召开。他还简单介绍了论坛的前期准备情况和基本设想,命我起草一份论坛筹备计划书,一周内提交。会后,我即按尹院长的要求,草拟了一份初步的筹备方案,并于8月28日提交讨论。该初步方案大意如下:

首届"世界中国学论坛"筹备方案(草案)

改革开放以来,我国的社会主义现代化建设取得了举世瞩目的巨大成就,中国正在大步迈向世界,世界也比以往任何时候都更加关注中国的发展。正是在这个背景下,世界各国出现了研究中国的热潮,并由传统的"汉学"研究(Sinology,即以研究中国的历史、语言、文学和文化为主体)转向"中国学研究"(Chinese studies,即以研究当代中国的政治、经济、社会和文化为主体)。这种研究转向,使国外的中国学研究成为世界各国人民和政府了解中国的重要桥梁,并直接影响其政府的对华政策。因此,深入地了解世界中国学研究的发展的整体脉络和基本动态,加强与世界中国学研究的交流与联系,不仅有助于进一步理解世界各国的中国观,而且有利于帮助世界中国学者更加准确地了解和认识中国,不断改善中国发展的国际环境。为此,我们拟于明年夏天举办首届"世界中国学论坛"。

一、论坛宗旨

建立世界中国学论坛,旨在全方位地为世界中国学研究学者建构一个研究、交流和对话的平台,促进世界各国中国学研究的健康互动和蓬勃发展,并为我国的社会主义现代化建设提供重要的借鉴和参考。本论坛每两年召开一次年会,每次确定一个交流研讨的主题,邀请世界各国包括发展中国家的知名中国学研究学者与会,力争办成世界中国学研究、交流和对话的盛会,并使之成为常设的有世界影响的"中国研究学术交流中心"。

二、首届主题

首届"世界中国学论坛"的主题确定为:多元视野下的中国。具体分为五个单元:

1. 全球化与中国
2. 经济发展
3. 社会变动
4. 人文关怀
5. 世界眼光看上海

三、会议时间

为了便于世界各国中国学研究学者能够顺利与会,首届论坛的时间初步定于2003年8月12日至16日举行,其中三天开会,一天考察。

四、出席人数

首届论坛拟邀请40—50位海外知名中国学研究学者和40—50位国内一流学者。具体名单待定。

这份草案后来几经讨论、反复斟酌,于9月26日形成一份比较正式的文本,即《首届"世界中国学论坛"筹备计划书》,计划书全文如下:

首届"世界中国学论坛"筹备计划书

一、论坛宗旨

建立世界中国学论坛,旨在全方位地为世界中国学研究学者建构一个研究、交流和对话的平台,促进世界各国中国学研究的健康互动和蓬勃发展,为我国的社会主义现代化建设提供重要的借鉴和参考。本论坛每两年召开一次年会,每次确定一个交流研讨的主题,邀请世界各国包括发展中国家的著名中国学研究学者与会,力争办成世界中国学研究、交流和对话的盛会,并使之成为常设的有世界影响的"中国研究学术交流中心"。

二、首届论坛主题

首届"世界中国学论坛"的主题确定为:多元视野下的中国。

初步设想,分为五个单元开展研讨:

1. 全球化与中国复兴
2. 经济发展与增长的可持续性
3. 社会发展与社会转型
4. 文化发展与文明对话
5. 人力资源与国家综合竞争力

三、时间、地点

为了保证世界各国中国学研究学者能够顺利与会,首届论坛的时间初步定于 2003 年 10 月 23—26 日举行,其中三天开会,一天考察。会场及食宿安排在新锦江大酒店。

四、组织结构

为确保首届论坛的圆满成功,特成立"论坛"组织委员会,以宏观把握会议方向。拟由市委宣传部领导和社科院领导出任正副主任,各相关院校、媒体领导和社科规划办负责人出任委员。

成立"论坛"专家委员会,为论坛议题、形式和内容提出学术咨询意见。拟由本市各学术机构著名专家学者出任委员。

成立"论坛"组织委员会工作小组,具体负责协调各方,有序开展筹备工作。

五、会议规模、出席人员

本届会议为百人规模的大型国际学术研讨会。拟邀请50位海外知名的中国学研究学者和50位国内一流学者作为正式代表。

六、拟邀请市领导情况

鉴于此次论坛会议学术层次高、预期国际影响大,对宣传中国、宣传上海的积极作用显著,拟根据论坛组织筹备工作的进展情况,在适当的时候,另行上报邀请市委、市政府和市人大领导出席论坛并发表演讲。

七、筹备工作程序

为保证会议的顺利召开,制定《首届"论坛"实施方案》,拟分六个阶段,开展会议筹备工作。另初步形成"论坛会议议程"。

八、计费预算

首届论坛经费初步预算为168.3万元。

计划书还有7个附件,分别是《"世界中国学论坛"组织委员会名单》《"世界中国学论坛专家委员会"名单》《"世界中国学论坛"组织委员会工作小组名单》《"世界中国学论坛"海外学者推荐名单》《首届"世界中国学论坛"实施方案》《"世界中国学论坛"会议议程》及《首届"世界中国学论坛"预算(初步)》。11月6日,尹院长再次召集论坛筹备会议,邀屠启宇、李轶海和我等数人与会,对《首届"世界中国学论坛"筹备计划书》及相关附件做最后修订、定稿。会上,我提出了三点建议:一、关于此次会议的定位,若是将此次年会办成文化论坛,就应加大学术含量,不宜办成市长咨询会议那样的年会,这就必须对会议拟讨论的各主题做适当的调整。二、如何调整?我以为应在专题中增加"回望与前瞻:世界中国学发展轨迹",并将"经济发展与人文关怀"联系起来。三、此次会议在上海召开,而上海又是世界中国学中的一门显学,应有一个专门讨论上海的议题。这些建议均为尹院长采纳,并纳入计划书的修改稿。首届论坛主题部分最后调整为:

论坛主题：多元视野下的中国

分会议题：

1. 全球化与中国复兴
2. 经济发展与人文关怀
3. 社会发展与社会转型
4. 文化发展与文明对话
5. 传统与现代：中国之道
6. 上海经验与城市进步
7. 回望与前瞻：世界中国学研究的轨迹

修订后的计划书以上海社会科学院的名义上报市委宣传部。11月11日，市委宣传部专门就举办"世界中国学论坛"召开筹备会议，上海各文化部门的分管领导30余人与会。会议由郝铁川副部长主持，尹院长汇报前期筹备情况，王仲伟部长就论坛宗旨及具体的运作发表了讲话。根据王仲伟部长的讲话，院里又让我重拟计划书中的论坛宗旨部分，重拟稿如下：

建立世界中国学论坛，旨在全方位地为世界中国学研究学者建构一个研究、交流和对话的平台，促进世界各国中国学研究的健康互动和蓬勃发展，为全面建设小康社会提供重要的借鉴和参考。

本论坛将办成一个集中展示世界中国学研究最新成果的重要窗口，一个让世界更准确地了解中国、让中国更深入地了解世界的国际性学术峰会。一方面通过本论坛大力弘扬博大精深、源远流长的中华文明，展现全球化的背景下中华文化生生不息、与时俱进的独特魅力，重塑中国的国际形象；另一方面通过本论坛准确把握世界中国学的发展趋势和学术前沿，积极引进世界中国学研究的先进理论和方法，全面提升中国特别是上海人文社会科学的学术水准，增强与国际学术界对话和交流的能力。

本论坛将全力配合上海国际文化交流中心的建设，每两年举办一次,每次确定一个交流研讨的主题,邀请世界各国包括发展中国家的著名中国学研究学者与会,力争办成上海市国际文化交流的品牌项目,并通过常设秘书机构、学者网络和专用网站使之成为常设的有世界影响的"中国学研究学术交流中心"。

首届世界中国学论坛原定于2003年8月12—16日举行,论坛筹备工作也是按照这个时间节点有条不紊地推进,后因2003年暴发"非典"疫情,论坛遂延期至2004年8月19—22日在上海国际会议中心举行。首届论坛的筹备虽遭遇一些意想不到的波折,但在各方的共同努力下,还是取得巨大成功,200多名中外嘉宾共聚一堂(其中国外重量级学者53位,分别来自23个国家和国际组织),共同就中华文化的核心价值——"和而不同"展开面对面的对话与交流,受到与会中外嘉宾和众多媒体的盛赞,成为当年上海乃至中国学术界的一大盛事。

二、关于"世界中国学研究中心"

世界中国学论坛每两年举办一次,2004年论坛首战告捷后,2006年、2008年又相继成功举办了第二届论坛和第三届论坛,国际影响力不断扩大,已成为上海社科院的一张学术名片和上海知名的学术外宣品牌。如何在前三届的基础上,进一步提升论坛的影响力,一方面促进中国更深刻地认识自我,另一方面帮助世界更全面地理解中国,形成并放大论坛的品牌效应,不仅关系到这个学术外宣品牌的自身建设和后续发展,而且关系到新时代社会科学发展的大方向,关系到社科院的学科布局、队伍建设和战略方向。正因为如此,2009年7月13日上午,王仲伟部长在市委宣传部召开中国学论坛工作专题会议,就第四届世界中国学论坛筹备工作、建立中国学研究中心以及创办《中国学研究季刊》等事项做了重要指示。王部长在讲话中指出,论坛的目标和功能定位应包括举办论坛和建立中国学研究中心两个方面。要厘清中国学研究与中国学论坛的关系,就是以中国学研究为基础,形成和提升论坛的品牌效应,同时以论坛的影响力来倒逼和深化中国学研究。要充分认识中国学论坛在对外文化传播和社会科学理论创新中的战略意义,要把最新的社科研究成果体现在中国学论坛之中,这既是扩大中国文化的传播途径,又是理论创新的思想交汇。因此,他要求社科院尽快成立中国学研究中心,并加强建设,把中国学研究中心打造为资料中心、课题资助中心、人才集聚中心和成果发布中心。从长远看,要构建中国学的学科框架,要定义"什么是中国学"。为此,要进行大量的中国学资料整理,才能对学科框架提供基础,也能对课题设计提供指导。有了学科建设的目标,就可以招收研究生,办研究生班,与硕士点、博士点相结合,与博士后工作站相结合。只有通过大量搜集资料,通过导师开课,研究生写学位论文,有人不断地追溯,才能源源不断地出人才出成果,才能把这个学科建起来。研究中心可以国际化,把国际上的中国学专家吸收到中心的工作站来,这个工作站可以与上海社科院的国际创新基地结合起来。

根据王部长的指示精神,上海社科院随即着手筹建世界中国学研究中心。可能因为我曾参与过世界中国学论坛的筹备工作,且对世界中国学这门新兴学科的重要性及其意义有所认识,王荣华院长一再通过论坛分管领导黄仁伟副院长找我,要我参与中心的筹建,并帮忙草拟中心筹建方案。再三婉拒不成,只好硬着头皮上,差不多费了整整一个暑假,我按要求草拟了四个相关方案,分别是《关于成立"世界中国学研究中心"的方案》《关于创办〈中国学季刊〉的方案》《中国学网站建设方案(A)》和《中国学网站建设方案(B)》,并于8月初提交院领导审议。其中关于成立中心的方案如下:

关于成立"世界中国学研究中心"的方案

中国学研究脱胎于汉学,在西方语境中曾经是一门无足轻重的边缘性学科,但在"二战"以后,特别是最近二十多年来,随着中国改革开放的推进,以及由此导致的国家地位的上升和世界影响力的不断增强,世界各地的中国学研究呈现出突飞猛进的态势,越来越多的国家、学者参与到中国研究中来,从传统中国到现当代中国,从文化、社会到经济、政治、法律等制度性建构,研究深度与广度不断扩展。可以说,对中国的了解和研究已成为当今从学界到商界、政界各类不同人群所关注的共同焦点,中国学也日渐成为一门方兴未艾的世界性显学。他山之石,可以攻玉。2004年起,我院创设和成功主办了两年一度的"世界中国学论坛",已成为上海高端学术外宣的重要品牌,影响正在不断地扩大。在这种背景下,设立世界中国学研究中心,创刊《中国学季刊》、创办中国学网站,整合已经累积的学术资源,强化对国内外中国学的跟踪研究,为"世界中国学论坛"提供学术支撑,进一步加强中国历史、政治、社会、经济等的全方位对外宣传,使国际社会正确认识中国形象,了解国际学术界中国学研究的焦点、热点,为相关部门提供政策咨询,并使之成为上海新的学术亮点和学科增长点,提升上海在相关学术领域的国际地位,也是我院"国际知名、国内一流的社会主义新智库"建设的题中应有之义。

一、中心宗旨

中心将与《中国学研究季刊》和两年一度的"世界中国学论坛"互为犄角,力争成为各国研究中国发展道路的信息库和新观点新概念的发源地,形成中国学研究的国际网络:一方面独立地开展国内外中国学的跟踪研究,深入地了解和诠释世界中国学研究的现状及其走势,并在了解和诠释过程中逐步形成本土的问题意识和分析话语,进而提升本土学术的国际影响力;另一方面通过主办《中国学研究季刊》,创建中国学研究网站,持续地推出海内外中国学研究的最新研究成果,累积相关研究的资源,扩大中国文化的传播途径,强化对外文化传播的力度,支撑"世界中国学论坛"的学术水平,为国家战略提供学理支持。

二、主要工作目标

王仲伟部长7月13日关于中国学论坛工作的讲话指出:"中国学研究中心首先是资料中心;其次是课题资助中心;再次是人才集聚中心;其四是成果发布中心。"按照这一要求,中心确立主要的工作目标,具体如下:

1. 创办《中国学研究季刊》,每年出4期,每期25万字左右,拟设特稿(前沿报告)、专题研究、名家专访、论著评论、信息快递等栏目,力求荟萃世界中国学研究的高端学术成果,深入评析世界中国学研究的历史、现状和趋势,探索世界中国学研究的理论与方法,促进海内外中国学界的双向互动。详见《关于创办〈中国学研究季刊〉的方案》。

2. 创建中国学研究网站。目前国内已有少数几家机构如中国社会科学院国内中国学研究中心、华东师范大学海外中国学研究中心、北京外国语大学海外汉学研究中心设立了相关网站,中心将在全面分析已有网站特点的基础上,创设一个更具影响力的网站,一方面密切关注世界各地中国学研究的前沿动态,另一方面积极"推动我国哲学社会科学优秀成果和优秀人才走向世界"。详见《中国学网站建设方案(A)》《中国学网站建设方案(B)》。

3. 创建中国学研究文献库和信息库,近期主要从以下三个方面着手:

A. 购置海内外中国学研究的基本文献资料、报刊资料;

B. 编纂世界中国学机构名录和世界知名中国学家名录。通过编纂名录,建立一个包罗全球性的中国学研究机构和知名专家的资源库,并与国际国内知名的中国学(汉学、国学)研究机构建立可长可久的联系网络,为了解世界中国学研究的历史、现状及其趋势提供一个坚实可靠的基础。由于世界中国学研究涉及的语种繁多,有的机构旋起旋灭,资料获取和整理不易,因此,本项工作将作为中心的长期性项目,持续地进行。

C. 主持翻译出版《中国学研究译丛》,每年推出三到五本有影响的中国学研究力作,特别是当代中国研究的精品力作,持久地坚持下去,影响就会不断地显现出来。另外,通过译丛的组织翻译,可以选拔和凝聚一批有志于研究世界中国学的学者,壮大本中心的研究团队。

4. 确立重点研究方向,形成自己的研究特色。

A. 开展世界中国学前沿动态的研究,尤其是开展当下世界中国学焦点问题的研究,组织编纂世界中国学年度报告,一方面为国内中国学研究提供最新的学术资讯、最前卫的理论与方法,另一方面推动国内优秀的中国学研究成果走向世界,扩大国内中国学研究的国际影响力,为重构世界的中国形象做出自己的努力。

B. 设立一系列课题,进行深入研究。重点研究与中国文化、中国形象、中国利益攸关的重大问题,如"国际社会对中华文化(或中国形象)的认知、误解与敌意"等。(每个季度向有关方面提供1—2篇国外中国研究热点等咨询报告)

C. 编纂《中国学研究丛书》,每年推出2至3种原创性的中国学研究著作,通过这一方式,整合国内中国学研究的力量,集聚中国学研究的高端学术成果,扩大本中心的学术影响力。

5. 构建中国学的学科框架,把学科建设与人才集聚、培养结合起来,把中心工作和访问学人工作站建设结合起来,通过各种创新的方式把海内外的中国学专家吸收到中心的工作站来,使中心成为真正意义上的思想交会之地和理论创新基地。

6. 与"世界中国学论坛"相互配合,一方面中心将尽力为"世界中国学论坛"提供学术支撑,另一方面借助"世界中国学论坛"这个高端学术平台,累积中心的人脉资源和学术资源,建立覆盖全球的学术网络,组织多样化的学术活动(包括互访、学术报告、小型专题研讨等),促进中外中国学界的互动、合作和交流,并在这种互动、合作和交流过程中,活跃我院的学术气氛,特别是与国际学术界的对话能力,进一步提升中国学研究的整体水平和国际影响力。

三、人员构成

中心人员由名誉主任、主任、副主任、专职研究人员、访问学人(含博士后)、特约研究员等构成。

名誉主任2名,由市委宣传部和院领导担任;

主任1名;

副主任2名(人文学科和社会科学各1名);

专职研究人员10名(其中负责北美地区2名,欧洲地区3名,东亚地区1名,东南亚1名,中西亚1名,中国2名);

访问学人(含博士后研究人员)每年2—3名；

特约研究员若干名,名单另拟；

中心专职研究人员一律公开招聘,每年引进3—4名；

中心另设学术委员会,负责审议中心学术研究规划、课题资助及其他学术事项(主任不能由院领导担任),委员拟邀请国内知名学者担任,具体名单另拟；

《中国学研究季刊》编辑部人员具体见"方案"；

中国学研究网站人员具体见"方案"；

季刊与网站隶属中心。

四、基本配套

为了卓有成效地开展工作,逐步实现上述目标,而不是徒具形式,请院领导统筹考虑以下配套要求：

1. 根据需要,请院干部人事处参照"当代中国政治研究中心",解决人员编制10名(不包括编辑部与网站),以保证研究的人力资源。

2. 请院部统筹考虑并尽快配备14 m^2 以上办公用房2间,其中1间为专职研究人员办公用房,1间为中心主任、副主任办公用房,兼作资料室。(访问学人包括博士后研究人员办公用房,根据实际需要,另行申请)。

3. 经费预算：

A.《中国学研究季刊》和中国学研究网站经费预算,参见相关方案,此处不计。

B. 文献库和信息库建设费用每年30万元人民币。

C. 课题资助：每年10项,每项5万元,(其中基础研究占三分之一,现实研究占三分之二),合计每年50万元。

D. 博士后研究人员经费每年15万元(以每年3名计算)。

E. 其他活动经费每年20万元。

F. 启动经费(含购置必要的办公设备)10万元。

总计125万元。

以上方案妥否，请审议。

这个方案，除了经费部分外，领导均表示肯定和支持，并决定从刚竣工不久的上海社科国际创新基地（分部2号楼）7楼拨出若干间办公室供中心使用。因为没有人手，黄仁伟副院长请外事处赵念国老师过来帮忙，和我一起办公，中心正式开始筹建。

2010年初，世界中国学论坛正式升格为国家级学术外宣平台，由国务院新闻办公室和上海市人民政府联合主办，上海社会科学院和上海市人民政府新闻办公室承办。为了配合论坛的升格，为论坛提供学术支撑，院领导要求加快世界中国学研究中心筹建的步伐。2月8日，黄院长向我转达潘世伟书记的意见，希望我能兼任中心常务副主任和《中国学季刊》主编。见我意兴阑珊，稍后潘书记给我打电话，明确告知中心是个实体机构，先给10个编制。话说到这个份上，我再不接受，就有"抗命"之嫌。就这样，老赵和我在黄院长直接领导下，一面筹建中心，一面参与第四届论坛的筹备，整天忙得昏天黑地。许多事情做过也就忘了，如过眼烟云，但有两件事一直记忆深刻——

一是和黄院长、李轶海处长一起为论坛和中心物色和招聘工作人员。论坛确定升格为国家级学术外宣平台后，中心即着手招聘工作人员。中心首次招聘公告发布后，应聘者多达70余人。经过多轮笔试、面试，最后录用6人，分别是潘玮琳、杨起予、张焮、樊慧慧、张娜、廉晓敏，其中张娜和廉晓敏于11月在中国学论坛结束后将分别转到邓中心（或外事处）和欧亚所工作。他们陆续加盟后，即全力投入第四届世界中国学论坛的紧张筹备工作，为第四届论坛的成功举办付出了巨大的努力。2011年中心再度招聘，褚艳红加盟。他们构成中心和后来成立的中国学所最初的工作团队。

二是参与设计世界中国学贡献奖的评奖程序。配合论坛升格，论坛组委会决定设立世界中国学贡献奖，这可不是一件简单的事情，要设立这个奖项，并在论坛召开时颁授，首先必须设立中国学贡献奖评审专家委员会，负责遴选获奖者；而要设立中国学贡献奖评审专家委员会，就必须制定相关评审章程或条例,使整个推荐和评审过程有章可循。获奖者名单确定后,还得马上联系获奖者,邀请他们到论坛接受奖项,并发表获奖感言。一切就绪后,我还奉命为首届世界中国学贡献奖荣誉证书草拟了两份颁奖词,供论坛组委会采择。最后论坛组委会采用其中一种,并译成英文。文如下:

教授:

您以中国研究为志业,著书树人,创新思维,成就卓著,在世界中国学界享有盛誉,是世所尊仰的中国学大家。经世界中国学论坛学术委员会推荐和评审,一致决定授予您首届世界中国学论坛中国学研究贡献奖,特颁此证。

世界中国学论坛组织委员会
2010 年 11 月 6 日

November 6, 2010

Professor:

As an outstanding master of China studies, you have been working in this field for life career, publishing volumes of remarkable books, cultivating generations of scholars, creating new ideas, reached great achievements and won high reputations in the international community of China studies. Recommended and reviewed by the Academic Commission of the World Forum of China Studies, We decide to confer you the Award of Contribution for China Studies. This Certification is hereby promulgated.

Organization Commission of World Forum of China Studies

经过中国学贡献奖评审委员会多轮推荐和评审,最后确定首届世界中国学贡献奖授予美国的孔飞力教授、法国的谢和耐教授、俄罗斯的罗高寿教授和日本的毛里和子教授。他们都毕生从事中国研究,且各有重要建树,为中国研究的世界化作出了突出贡献。他们的获奖,当之无愧,众望所归。颁授首届世界中国学贡献奖成为第四届世界中国学论坛的一大亮点,众多媒体予以大篇幅报道,反响强烈,为后来的中国学贡献奖推荐、评审和颁授树立了具有公信力的典范。

三、关于《中国学季刊》

在我参与世界中国学研究中心的筹建过程中,其实最吸引我的,是希望能为世界中国学论坛创办一份高品质的学术期刊,集中发表海内外中国学研究的最新成果,并以此推动世界中国学向纵深方向发展。2009年7月13日,王仲伟部长的讲话中就曾特别提到要创办一份高水平的《中国学季刊》,并要求把它纳入世界中国学研究中心优先推进的事项加快建设,他还明确指示:"研究中心和刊物要另外报预算,另外追加经费。刊物的刊号问题要适当调节,这件事与新闻出版局焦杨协商一下。"可能因为我曾长期参与主持《史林》编务,有办刊经验,院领导命我尽快拿出办刊方案上报。同年8月6日,我按要求提交院里的有关世界中国学研究中心的一揽子方案中,就有一份关于创办《中国学季刊》的方案。具体方案如下:

关于创办《中国学季刊》的方案

伴随中国综合国力和国际地位的快速提升,中国学已日益成为一门国际性显学。为了集中展示海内外中国学研究的最新学术成果和前沿动态,强化中国学研究的学术外宣功能和对外文化传播功能,提升海内外特别是国内中国学研究的整体水平,推动中外中国学研究的合作、互动与交流,构建中国学研究的国际化网络,现按王仲伟部长7月13日的讲话精神,拟高起点地创办《中国学季刊》。具体方案如下:

一、办刊宗旨

《中国学季刊》将与中国学研究网站和两年一度的"世界中国学论坛"互为犄角,构建中国学研究的国际化网络,大力推动和促进海内外中国学研究的合作、互动与交流,一方面及时刊载海内外中国学研究的高端学术成果,累积中国学研究的学术资源;另一方面凝聚、培育和壮大海内外中国学研究的作者群体,"推动我国哲学社会科学优秀成果和优秀人才走向世界",扩大中国学研究在国际学术界的影响力,力争使《中国学季刊》成为海内外中国学研究高端学术成果的发布中心和国际学术界认可的品牌学术期刊。

二、栏目设置

《中国学季刊》每年出 4 期,每期 25 万字左右,拟设特稿(前沿报告)、专题研究、名家访谈、论著评论、信息传递等栏目。

特稿每期 1—2 篇,以探讨现当代中国的热点问题、难点问题和重大前沿问题的成果为主。

专题每期 8—10 篇,以研究现当代中国各类问题的成果为主,兼顾中国文史研究方面的成果。

访谈每期 1—2 篇,主要发表海内外顶尖中国学家的深度访谈录。

评论每期 6—8 篇,主要发表海内外中国学著作的书评。

季刊将主要依托世界中国学论坛,致力于发表中国学研究的前沿学术成果,深入评析世界中国学研究的历史、现状和趋势,探索世界中国学研究的理论与方法,促进海内外中国学界的双向互动。

三、编委会和编辑部

为了确保《季刊》的学术质量,并按时优质地出刊,拟设《季刊》编委会和编辑部。

(一)《中国学季刊》编委会

编委会由编委和特邀编委组成,编委由本院及上海市相关研究领域的知名学者组成,特邀编委由海内外相关研究领域的知名学者组成。编委和特邀编委名单另拟。

编委会的主要职责:撰稿、荐稿、审稿,并为《季刊》的编纂提供建议。

编委会设主任 1 名,由院分管领导担任。

(二)编辑部

《季刊》编辑部由主编、副主编、编辑和编务组成。其中主编 1 名,副主编 2 名(人文学科和社会科学各 1 名),中文编辑 2 名,英文编辑 1 名,编务 1 名。

主编和副主编主要负责《季刊》的统筹、策划、组稿、审稿、发稿;

中文编辑主要负责中文稿件的初审、联系作者和技术处理及校对;

英文编辑主要负责英文稿件的初审、联系作者和技术处理及校对;

编务主要负责与编辑部有关的事务性工作,包括联系出版社、印刷厂,作者库的建设,稿费的核算与发放,成本的核算与报销等。

四、成本预算

在未取得独立刊号之前,《季刊》将以以书代刊的方式出版,每季度出版 1 期,每期约 25 万字。以此核算,每期约需 10 万元人民币,每年约需 40 万元人民币。细目如下:

书号管理费:3 万(每期)×4＝12 万元;

组稿审稿费:2 万(每期)×4＝8 万元;

编辑校对费:1.5 万(每期)×4＝6 万元;

稿费:3 万(每期)×4＝12 万元;

其他必要开支:0.5 万(每期)×4＝2 万元。

五、配套设备

14 m² 编辑部办公用房 1 间;

启动办公设备(电脑、办公桌、文件柜、电话、传真、打印机等)约需 5 万元人民币。

以上方案妥否,请审核。

《中国学季刊》编辑部(筹)
2009 年 8 月 6 日

方案提交后,刊号却迟迟没有下文。到了 2010 年 7 月,眼看第四届世界中国学论坛召开在即,而论坛组委会又希望在论坛上推出《中国学季刊》试刊号,因此,只能退而求其次,决定先采取以书代刊的方式出版试刊号,并命我限时拿出试刊号方案,于 7 月 12 日提交。方案如下:

关于《中国学季刊》试刊号的方案

在上海市委宣传部和上海社会科学院党委的大力支持下,《中国学季刊》经过紧张的筹划,各项前期工作已基本就绪,拟于第四届中国学论坛召开之前推出试刊号,特制定有关方案如下:

一、办刊缘起

第四届世界中国学论坛将于今年11月隆重召开,这不仅是上海社会科学院的一件大事,也是上海乃至全国学术界的一件盛事。为了充分借鉴海外中国学研究的成果,促进本土中国学研究,进而构建学科意义上的本土中国学,上海社会科学院拟创办《中国学季刊》,与两年一度的世界中国学论坛互为犄角,构建中国学研究的国际化网络,大力推动和促进海内外中国学研究的合作、互动与交流,一方面聚焦当代中国,及时刊载海内外中国研究特别是当代中国研究的高端学术成果,累积中国学研究的学术资源;另一方面凝聚、培育和壮大海内外中国学研究的作者群体,"推动我国哲学社会科学优秀成果和优秀人才走向世界",扩大中国学研究在国际学术界的影响力。

二、栏目设置

《中国学季刊》试刊号约30万字,拟设特稿、专题、访谈、评论等栏目。

特稿1—2篇,以探讨现当代中国的热点问题、难点问题和重大前沿问题的成果为主。

专题8—10篇,以研究现当代中国各类问题的成果为主,兼顾中国文史研究方面的成果。

访谈1—2篇,主要发表海内外顶尖中国学家的深度访谈录。

评论6—8篇,主要发表海内外中国学著作的书评。

试刊号将全面总结前三届世界中国学论坛的经验和成果,发表中国学研究的前沿学术成果,深入评析世界中国学研究的历史、现状和趋势,为季刊的正式创办做最后的准备。

三、成本预算

在未取得刊号之前,《季刊》试刊号将以以书代刊的方式出版,约30

万字,约需 15 万元人民币。细目如下:

书号管理费:3 万元;

组稿审稿费:2 万元;

翻译费:0.5 万元;

编辑校对费:1.5 万元;

稿费:5 万元;

其他必要开支:3 万元。

以上方案妥否,请审核。

试刊号方案以《中国学季刊》编辑部(筹)的名义提交后,第二天,即 7 月 13 日黄院长约我到他办公室商讨试刊号编纂事宜。他对方案没有意见,只要求一定要办好试刊号,并在论坛上发布。尽管我对办好试刊号有信心,但也深知此时距离论坛开幕只有 4 个月时间,任务异常艰巨。领命后,当晚就起草了一份《〈中国学季刊〉投稿须知》,明确投稿要求:

一、来稿须系作者独立研究完成的作品。

二、来稿请提供 word 文档格式的电子文本,正文标题用 4 号宋体黑体,正文用 5 号宋体,1.5 倍行距。

三、来稿请附 200—300 字内容提要和 3—5 个关键词,并附中文提要和关键词的英文译稿。

四、来稿文末请附有关作者的信息,如姓名、生年、工作单位、职称、邮政编码、电子信箱、联系电话等,以便联系。

五、来稿须按学术研究规范,认真核对引文、注释和文中使用的其他资料,确保引文、注释和相关资料准确无误。如使用转引资料,应实事求是注明转引出处。注释一律采用页下注(脚注)方式。

六、引文注释请参照附件"《中国社会科学》引文注释规范"。

接着,就带着刚到中心报到不久的杨起予、张焮,还有潘玮琳一起投入试刊号的约稿和编辑工作中。先是清理前三届世界中国学论坛上发表的会议论文，看其中有哪些论文可以编入试刊号，再就是有针对性地约请一些学者赐稿。经过一个多月的苦战，9月2日试刊号目录基本排定，交黄院长审阅。目录初稿如下：

《中国学季刊》试刊号目录

特稿

汤一介：走出"中西古今"之争，会通"中西古今"之学

石之瑜：中国研究文献中的知识伦理问题：拼凑、累读与开展

芮哲非：印刷与出版史能为中国学研究增添什么

访谈录

周　武：从中国出发思考中国
　　　　——对话艾尔曼教授

历史人文

杨国强：条约制度：西方世界与晚清中国之间的改造与被改造

茅海建：戊戌变法期间中下层官员及士民的西方认识

叶凯蒂：从时代糟粕到受压迫中国的象征
　　　　——19世纪和20世纪小说中的京剧演员

萧　凌：Culture, Commerce, and Connections: The Inner Dynamics of New Culture Publishing in the Post-May Fourth Era

当代聚焦

李君如：中国民主政治两种形式和政治体制改革走势

陈方正：走向动态中国：论社会的竞争与和谐

张　信：社会转型与中国现代化

赵人伟：对我国收入分配改革的若干思考

中国与世界

张宏毅:中国和平发展及其对构建和谐世界的贡献

　　　——从《中国的非和平崛起》一文谈起

曹俊汉:本土化与全球化:中华文化在全球治理下的发展建构

许少强:对人民币自由兑换与国际化进程的评估和展望

　　　——从上海国际金融中心建构的视角出发

新视界

王国斌:从历史角度看中国的经济、政治变革

迪亚曼特:以比较的眼光看1950年的中国"婚姻法"

周晓虹:1951—1958:中国农业集体化的动力

　　　——国家与社会关系视野下的社会动员

书评

唐小兵:超越左右,理解中国

　　　——读李侃如《治理中国:从革命到改革》

孙　歌:中国如何成为方法

　　　——沟口雄三《作为方法的中国》读后

杨起予:行走于"后发优势"与"后发劣势"之间

　　　——评陈志武《非理性亢奋》

陈丹丹:"后现代抱负"与教科书写法

　　　——评周宁《世界之中国——域外中国形象研究》

潘玮琳:"政治文化"与"文化政治"

　　　——评张仲民《出版与文化政治——晚清生理卫生书籍研究》

　　试刊号目录初步排定后,即着手开始编辑。因为是以书代刊,还得联系出版社出版。不巧的是,当时国家出版总署正在全国范围内严打"以书代刊",雷霆之下,出版界噤若寒蝉,原先有意出版的几家出版社纷纷打退堂鼓。

无奈之下,只好求助季风书园创办人严搏非先生,他看了试刊号目录初稿后大感兴趣,答应尽力帮忙成全。他是极有见识和眼光的书店老板和出版人,在当年的民营书业是个呼风唤雨的人物,可是,就是这样一个人物,最后也没办法为《中国学季刊》试刊号争取到一个书号。但他答应按照学术期刊的规格在论坛召开之前将试刊号排印出来。这本试刊号(即《中国学季刊》第总〇〇期)虽然没有书号,不是正式出版的刊物,但规格和品质却远在一般书籍和刊物之上,因此在第四届世界中国学论坛上大出风头,好评如潮,成为第四届论坛的又一亮点。记得在论坛上,王荣华院长见到我,大老远跑过来跟我连声称赞:打响了!打响了!!

试刊号推出后,我继续为论坛主编了两辑《中国学》,即《中国学》第一辑和第二辑,由上海人民出版社分别于2012年8月和10月出版。这本刊物本来定名为《中国学季刊》,但因为是以书代刊,不能出现"季刊"字样,否则出版社无法申请到书号,最后不得不折中更名为《中国学》(英文刊名不变,封面上仍标"China Studies Quarterly"),以集刊形式一辑辑出版。

四、关于世界中国学研究所的筹建

世界中国学论坛升格后,作为论坛的创始机构和主要承办单位,上海社科院实际上面临两大挑战:一是如何进一步健全和完善论坛的组织架构和支撑体系,使之成为真正意义上的国家级知名学术品牌;二是如何依托论坛加快构建世界中国学的学科框架,扩大中国文化的国际传播途径,促进社科理论创新,提升"向世界说明中国"的能力、层次和水准。2011年9月,院党委决定在世界中国学研究中心(筹)的基础上组建世界中国学研究所,潘世伟书记对这个新所寄予厚望,希望中国学所一年站稳脚跟,三年见效。黄仁伟副院长、潘世伟书记先后多次找我谈话,告知此事,并要我参与中国学所的筹建。10月26日,中国学所筹建工作组成立,由黄院长和我负责。黄院长要我尽快起草正式的建所方案和宣传部专项课题申请报告。平生最厌烦的,就是写这个方案那个报告,但怨有什么用,事还得照做。拼了差不多一个星期,方案拟定,并于11月2日提交。具体方案如下:

关于组建上海社会科学院世界中国学研究所的方案
一、建立中国学所的必要性与可行性

1. 必要性

（1）就国外而言，进入21世纪以后，中国迅速和平崛起，引起全世界高度关注，各国学术界无不将探索的目光投向中国，研究中国日益成为一门世界性"显学"。它山之石，可以攻玉。建立中国学所，开展海外中国学研究现状调查，综合评估世界各国研究中国的现状与趋势、理论与方法、特点与规律，并在了解和诠释过程中逐步形成本土的问题意识和分析话语，是一项十分迫切而意义深远的基础工作。

（2）就国内而言，全国各地高校、研究机构陆续建立了近20家汉学研究所或中国学研究中心，各有侧重地开展海外汉学、中国学研究。近期中共中央办公厅下发的《教育部关于深入推进高等学校哲学社会科学繁荣发展的意见》，以及《教育部学习宣传贯彻十七届六中全会精神重点工作》，明确把"推动海外中国学研究"列为繁荣发展哲学社会科学和提升国际学术影响力和话语权的重要抓手和重点工作之一。我院依托世界中国学论坛，建立实体性的中国学所，对国内外中国学研究进行长期跟踪研究，为世界中国学论坛提供强有力的学术支撑，并使之成为我院新的学术亮点和学科增长点，是我院"国际知名、国内一流的社会主义新智库"建设的题中应有之义。

2. 可行性

（1）我院是全国规模最大、学科齐全、研究力量雄厚的地方社会科学院，在国际战略、经济转型、法律与社会、历史人文等众多领域积聚了一大批优秀学者，中国学所可以依托和发挥我院人文社会科学研究的整体优势。

（2）在上海市委宣传部的直接支持和推动下，上海社科院自2004年以来连续主办或承办四届世界中国学论坛，在海内外产生重要影响，成为具有较高知名度的国际学术交流平台。自2006年第二届论坛到2010年第四届论坛，国务院新闻办先后作为指导单位和主办单位。2011年，论坛正式由国务院新闻办和上海市人民政府联合主办，设立以国新办为主的论坛组委会、秘书处，论坛办公室设在上海社科院。由此，世界中国学论坛升格为国家

级学术外宣的主要平台。中国学所既可以依托世界中国学论坛壮大声势,又可以为世界中国学论坛提供强有力的学术支撑。

(3) 目前,世界中国学论坛已初步形成覆盖五大洲上百家重要学术机构和上千名学者,包括一大批世界级中国学权威的联系网络。2010年首次设立以终身从事中国学研究的世界著名学者为授予对象的中国学研究贡献奖,成为该领域内的高端学术标志。中国学所可以依托这个庞大的海外学术网络,并使之长效化、制度化和机制化。

(4) 历届论坛连续出版会议论文集、建设中国学论坛网页、试办《中国学季刊》,已初步建成中国学研究成果的综合发布平台。中国学所可以依托这个高端学术发布平台,持续地介绍海内外中国学研究的最新成果,同时累积相关研究的资源,强化对外文化传播的路径和力度,推动中华文化"走出去"。

综上所述,我院建立中国学所,不仅必要,而且可行。建立中国学所,使中国学研究、论坛、刊物和网络四位一体,可以进一步扩大我院和论坛品牌的国际学术影响力与话语权,发挥国际专家学者网络、学术研究平台、成果发布阵地等的积极作用,打造我院中国学研究新的学术品牌,从而使我院成为中国学国际性研究重镇和国内中国学研究的制高点。当然,建立中国学所,机遇和挑战同在,目前而言,最大的问题是研究力量不足,需要通过创新机制和运作模式,尽快建立核心的研究团队。

二、中国学所的目标定位和功能定位

1. 目标定位

中国学所是目前国内外唯一专门研究中国学的实体性研究机构,它将在国务院新闻办、上海市委宣传部的指导和上海社会科学院的直接领导下,紧紧依托上海社科院综合学科优势,依托世界中国学论坛,依托论坛现有的国际专家学者网络,并通过创新机制,整合现有的学术资源,招聘专门研究人才,组建精干的研究团队,有重点、有层次、稳健而富有成效地推进海外中国学现状与趋势、特色与规律的跟踪研究,力争把中国学所建设成中国学研究的国际性重镇、创新基地和成果汇聚与发布的高端学术平台。

2. 功能定位

按照上述目标定位,中国学所将加快确立工作目标和重点研究方向。根据中国学学科发展和我院中国学现有的研究力量,中国学所拟优先推动以下5个方面的工作:

(1) 全面掌握世界各国中国学研究动态;

(2) 向国内系统推介海外当代中国学研究的代表人物、机构、流派及其重要学术观点;

(3) 向海外推介国内学者最新成果,依托公共媒体、网络、学术出版物,将国内研究的最新动态及时传播到世界各国学术界,增强中国学术的国际影响力和话语权;

(4) 以现当代中国研究为重点,同时吸收汉学研究及中国学研究领域之外的研究成果,形成多学科相互渗透、融会贯通、厚今薄古的研究特色;

(5) 建设世界中国学研究资料库、网络数据库、学者信息库,形成学科研究、学者网络、高峰论坛和学术期刊四位一体的世界中国学研究体系。

三、科研架构、辅助体制与决策咨询机构

1. 科研架构

中国学研究是高度综合的学科,涉及人文学科、社会科学乃至自然科学几乎所有的研究领域。根据中国学所的目标定位,以及现有的研究基础、研究力量和学科发展的需要,暂先拟设4个研究室:

(1) 中国学史研究室。以海外中国学——尤其是美国、欧洲和东亚日本、韩国中国学的历史演进为研究重点,梳理和阐释世界中国学格局,以及外国语境下中国形象的变迁。

(2) 中国学现状研究室。主要围绕当前世界各地相关的中国学研究机构、学者、期刊和成果展开调查,并进行跟踪研究,重点分析社会科学取向的中国学研究成果,以及中国学与当今世界学术思潮、中国学与各国对华战略、海外中国学与中国本土学术之关系。

(3) 中国学人文研究室。着重考察当今世界对中国文化、历史、哲学、艺术等方面的研究,人文取向曾经是西方汉学的主流,"二战"以后虽受到社会

科学取向的冲击,但仍有着持续的影响力,是海外现当代中国研究不可忽视的一种重要研究取向。

(4) 上海学研究中心。上海研究是海外中国研究的重要组成部分,改革开放以来,上海城市研究一直是海外中国研究经久不衰的焦点和热点,号称"显学"。中国学所设在我院,搜集、分析和研究海外学者有关上海研究的学术成果,并与之进行对话和交流,为上海城市发展战略服务,责无旁贷。

2. 辅助体制

(1) 行政办公室。主要为中国学所提供后勤保障,暂设主任1人,学秘及其他1人。

(2)《中国学季刊》编辑部。主要负责定期编辑出版《中国学季刊》,每年4期,以学术质量为唯一的用稿标准,力争成为中国学重要成果的发布平台。暂定编辑2人,其中1人负责社会科学,1人负责人文学科,其他编辑、编务人员为兼职。

(3) 中国学论坛网站。目前国内已有几家如中国社会科学院国内中国学研究中心、华东师范大学海外中国学研究中心、北京外国语大学海外汉学研究中心设立了相关网站,中国学所将在全面分析已有的这些网站特点基础上,创设一个更具影响力的网站,一方面密切关注世界各地中国学研究的前沿动态,另一方面积极"推动我国哲学社会科学优秀成果和优秀人才走向世界"。

3. 决策咨询机构

中国学所是一个小所,但因为依托世界中国学论坛,并设有《中国学季刊》编辑部和中国学论坛网站,业务量大,服务面广,因此需要设立相应的决策咨询机构,集思广益,共促发展。

(1) 学术顾问委员会。中国学所拟聘请国内外有关知名专家为学术顾问,初步考虑聘请世界中国学论坛专家委员会成员兼任学术顾问。

(2) 学术委员会。负责筹划中国学所的学科发展和学术评估等事宜,拟采取适当方式设立所学术委员会,聘请3—5相关专家担任所学术委员。

(3) 所务委员会和财政预算小组。由所领导和各室主任组成,研究、讨论全所科研、行政、财务管理与预算等各项事宜。

四、所党组织及其他群众组织

1. 设立党支部。中国学所现有党员 3 人，人数较少，拟先设立党支部。以后再视引进人员情况而定。

2. 成立所工会、妇委会、青年中心等群众组织。

五、研究队伍建设

1. 以本院聘用的专业研究人员为主体，今后三年内每年招聘 3—5 名相关研究人员，充实和扩大中国学所的研究力量。

2. 根据学科发展的实际需要，适当聘任本院、本市的相关专家学者为兼职研究员。

3. 招聘海外相关学者为访问学者或客座研究员，参与本所的各项活动。每年招聘 3—5 人，采全额资助和部分资助两种形式。

六、开办经费预算与财政预算

1. 开办经费预算

（1）会议室装修、设备；

（2）办公室、研究室和客座研究员办公室装修、设备；

（3）建所典礼暨中国学回顾与前瞻学术讨论会（拟邀请海内外相关重要学术机构负责人、知名学者与会）。

合计约需 80 万元人民币。

2. 财政预算

（1）经费来源。

A. 现有预算概况：按照现有 5 人编制预算；

B. 院有关论坛的专项预算；

C. 国新办专项经费预算；

D. 市委宣传部的专项经费预算；

此外，中国学所将积极拓展经费来源，争取教育部、国外基金会、国家汉办、大企业的相关项目。

（2）预算。

A. 定期编辑出版《中国学季刊》，每期 8 万元，4 期共 32 万元；

B. 设立中国学官方网站,约30万元;

C. 开展中国学相关课题研究,出版中国学译著系列,约需80万元。

七、2012年度工作规划要点

1. 筹备和举办中国学研究所建所典礼暨中国学回顾与前瞻学术讨论会;

2. 参与筹备和举办在纽约召开的第五届世界中国学论坛;

3. 组建中国学研究团队,招聘科研人员3名,英文翻译1名,行政1名;推进市委宣传部中国学专项课题研究及其他相关研究;

4. 定期编辑出版《中国学季刊》;

5. 建立世界中国学论坛门户网站。

这个方案系根据10月26日召开的中国学所建所工作组第一次会议商定的《讨论提纲》草拟的,以邮件形式提交黄院长时,曾附短笺:

黄院长:

附件是我草拟的《关于组建上海社会科学院世界中国学研究所的方案》,已较充分地纳入上次会议的内容,唯教育部制定的《国家中长期教育改革与发展纲要》和上海市教委制定的《上海市中长期教育发展纲要》并未查到开设中国学课程的相关内容,因此以教育部近期发布的另两个文件替代,请你审正。

专此,颂好!

周武 谨上

短笺中提及的"上次会议",指的就是10月26日中国学所建所工作组第一次工作会议。黄院长看后,对方案予以充分肯定。11月10日下午,黄院长召集中国学所建所工作组第二次会议,邀我、吴雪明、老赵和潘玮琳与会,主要讨论黄拟提交院党政联席会议的汇报提纲,大意如下:1.人员归并(即将世经所、哲学所相关人员归并到中国学所);2.党组织关系是独立建立支部还是挂靠国关所;3.行政办公室由老赵代管,与中国学论坛办公室合署;4.办公室装修,重点是会议室,要有先进的视听设备;5.客座研究员(国内 5 名,国外 5 名)经费由人事处、财务处统筹;6.翻译、数据拟与信息所、图书馆等合作;7.研究生培养,与院研究生办、华东师大研究生院合作;8.办好《中国学季刊》;9.网站建设,与院网办合作。会前,即当天上午,我将已草拟好并经反复修改的《世界中国学研究专项经费申请报告》发黄院长邮箱,请他审阅,报告全文如下:

<h2 style="text-align:center">世界中国学研究专项经费申请报告</h2>

一、开展世界中国学研究的意义

世界中国学是当今国际学术思想界最引人注目的论域,今年 9 月 26 日中共中央办公厅下发的《教育部关于深入推进高等学校哲学社会科学繁荣发展的意见》,明确把"推动海外中国学研究"列为繁荣发展哲学社会科学和提升国际学术影响力和话语权的重要抓手和重点工作之一。近日教育部公布的《教育部学习宣传贯彻十七届六中全会精神重点工作》,更把"推进海外中国学研究,鼓励高校合作建立海外中国学术研究中心"列为教育部学习宣传贯彻十七届六中全会精神第 42 项重点工作和"推动高校参与文化走出去工程"的首要工作。就是说,推进海外中国学研究,已被提高到前所未有的战略地位。

中国学脱胎于汉学,在西方语境中曾经是一门无足轻重的边缘性学科,但在"二战"以后,特别是改革开放以来,中国快速地从一个地理的大国和平发展而为经济的大国、政治的大国和文化的大国,无论从何种角度看,中国都已是一个无法忽视的巨大存在。正是在这样的背景下,世界比以往任何时候都更加关注中国,中国也比以往任何时候都更加关注世界,这种关注,以及由这种关注产生的对话与交流,使中国看世界和世界看中国获得了比以往更多的真实性、深刻性、全面性和远瞻性。据统计,当今海外,在政府机关、大专院校、学会、协会、社团等公私研究机构和企事业单位从事研究工作,以及退休后仍继续从事独立研究的中国学家,总数不少于一万人。近年来这个数字还在快速增长。至少有 40

多个国家和地区设有相当规模的中国学研究机构,如果把军政界、企业界的中国研究机构,以及一些重要的思想库包括在内,海外中国学研究机构总数已超过1 000个,遍及世界各地。而且这种趋势仍在持续地增强,越来越多的国家、学者参与到中国研究中来,从传统中国到现当代中国,从文化、历史、人文到经济、政治、社会、法律等制度性建构,研究深度与广度不断扩展。可以说,对中国的了解和研究已成为当今世界从学界到商界、政界各类不同人群所关注的共同焦点,中国学研究已经成为一门方兴未艾的国际性显学。

中国学的崛起,是当今世界思想与学术变迁中最具深远意义的文化事件之一,它将深刻改变现有的世界学术版图和思想版图。有位美国知名的中国学家曾经说过,1980年代之前,西方的思想家可以大言不惭地说我为什么要了解中国,但现在没人再敢这么说了,因为中国正在变成一个巨大的实体,任何一个以人类为中心的思想者,他的思想架构,他的理论和方法,如果不能包容和解释中国模式或中国经验,那就没有完全的说服力,就不敢自诩是普世的。这说明,正在崛起的世界中国学将不仅会改变中国在世界中的形象,而且有助于真正意义上的全球性思想的产生。正因为如此,全国各地高校、研究机构陆续建立了近20家汉学研究所或中国学研究中心,各有侧重地开展海外汉学、中国学研究,但这些研究中心大多不是实体性的,研究工作没有连续性,时断时续。上海社会科学院依托世界中国学论坛,整合已有的学术资源,建立实体性的中国学所,开展海外中国学研究现状调查,综合评估世界各国研究中国的现状与趋势、理论与方法、特点与规律,并在了解和诠释过程中逐步形成本土的问题意识和分析话语,增强上海学术的国际影响力和话语权,推动本土的中国学研究和海外中国学研究的互动,不仅十分迫切,而且具有极其重要的意义和价值。

(一)开展世界中国学研究,对海外中国学研究的历史、现状及其趋势,特别是前沿动态进行系统、深入的回顾、反思与批判,取其精华,去其糟粕,一方面有助于逐渐破除海外中国学研究无所不在的"西方中心论"和近年来逐渐流行的"中国中心论"的认知迷思,在学理上重构西语世界的中国形象;另一方面亦可借此揽镜自鉴,为本土的中国学研究提供极有益的借鉴和参考。

（二）开展世界中国学研究,强化中国本土经验的研究,特别是现当代中国经验、中国模式、中国价值、中国道路的研究,并在此基础上提出属于自己的"有意义的问题"、创新理论和方法,进而建立中国本土的中国学研究,不仅有助于改变"中国学对象是中国,中国学研究在海外"的令人尴尬的学术现状,提升中外学术对话与交流的能力、层次和水准,而且有助于在学理上"向世界说明中国",进而逐步改变中国的世界形象。

（三）开展世界中国学研究,通过"科际整合"和人才聚集,对与中国文化、中国形象和中国利益攸关的一系列重大现实问题进行深入的观察与探讨,从学理上更有说服力地阐明中国的坚持、立场和主张,可以为相关部门的决策提供重要的参考依据。

（四）开展世界中国学研究,可以为世界中国学论坛这一目前上海唯一的国家级高端学术平台提供强有力的学术支撑,进而强化对外文化传播的路径和力度,推动中华文化"走出去"。由国务院新闻办和上海市人民政府联合主办、上海社会科学院承办的世界中国学论坛已成功举办四届,影响力正在不断扩大,第五届又在紧锣密鼓地筹备。世界中国学论坛要成为名副其实的上海乃至中国高端学术外宣的品牌,就必须大力推进世界中国学研究。

二、世界中国学研究的现状与趋势

海外中国学研究,植根于海外的学术语境。随着世事的变迁和中国地位的沉浮,海外对中国的研究先后出现了三种最具普遍性的范式:"中国完美论"（欧洲启蒙运动时期）、"中国失败论"（自西力东渐至中国改革开放时期）和"中国崛起论"（中国改革开放至今）。这三种范式出现于不同的时期,都曾经主宰过海外特别是西方对中国的认识与理解。三十年河东,三十年河西。伴随着改革开放以来中国的巨变和综合国力的提升,"中国崛起论"逐渐取代了"中国失败论",这种范式的转移,直接促成了西方所谓"唱盛中国"学术流派的孕育与成形。自20世纪90年代以来,西方的中国学研究中,尽管仍陆续出版了《即将来临的与中国的冲突》《中国即将崩溃》《即将来临的与中国的战争:为台湾而起的冲突》一类"唱衰中国"的著作,但这种声音已远不如先前那样强势了。与此相反,一批被称为"唱盛中国"的著作相继问世,并在西方学术界激起强烈反响,这些著作包括《中国的天才:三千年的科学发明》《中国统治大海的时代:龙廷的宝船队,1405—1433》《大分流:中国、欧洲和近代世界经济的形成》《中国乡村的命运与运气:辽宁的社会组织和人口行为,1774—1873》《自有其理:中国科学,1550—1900》,等等。它们的论题和论旨各异,取径和方法亦不尽相同,但都自觉地摈弃了19世纪以来西方流行的讲述中国历史的模式,更多地着眼于中国历史变迁的连续性和积极因素,不再简单地把中国历史看作是一部失败的记录。越来越多的西方中国学家从绵延的中国历史与文化中惊奇地发现:中国的内在活力和创造力远远超出西方人的想象,这种内在活力和创造力正在成为中国崛起的最本质的力量。

与"中国崛起论"几乎同时出现的,还有至今仍在西方广有市场的"中国威胁论",这种论调基本上是"黄祸论"在新的历史条件下的复活。近年来,继"中国威胁论"之后,在西方主流的声音中,又出现了一种越来越强势的声音,即"中国责任论",以及中国"文化霸权论",等等。实际上这些颇为流行的看法,都是从"中国崛起论"派生出来的,需要给予高度的关注。

然而,中国学术界对海外中国学研究的焦点问题和西方主流的声音,明显地缺乏有说服力的回应。部分的原因在于我们对这些问题和声音及其产生的特殊语境缺乏深入的体认和了解,更重要的原因则在于我们的自我了解严重滞后。新中国六十年,改革开放三十年,中国创造了一个又一个举世瞩目的奇迹,但我们至今仍没能从这种奇迹中总结出"令人信服的道理",没能从本土的经验中发展出一套更具解释力的理论和方法,因而也就无法与西方的主流话语展开真正意义上的对话。

鉴于中国学研究的上述现状,上海社会科学院设立实体性的中国学研究所,组建研究团队,推进世界中国学研究,并通过对海外中国学的研究,强化中国本土的中国学研究,提出属于中国自己的"有意义的问题",在充分借鉴海外中国学已有研究的基础上,构建中国学的本土理论与方法,不仅必要,而且非常迫切!

三、中国学所近期研究构想与经费预算

世界中国学是一门浩瀚的学问,在过去的数百年中,海外所累积的关于中国的著作和文章,单是数量就已十分惊人。据袁同礼编纂、1958年由耶鲁大学出版社出版的《西文汉学书目》(*China in Western Literature: a Continuation of Cordier's Bib-liotheca Sinica*)统计,仅1921年至1957年英、法、德文(另有一些研究澳门的葡萄牙文)有关中国研究文献即多达1.8万多种(不含论文)。从1957年到现在,又过去了半个多世纪,海外关于中国的研究文献无疑更难以计数。如此浩瀚的中国研究文献,共同汇成了一部引之弥长的世界汉学史或世界中国学史。其中涉及的语种之多,论域之广,时段之长,问题之复杂,决定了这门学问特殊的难度,也决定这门学问特殊的魅力。

上海社会科学院成立实体性的世界中国学研究所,目的就在于持久地推动对海外中国学的跟踪研究,推动中外学术的互动与对话,提升上海学术乃至中国学术的国际影响力和话语权。中国学所将与上海市相关研究机构合作,近期拟重点推动以下四项工作,现将具体研究计划及经费预算详列于后:

(一)国际学术界关于中国发展道路及其世界影响的研究

中国发展道路及其对世界的影响,是近年来国际学术界竞相关切且聚讼纷纭的一大焦点问题。特别是2009年发生国际金融海啸以来,世界主要经济体经济都出现了不同程度的下滑,而中国经济却率先迈向复苏,逆势增长,世界比以往更强烈地感受到中国经济的强劲脉动。于是,一连串关于中国的组词——"中国制造""中国创造""中国奇迹""中国经验""中国现象""中国精神""中国模式""中国道路",还有"中国活

力""全球化中国""中国火车头"等越来越频繁地出现于西方媒体,"中国"成了国际最流行的关键词之一。这种态势更激发了国际学术界对中国发展道路的关注与研究,以中国模式为题的课题、论文、著作如雨后春笋般层出不穷地冒出来,以中国模式为主题的演讲会、报告会、座谈会、研讨会从国外开到国内,从学界开到政界、商界,彼伏此起,热闹异常。不同的学者从不同的视角、不同的理论、不同的方法切入,各有各的理据,分歧之大,超乎想象,它以论述的困难性说明了中国模式本身的复杂性,中国模式的内涵、特点、意义就在于这种复杂性之中。系统地梳理、分析和研究国际学术界关于中国发展道路及其世界影响的讨论、争议和分歧,不仅是世界中国学研究的题中应有之义,而且可以为中国的改革发展和中国的国际战略提供重要的借鉴。

本项研究含以下十个子课题:

1. 海外关于中国模式的论争(与华东师大哲学系、《社会科学》杂志社合作);

2. 海外关于中国特色社会主义理论与实践的研究(与社科院中国马克思主义研究所合作);

3. 关于全球化与中国政治体制嬗变的研究(与社科院政治与公共事务研究所合作);

4. 关于中国经济的研究与前景预测(与社科院经济所、上海财经大学合作);

5. 关于中国资源、环境、人口问题的研究(与社科院生态经济与可持续发展研究中心合作);

6. 关于中国社会治理的研究(与社科院社会学研究所合作);

7. 关于中国外交与国际战略的研究(与社科院国际关系研究所合作);

8. 关于中国和平发展道路对世界的影响研究(与社科院上海国际问题研究中心合作);

9. 关于中国科技文化及其体制的研究(与上海市科委等合作);

10. 关于上海及长三角都市圈的研究(与社科院历史研究所、信息研究所合作)。

每一子课题将在全面搜集、掌握第一手资料的基础上进行深入的分析,写成研究报告或专著,最后集为丛刊出版或提供相关部门参考。

经费预算:每一子课题10万元,10个子课题共100万元,外加统筹、专家咨询、管理等费用10万元,合计110万元。

(二) 国际学术界关于中国历史人文的研究

海外中国学向以中国历史人文研究为主,最近数十年来,海外中国学出现了明显的"现当代中国转向",即研究重心由中国历史人文转向现当代中国研究,中国学这个名称本身就隐含着这种转向的消息。但中国历史人文仍然是海外中国学的主要论域,以美国大学而言,中国学教授席位迄今为止大多仍设在历史系。所不同的是,现在国际学术界越来越多的学者开始比较正面地看待中国历史人文的价值,由唱衰中国转向唱盛中国,研究的视角和方法更加多元,相关的研究成果极为丰富。

本项研究包含以下子课题:

1. 海外关于儒学的研究(与华东师大哲学系合作);
2. 海外关于中国思想的研究(与复旦大学思想史研究中心合作);
3. 关于中国与周边世界关系历史的研究(与华东师大人类学研究所、复旦大学史地研究中心合作);
4. 海外关于新清史的研究(与华东师大历史系合作);
5. 关于中华人民共和国史的研究(与华东师大历史系合作);
6. 关于中国出版文化的研究(与社科院历史所、复旦大学历史系合作)。

以上子课题基本涵盖了最近三十年来国际学术界关于中国历史人文研究出现的新趋势、新热点,它们共同体现出国际学术界在当今背景下重构中国历史人文的努力。

最终成果:研究报告,专著。

经费预算:每一子课题10万元,6个子课题共60万元,外加统筹、专家咨询、管理等费用10万元,合计70万元。

(三)编译、出版中国学丛刊计划

如果从日本江户时代的"宋学"算起,海外中国学已有600年的历史,如果从1815年法兰西学院设立首个汉学教授席位算起,它也有近200年的历史。在这个漫长的历史岁月中,海外中国学经历了曲折的变化,也累积了丰厚的学术成果。这些来自不同时期、不同国度、不同学者的学术成果,共同构成了海外中国学的历史。在这个过程中,欧美和日本等国都涌现出一批享有盛誉的中国学研究机构和中国学家。中国学所拟全力推动中国学家和中国学史的研究,近期将物色优秀译者,组织精干编译团队,优先推动以下几种中国学丛刊的编译出版工作:

1. 主持编译《海外汉学大师传》,拟先推出一集,以后逐年推出续集(中国学所中国学史研究室负责);

2. 主持编选《中国旅外大家文丛》,拟以人为单位,每位大家一本,第一期拟推出5本(中国学所中国学人文研究室负责);

3. 翻译、出版《世界中国学译丛》,每年出版2—3本世界中国学各个时期最具代表性的典籍(中国学所中国学现状研究室负责);

4. 翻译、出版《海外中国学史译丛》,每年出版2—3本海外关于中国学史反思与批判的力作(中国学所中国学史研究室负责)。

经费预算:《大师传》10万元,《旅外大家文丛》30万元(每本6万元),中国学史译丛20万元,中国学译丛20万元,合计80万元。

(四)编辑出版《中国学季刊》

《中国学季刊》是中国学所定期出版的连续性学术期刊,在正式取得刊号之前,采用以书代刊的方式出版。季刊主要依托世界中国学论坛,致力于发表中国学研究的前沿学术成果,深入评析世界中国学研究的历史、现状和趋势,探索世界中国学研究的理论与方法,促进海内外中国学界的双向互动。一方面聚焦当代中国,及时刊载海内外中国研究特别是当代中国研究的高端学术成果,累积中国学研究的学术资源;另一方面凝聚、培育和壮大海内外中国学研究的作者群体,"推动我国哲学社会科学优秀成果和优秀人才走向世界",扩大中国学术的国际影响力和话语权。目标是成为海内外中国学研究高端学术成果的发布中心和国际学术界认可的品牌学术期刊。季刊每年出 4 期,每期 30 万字左右,设特稿、访谈、历史人文、当代聚焦、中国与世界、新视界、书刊评论等栏目。

特稿每期 1—2 篇,以探讨现当代中国的热点问题、难点问题和重大前沿问题的成果为主;

访谈每期 1—2 篇,主要发表海内外顶尖中国学家的深度访谈录;

历史人文每期 3—4 篇,以研究中国文化、历史、人文、语言、艺术等方面的成果为主;

当代聚焦每期 3—4 篇,以研究现当代中国各类问题的成果为主;

中国与世界每期 2—3 篇,专载剖析中国与外部世界的关系的成果,以现当代为主,兼及古代、近世;

新视界每期 2—3 篇,专载中国学新视野、新方法的探索性论文;

书刊评论每期 5—6 篇,发表海内外中国学要籍的书评。

成本预算:《中国学季刊》每季度出版 1 期,每期约 30 万字左右。以此核算,每期约需 12 万元人民币,每年约需 52 万元人民币。细目如下:

书号管理费:4 万(每期)×4=16 万元;

组稿审稿费:2 万(每期)×4=8 万元;

翻译费:0.5 万(每期)×4=2 万元;

编辑校对费:1.5 万(每期)×4=6 万元;

稿费:4 万(每期)×4=16 万元;

其他必要开支:1 万(每期)×4=4 万元。

以上四个项目共需经费 312 万元,恳请市委宣传部领导予以审核并批准。

上海社会科学院世界中国学研究所(筹)

这个申请报告虽然是奉命而作,但我确实费了不少心思,其中多少反映了当年我对世界中国学的一些认识和理解,以及我对即将成立的中国学所前景的最初构想。上述建所方案和申请报告提交后,中国学所筹建工作也已接近尾声。黄仁伟副院长和潘世伟书记又曾多次找我谈话,劝我留在中国学所工作,对我也多有期许,但我觉得像中国学所这样一个机构,所小事多,责任大,若没有得到充分授权,很难成事。考虑再三,最后还是婉谢了他们的慰留。

本来以为我跟中国学所的"缘分"就此结束,没想到从 2015 年初起王战院长、于信汇书记又旧事重提,仍然希望到中国学所帮忙。他们两位都是我十分敬重的领导,他们对我的期许,对我的支持,特别是他们对我的包容,以及对世界中国学之于社科院的重要性的深刻理解,在在令我深受触动。2016 年 11 月起我又开始与中国学所"重续前缘",兼任中国学所副所长。几年来,虽然一直勉力协助姚勤华、沈桂龙前后两位所长分管部分工作,但跟勤华所长、桂龙所长和圣佳主任的投入、忘我和贡献相比,我在中国学所的工作是微不足道的,这是实话。琐记至此,蓦然想起苏轼的《和子由渑池怀旧》,诗云:

> 人生到处知何似,应似飞鸿踏雪泥。
> 泥上偶然留指爪,鸿飞那复计东西。
> 老僧已死成新塔,坏壁无由见旧题。
> 往日崎岖还记否,路长人困蹇驴嘶。

回首自己与中国学论坛及中国学所的种种因缘,如苏轼诗中所云,多少有点像飞翔的鸿雁偶然驻足积雪留下的印迹,不禁感慨系之。

我与中国学所的六重缘分

吴雪明

我在 1998 年于上海交大毕业后到我院世经所读研究生,然后留院工作,一晃已是 24 个年头。现在回想起来,我在院里经历的近十个岗位——世经所、院党政办、院团委、世经政院党总支、国际问题中心、国关所、国际合作处、中国学所以及现在所在的院党委宣传部,都留下了"中国学"的元素和印记,与中国学所的前世今生缘分着实不浅。

第一重缘分:见证论坛创设

与我院其他研究所相比,中国学所最特别的一个地方可能就是"先有论坛后建所"。中国学所的前世今生总体上可概括为两个"十年",第一个十年是 2002 年上级部门提出举办世界中国学论坛的意向到 2011 年市编办批复同意设立世界中国学研究所,第二个十年是 2012 年世界中国学研究所成立大会召开至今的十年发展历程。

我本人与"中国学"的缘分正是从 2002 年开始的。我 2001 年研究生毕业后留在世经所工作和攻读在职博士,2002 年 5 月根据工作需要被借调到院党政办公室,承担信息简报和大事记等工作。当时也没想到,这次借调到院办后,一待就是六年多,一直到 2009 年初才回世经所。这期间于 2003 年 10 月起担任了四年多的院团委书记,于 2004 年 12 月起担任了四年多的院党政办副主任,其间参与了从第一届到第三届世界中国学论坛的相关工作。

首届世界中国学论坛的发起、筹备和举办整个过程,我作为院办的一名工作人员,基本都有所参与。根据我自己经历和所了解的情况,世界中国学论坛的创设和举办大致可分为四个阶段:第一阶段(2002年中至2003年初),上级领导提出设想后,我院经前期调研,于2002年9月底向市委宣传部正式报送请示,提出拟于2003年10月23—26日举办首届世界中国学论坛的初步方案,当时已确定论坛主题为"多元视野下的中国",最初的会址方案是新锦江大酒店,由此开启第一轮筹备工作。第二阶段(2003年初至2004年初),受"非典"影响,论坛筹备工作中断,决定延期至2004年举办。第三阶段(2004年2月—2004年7月),在尹继佐院长领导下,论坛办公室开启第二轮筹备工作,论坛初步确定8月中下旬在上海国际会议中心举办。我当时作为论坛办公室的一员,负责联系国内代表等工作,参加了十余次筹备工作会议。第四阶段(2004年7月23日—8月22日),在市政协副主席兼我院党委书记、院长王荣华领导下,论坛筹委会办公室负责推进第三轮筹备工作,并于8月19日—22日成功举办首届世界中国学论坛。

在见证首届世界中国学论坛从提出设想到成功举办的过程中,有几点给我留下比较深刻的印象:一是论坛创设生逢其时。首届世界中国学论坛的举办正是中国国际地位和国际影响力开始加速提升、新一轮海外中国研究浪潮兴起之时,中国学回归中国、论坛常设上海,可以说很有必要、正是时候。二是论坛主题富有特色。首届论坛主题"多元视野下的中国"、论坛宣传语"跨越时空、感识中国"以及论坛主旨演讲主题"和而不同,尊重文化多样性,为人类文明进步作贡献",富有极强的感染力和传播力,从此开启了连续四届"和"系列的主题演绎——从第一届的"和而不同"到第二届的"和谐和平",到第三届的"和衷共济",再到第四届的"和合共生"。三是承办地位逐步巩固。在最初提出拟举办世界中国学论坛的设想后,具体由谁来承办,上级主管部门曾有多个方案,后来经过反复讨论,认为这个论坛需要有综合学科和科研团队支撑,决定交由上海社科院承办首届论坛,后续论坛也曾考虑轮流举办。我院在首届论坛成功举办后的总结会上就专门提出我们要继续申请承办第二届论坛。后来,在成功举办首届世界中国学论坛基础上,我院2005年又成功举办了规模更大的第四届亚洲学者大会(ICAS4),正式确立和巩固了我院作为世界中国学论坛常设承办单位的地位。

第二重缘分：过渡时期管理

2004年在上海国际会议中心举办首届论坛后，2006年和2008年的这两届论坛都放在上海展览中心举办，其中2008年的第三届论坛正逢我院院庆50周年，当时有三个重大活动一同在上海展览中心举办——院庆大会、世界中国学论坛、全国院长联席会议暨首届国际智库论坛。2004年底我担任院党政办副主任后，主要负责文稿起草和公文报送等文字工作，参与了第二届和第三届论坛的相关文字工作。2010年举办第四届论坛时，虽然已回到所里，当时根据论坛工作需要，我又临时借调到院里配合黄仁伟副院长做好论坛报批、文稿起草和会议材料准备等工作。同时，也正是在举办第四届论坛前，我与中国学所的前身结了缘，承担了从设立论坛办公室到正式建所这个过渡时期部分时段的管理工作。

在前三届世界中国学论坛成功举办后，我院着眼于论坛筹办的可持续发展，设立论坛筹备工作的常设机构——论坛办公室，于2010年年初招募了论坛办公室的第一批工作人员，其中一位博士（潘玮琳）的正式入编是在该年7月，编制挂靠哲学所，另有三位硕士（张焮、樊慧慧、杨起予）以派遣制形式录用。

我于2009年3月回世经所后，先是担任了世界经济与政治研究院党总支副书记，后于2010年7月兼任上海国际问题研究中心副主任、办公室主任（中心主任由黄仁伟副院长兼任），负责该中心的日常管理工作。2010年10月，院里为进一步理顺论坛办公室的归属，明确论坛办公室的关系放在世经所，但其日常管理工作由上海国际问题研究中心负责，我就是从这个时候开始承担中国学所建所前这个过渡时期的部分管理工作。

我在过渡时期负责的管理工作，一是人员管理；二是经费预算；三是其他领导交办任务。比如，论坛办公室新成员的招募。2011年论坛办公室再次面向社会公开招聘，在潘玮琳等的协助下，我配合黄院长完成了此次招聘工作，通过严格的招聘流程，前后经过两轮笔试和面试，最后录取一位中国学专业科班出生的博士（褚艳红），编制挂靠世经所。还比如，中国学所（筹）的人员管理和预算编制。市编办于 2011 年 9 月 27 日下文同意我院以更名方式成立五个新所后，根据新的人员调整方案，将 4 名需调整人员——两名来自院咨询中心、两名来自院部人才交流中心——的编制放入世界中国学所（筹）的盘子里，在册人数增加至 9 人。2011 年 11 月，我负责编制中国学所（筹）2012 年度预算时就是按照这个基数编制的——6 名编制内人员加上 3 名派遣制人员。

第三重缘分：参与建所讨论

世界中国学研究所的建所历程，我将其概括为"三部曲"：第一部，2010 年初至 2011 年 9 月，从论坛办公室到世界中国学研究所（筹），完成标志是市编办 9 月 27 日下文同意由亚太研究所更名为世界中国学研究所；第二部，2011 年 9 月至 2012 年 3 月，从世界中国学研究所（筹）到世界中国学研究所在院内宣布成立，完成标志是 2012 年 3 月完成所班子组建（梅俊杰担任副所长、乔兆红担任支部书记、王圣佳担任办公室副主任）；第三部，2012 年 3 月至 2012 年 11 月，从中国学所组建试运行到中国学所正式向海内外隆重推出，完成标志是 2012 年 11 月 10 日召开"中国发展与中国学研讨会暨中国学所成立会"，一批原计划出席第五届世界中国学论坛（后因故延期）的海内外重要嘉宾参加了此次成立大会。

我本人跟中国学所建所的缘分，除了负责过渡时期的部分管理工作以外，最主要的就是参加建所方案的讨论，以及五个新所体制机制改革试点相关工作。

在 2011 年全市开展事业单位编制清理工作过程中，经过我院积极努力，迎来了新建或合并组建五个新的研究所这一建院以来的第三波建所浪潮。在这五个新所中，我参与了两个新所的建所方案起草和讨论，一个是中国学所，另一个是国关所。其中，中国学所的建所方案，在市编办 2011 年 9 月下文前，在黄仁伟副院长牵头下，周武老师、赵念国老师和我就参与了多次建所方案讨论，周武老师负责起草研究所学术发展构想，后来形成了《关于组建上海社科院世界中国学研究所的构想》，我负责研究所机构设置、配套机制和预算编制等其他内容的起草，在多次讨论和整合基础上形成《关于组建上海社科院世界中国学研究所的初步方案》，于2011年10月报送院里。

与此同时，我开始重点负责国关所的建所方案整合，和亚太所刘鸣副所长、欧亚所余建华所长、姚勤华主任等一起配合黄仁伟副院长做好"两所一中心"的整合工作。国关所是当时五个新所中规模最大的，国关所核定编制55人，加上上海国际问题研究中心8人，合计编制总数为63人。我从2011年10月起全身心投入国关所的建所工作中，并于2012年2月开始担任国关所党总支书记，配合刘鸣常务副所长积极做好建所筹备以及新所成立后的改革试点等相关工作。

在新所筹建和改革试点工作中，我具体负责了国关所岗位公开竞聘、研究室重建以及一系列配套机制设计和推进等改革试点工作，并根据院领导要求，参与五个新所改革试点相关文件的起草工作，负责整合形成我院《关于深化研究所体制机制改革的方案设计（初稿）》。五个新所后来根据院里最后审定通过的指导意见，都积极推进了体制机制创新和改革试点相关工作。院里还于2012年3月22日至23日举办"新建研究所机制创新与管理能力研讨学习班"，我与国关所和中国学所相关人员一起全程参加了学习研讨。

第四重缘分：推进以"外"宣"外"

我与中国学所的第四重缘分，主要是2015年调任院国际合作处处长后结下的缘分，在这四年多时间里，我与中国学所的交集非常多，其中印象比较深的是在合作推进学术外宣方面，通过扩大国际朋友圈、以"外"宣"外"、讲好中国故事。

一是带领国际合作处工作团队，连续三届参与世界中国学论坛上海主论坛的相关筹备工作。主要是配合做好第六届（2015年）、第七届（2017年）、第八届（2019年）论坛以及2018年世界中国学贡献奖颁奖仪式（在院庆60

周年大会上举办)的会议报批、驻沪领事官员邀请和现场协助等工作。

二是协助做好2015—2018年四届海外分论坛的报批等相关工作。在海外分论坛中,本人较为深度参与的一次是2017年陪同王战院长出席在德国柏林召开的世界中国学论坛欧洲分论坛。

三是积极参与国家文旅部委托的青年汉学家研修班(上海)的策划、组织和宣传推广工作。上海青汉班是以"外"宣"外"、讲好中国故事的生动范例,通过内容丰富、形式多样的国情考察、市情调研和现场教学,让这批来自海外数十个国家和地区的青汉班学员充分了解中国和上海经济社会发展的生动实践,再通过他们向海外讲好中国故事和上海故事,成效比较显著。2016年我院承办第一期青汉班时,国际合作处就比较深度地参与了学员培训和调研方案的设计,华阳街道、古北市民中心、市第二中级人民法院、隧道股份(盾构)、上海证券交易所、上海电气、大飞机等一批调研点都是我和国际合作处同事一起通过多方联系敲定。这些活动受到了学员们的欢迎,大部分成为后面几期青汉班的常设调研点。2016年和2017年这两期青汉班,我和国际合作处青汉班工作专员张佳一起陪同参加了大部分现场教学和调研活动,包括江西景德镇等外地调研活动,与青汉班学员结下深厚友谊,扩大了国际朋友圈,这也为我院后续很多国际合作交流的开拓工作奠定了良好基础。

四是在中国学海外合作交流网络基础上,积极探索海外中国研究中心和海外调研基地建设。通过青汉班学员和海外中国学有关专家,我院在哈萨克斯坦合作共建了中国研究中心,在塞尔维亚建设了"一带一路"海外调研基地等。我院在2015—2019年组织开展的"一带一路"系列海外调研过程中,我们也积极主动地与所在国家青汉班学员或者出席过世界中国学论坛的专家学者取得联系,在调研过程中访问他们所在的学术或外交机构,或者通过他们的介绍,建立新的合作交流关系。

五是带领国际合作处团队,牵头组织和协助完成多项其他以"外"宣"外"研修项目和课程班。比如,与上海大学联合举办乌兹别克斯坦总统国家行政学院MPA领导力开发高级研修班;组织驻沪领事官员参加"南方儒学与江南文化"中华文化游学项目;协助完成国家汉办交办的"孔子新汉学计划"海外博士生中华文化游学课程班;与国际丝路学院共同举办商务部委托的"一带一路"专题研修班,等等。

第五重缘分:成为所里一员

2019年下半年,根据院里工作安排,我从国际合作处调到世界中国学研究所担任副所长,正式成为所里一员,在两年多的时间里,与班子成员和所里同仁相处十分融洽,配合桂龙所长做了一些基础工作,感觉收获良多。概括起来,主要参与了四方面工作。

一是论坛工作。2019年上半年在国际合作处工作时已开始介入第八届世界中国学论坛前期筹备工作,而当我8月底到中国学所正式入职时,正值论坛筹备最为紧张的阶段。我和比我稍早一点进所的谢一青博士同在一个办公室,正如我们办公室所挂的"论坛办公室"门牌所示,我们两个到所里后都是没顾得上与所里同志熟悉认识一下,就一头扎进了论坛筹备工作。所里大部分同志,都是到了上海国际会议中心现场人员调配和合作推进工作中才逐步对上号。第八届论坛中,非常艰巨的一项工作是论坛开幕式现场排位表的制作,根据院领导要求,海内外嘉宾须一一对应、全部事先排好,无论是事先排位子还是开幕式现场的人员引导都是一次不小的考验。

2021年的第九届世界中国学论坛,我参与得更早、更全面、更有深度,包括两次和桂龙所长一起陪同院领导去中宣部汇报;整个暑假里与论坛筹备工作组主要成员在闷热的会议室里一起"挂图作战",并负责随时更新论坛筹备工作进度图和进度表;协助所长编撰包括两级组织架构和各组工作方案在内的《第九届世界中国学论坛工作手册》;负责嘉宾事务组工作,与各合作单位保持密切联系,分类汇总和随时更新拟出席论坛的海内外嘉宾名单。虽然后来因为疫情延期举办和本人根据院里安排赴市委党校参加中青班学习,没能到现场去参加论坛,但自己几乎是全程参加前期筹备,体会很深,在多个方面得到了新的锻炼。

二是智库工作。2019年底至2020年初,自己也参与了上海市首批重点智库申报和评估等相关工作。在中国学所获评成为上海市首批重点智库后，我在智库平台和载体建设以及智库成果转化等方面，配合所长开展了一些工作，包括2020年上半年的疫情专题研究，以及《海外中国学舆情动态》的策划、组织和编发等。另外，2021年还参与了《中国学概论》（王战、褚艳红著）部分章节的编撰工作。

三是党建工作。在研究所管理与队伍建设方面，我主要协助支部书记做好党建活动、党史学习主题教育活动、党组织合作共建活动、国情调研等，努力为所里凝心聚力，贡献一份绵薄之力。

四是拓展工作。2019年底，在第八届世界中国学论坛成功举办后，根据院领导和所里要求，我投入较大精力，对上海主论坛、海外分论坛、中国学贡献奖、青汉班等中国学品牌的历史数据和资料进行了比较系统的梳理，绘制了相关图表，并对发展瓶颈、存在问题和发展思路进行分析，完成两万多字的初步分析报告《总结经验，创新提升，办出世界影响力——关于进一步办好世界中国学论坛的思考与建议》，希望能对所里未来发展提供一定的参考。另外一项比较有意义的拓展工作，是积极推进了所里与国家图书馆建立战略合作关系，启动了部分合作项目，主要是希望能为所里海外中国学相关研究提供文献支撑。

第六重缘分：讲好中国故事

我与"中国学"还有一重缘分，就是自己的研究兴趣和岗位特点与"讲好中国故事"都有关联，这可以说是贯穿在自己科研、党务和行政工作全过程的一条主线。

一是参与中国国际经济地位相关研究，讲好中国式现代化道路的故事。2001年中国加入世界贸易组织后，中国国际经济地位加速提升，2002年我院世经所多位专家作为课题组成员参加中央有关部门交办的中国和平崛起相关主题的重要研究任务，2003年世经所推出年度报告品牌——《中国国际地位报告》。为科学展现中国建设经济强国道路上新的跨越、客观记录中国国际地位持续提升中新的进程，在张幼文和黄仁伟两位导师的指导下，我在第一本报告中就设计了经济强国指标体系,编制了经济强国指数,从那年起我连续十余年参与了该报告的写作。我认为,这项研究是我"讲好中国故事"的第一次尝试。

二是参与编撰《外交案例》,讲好中国外交故事。在担任上海国际问题研究中心副主任和办公室主任期间,我还很有幸地成为原中国驻法国大使、上海国际问题研究中心理事会主席吴建民在上海的助手,一方面协助吴大使做好文字工作,包括其相关演讲文稿和媒体文章的笔录和梳理等工作;另一方面,带领上海国际问题研究中心青年科研人员协助吴大使编撰了《外交案例(Ⅱ)》,我本人负责"1954年日内瓦会议""周恩来总理访问非洲十国""中国援助坦赞铁路""朝核六方会谈""应对'非典'危机"等五个外交案例以及全书的统稿,在讲好中国外交故事方面也是一次有益的尝试。

三是协助所领导办好分论坛过程中,讲好中国对外开放和合作共赢的故事。2013年2月担任世经所所长助理后,正值举办第五届世界中国学论坛之际。本人作为以"中国道路:战略机遇与合作共赢"为主题的第六分论坛的联络员,积极配合世经所所长张幼文和国关所常务副所长刘鸣,做好论坛筹备、嘉宾联络、现场组织以及分论坛小结等工作,助力海内外嘉宾共同讲好中国道路的故事。

四是在市委党校学习期间,学百年经典、思时代之问、讲中国故事。2021年9月至12月,我在市委党校中青班学习期间,在认真学习理论课程的同时,也结合我院特别是中国学所的实践和自己的思考,与党校老师和学员分享了"依托上海城市软实力优势,打造国际传播国家级平台——上海社科院推进学术外宣、讲好中国故事的探索与实践"的案例,重点宣介了世界中国学论坛和上海青汉班这两个国家级外宣平台的做法和经验。

五是在宣传工作岗位上继续讲好中国故事。2022年2月底,根据院里工作需要,我到了院党委宣传部这个新岗位上工作。我想,继续配合做好世界中国学论坛和上海青汉班等的宣传报道工作,同时用好载体平台、创造更好条件、创新方式方法,努力讲好中国故事、上海故事以及上海社科院的故事,正是这个岗位的职责所在。

接下去十年,是中国加强国际传播能力建设、不断提升国际话语权的关键十年,是上海全面提升城市软实力、更好向世界展示社会主义现代化国际大都市形象的重要十年,这将为世界中国学的学科发展和智库建设提供新的机遇、新的空间,让我们共同期待世界中国学研究所在未来十年不断实现新的发展。

我有幸目睹并参与了中国学所的诞生

赵念国

时光荏苒，转眼间，上海社会科学院世界中国学所成立已有十年了，从无到有，从小到大，从承办高端学术会议世界中国学论坛的一个会务组，到今天已有累累硕果的学术研究机构，抚今思昔，感慨万千。

2010年是我退休之年，在退休前一年，经院领导安排，我参与了2010年第四届世界中国学论坛的筹备工作，主要从事会务的准备。在全院领导与员工的齐心合力支持下，该届论坛取得了圆满成功。会议结束后，精彩纷呈却又忙碌不堪的工作重归平静，我该与朝夕相处二十多年的社科院道别了，这是人生的必然。办了退休手续后，院领导黄仁伟副院长同我商量，要我留在院里，继续工作一段时间，一则是完成第四届世界中国学坛结束后的扫尾工作；二则院里正在考虑筹建世界中国学研究所，要我参与该所筹建，承担该所初创期的一些具体日常事务，我欣然接受。在社科院工作久了，一下子要离开，确实有些不舍。也正是在这近一年多的筹建过程中，我有幸参与并目睹了我院世界中国学所的呱呱落地。

世界中国学论坛是我院主办的一个国际学术系列论坛，每隔两年一次，有国内外研究中国的众多专家学者参加，其中有享有盛名的汉学家，也有崭露头角的青年才俊。自2004年起，在上海市委宣传部的直接支持和推动下，我院连续主办或承办了四届世界中国学论坛，在国内外产生了较大影响，成了具有较高知名度的国际学术平台。自2006年第二届论坛到2010年第四届论坛，国务院新闻办先后作为世界中国学论坛的指导单位和主办单位。

第四届世界中国学论坛会议结束后,如何利用好论坛这一学术平台,院领导有了进一步的思考与共识。中国的和平崛起引起了全世界的关注,各国学术界无不将目光投向中国,研究中国已逐渐成为国际学术界的一门"显学"。展开海外中国学研究现状的调查,综合评估世界各国研究中国的特点及趋势,这成了国内学术界一项迫切而意义深远的基础工作。连续四届论坛的举办,我院积累了一定的会务经验与学术资源,聚集了一大批国内外的著名专家学者。如何与世界各国的中国学研究者保持广泛与持续的联系,如何对他们的学术研究作持续的观察与跟踪,如何将每一届世界中国学论坛会议成果保存并予以光大,如何通过该学术平台讲好中国故事,经过深思熟虑,院领导提出了创建我院世界中国学研究所的设想,也就是说,在我院建立一个常设性的、固定的、专门研究世界中国学的研究机构。这一设想与我院领导在建造中山西路分院的初衷是一脉相承的,在中山西路分院建筑规划图上,院领导将分院大楼命名为"上海社会科学院国际社科创新基地",创办世界中国学研究所正是我院对国际社科研究创新的一次具体实践。

　　千里之行,始于足下,要办好一个新所,做好前期方案与设计好发展规划,这是至关重要的工作。为了落实院领导这一设想,黄仁伟副院长负责建所的统筹,他自始至终参与了每一届世界中国学论坛的筹备与策划,对如何创办好世界中国学所,他有成熟的思考。参与筹建工作的还有历史所研究员周武老师、院办吴雪明副主任,以及参与第四届世界中国学论坛会务组的五位年轻的工作人员。大家同心协力,全身心地投入了创建这个新所的前期工作。

　　黄副院长与周武研究员、吴雪明副主任和第四届论坛会务组的工作人员一同承担了起草建所方案与发展规划的工作。他们查阅了大量的历史资料,还举办了有关专家学者参加的各种咨询会,进行了充分沟通与讨论。在集思广益的基础上,逐渐形成了建所必需的有关的文件报告。与此同时,黄副院长还及时与院领导保持沟通,还去国务院新闻办与市委宣传部征求有关部门的意见,特别在人员编制的具体事宜上,他还去了市有关部门进行了协调商量。经过若干月的奔波,顺利地完成了这些办所需要的各项报告,并报给了院领导与上级有关部门,由他们定夺。

在筹备第四届世界中国学论坛时,我院人事处曾向社会公开招聘了五位年轻的会务工作人员,他们分别来自我院研究生院和其他大学与单位的应届毕业生,其中有学士、硕士与博士。在第四届世界中国学论坛会务工作筹备过程中,他们尽管是新手,但谦虚好学,任劳任怨,从不熟悉到熟悉,不仅把会务筹备得井井有条,而且表现出的严谨的工作态度与良好的外语功底,给院领导和与会者留下了深刻印象。论坛结束后,希望有个学术平台,让他们尽快投入研究,尽快在该研究领域里脱颖而出,这也是黄仁伟副院长、周武研究员与吴雪明副主任与我的共同心愿。

当时院领导将世界中国学研究所安排在我院中山西路分院的七楼。为尽快安排好新所的办公室,利用不大的空间让新所发挥最大的功能,让该所的工作人员有宾至如归的环境,我与黄仁伟副院长设计了初步方案。我们划分了所长办公室与若干间研究人员与行政人员的办公室,并请人装修了会议室。同时,还划分出世界中国学论坛刊物编辑室和世界中国学论坛网络联系室。以节俭为原则,我们对办公房装修与办公设备的选择,不求豪华,坚持实惠好用,有些办公用具还是通过院行政处调拨而来。

院领导希望把世界中国学研究所办成一个国际性、开放性的研究系统。对此,我们特地安排了三间工作室,分别给对世界中国学论坛召开作出卓越贡献的三位老领导郑必坚同志、吴建民同志与王荣华同志,他们经验丰富,视野开阔,我们要提供最好的办公条件,让他们随时来我院,为论坛工作出谋划策。还考虑到与国内外相关科研机构、高校的合作,我们还相应安排了一定数量的办公室与办公设施,希望每年能接受若干名国内外学者的来访,他们可以长期来访,也可以短期访问。同时还确定了四个国别研究中心的工作室,它们分别是美国、日本、澳大利亚与欧盟研究中心,以便及时有效地掌握这些国家的学者对中国研究的动态与研究成果。

当然,随着研究所的成立与工作进展,这些办公的安排会根据研究工作的需要,作出相应的调整与修正。作为参与该所基础建设的我来说,尽力做好预案,尽量为以后的研究创造较好的条件,让世界中国学研究所的未来学者能在这里展现他们的聪明才智,画出最美的图画,这就是我作为筹建工作参与者的最大心愿,尽管这些工作琐碎忙碌,但我还是乐此不疲,毕竟这是我在社科院里的最后一份工作了,站好最后一岗,也是我应尽的职责。

经过一系列的紧锣密鼓的筹建,2012年3月13日,我院召开了世界中国学研究所成立大会。当时的院人事处处长王玉梅在会上宣读了该所领导班子的任命通知,原欧亚所的梅俊杰同志担任副所长,负责全所工作,原经济所的乔兆红同志担任该所党支部书记,负责党支部工作,原院外事处的王圣佳同志担任办公室副主任,负责该所的行政工作。当时的院党委书记潘世伟作了发言。在讲话中,潘书记为世界中国学研究所的发展提出了十六个字的指导方针,"奋斗立所,活动立所,创新立所,学术立所",这方针言简意赅,表明了院领导对该所发展抱有的深切期望。首先,讲理想,讲信念,团结奋斗;其次,在办好世界中国学论坛的同时,要做好对世界各国中国学的研究;再者,在学术研究上要出成果,要有自己新特色;最后,要汲取国际研究机构的先进经验,在世界中国学研究领域能领风气之先。

作为上海社科院外事处工作多年的老员工,在退休离院之际,能参与我院世界中国学研究所的创建,我深感荣幸,并引之为傲。在该所成立十周年之际,执笔回首往事,我深切地感受到,今天的世界中国学研究所取得一切成就,与院领导的重视和全所员工的努力息息相关。我衷心祝愿上海社科院世界中国学研究所不忘初心,前程似锦。

一个匆匆的过客

陈如江

中国学所成立的时间并不长,仅仅十年,而我在中国学所工作的时间更短得可怜,不到三年便离开了。虽然对于中国学所而言,我只是一个匆匆的过客,但我却在这匆匆的旅途中看到了异样的风景,留下了美好的回忆。

2014年下半年,由于院出版社转企改制,院部决定将出版社原属于社科院编制的编辑人员全部安排到院各个部门,就这样我来到了中国学所的编辑部工作。

中国学所原计划要出一本所刊《中国学季刊》,把我放在编辑部也是出于我熟悉编辑业务的考虑,但由于刊号最终无法落实,《中国学季刊》只能以连续出版物的形式交由出版社出版,因此所谓的"季刊",成了一两年才出一辑的不定期集刊。在这样的情况下我便把自己的主要精力放在了科研上。

从编辑向科研转型,对于我来说也是具备了一定的条件,因为我在编辑生涯中,一直没有放弃对学术的研究,也勉强算得上是个"两栖"人。我觉得一个学术出版社的编辑,要策划学术界或读书界需要的学术书,要判断一本学术书的价值,要与专家学者沟通交流碰撞思想火花,这些都要求他对各种人文学科有比较广泛的兴趣,并至少在某个领域有比较深入的研究,这样才能够站到学术前沿,了解最新的学术动态,策划出具有新视角或前瞻性的选题。学术研究可以提升编辑的工作能力,这也是我在工作之余长期坚持的原因。我的主要研究方向是中国古典诗词,于是我便开始着手撰写一部早就有计划但迟迟没有动笔的《中国古典诗法举要》。

所谓"诗法",就是诗歌的创作方法。促使我计划撰写这本书有两个重要原因,一是对于中国古典诗词的研究,我一直有这样一种观点,即美的作品不能过分归之于其内容,而要归之于作者对这一内容的处理。长期以来,诗歌理论界为"工夫在诗外"的说法所困,以为诗歌创作只要有感情就足够了,将创作技巧视为末流。实际上有许多优秀的作品,当我们沉醉于其中时,有时确实感受不到技巧的存在,但这并不意味着无技巧,而是技巧的运用达到了完美的境界,即内容与形式、思想与艺术的高度和谐。所以我想通过此书来揭示诗歌创作"情动于中而形于言"这之间的复杂过程。二是随着社会的发展进步,优秀的传统文化越来越受到重视,不仅读古典诗词的人日益增多,而且写旧体诗词也成了一种修养。平时有人知道我在这方面有些研究,总希望我能介绍一些赏诗或写诗的方法。这些年来,古典诗歌的研究尽管很活跃,可是全面介绍古典诗法的书确实很难寻觅到,要么只是讲解格律与形式等基础知识的,要么就是偏于理论而缺乏指导性。所以我想通过此书给予读诗人与写诗人一些帮助。对于读诗人来说,可以在品味古诗时,不仅能知其妙,而且能知其所以妙;对写诗人来说,可以借鉴前人的经验,作为自己学习提高的阶梯。

在中国学所的宽松的学术环境下,我将原来的副业转成了正业,花了大约一年半的时间终于完成了这部 25 万字的书稿。书稿完成后,我在书前的"序引"中记录了此书的创作过程:"从萌发写书的想法到如今的杀青,其间已有十多年的时间。原以为在自己已有研究的基础上,完成这样一部书稿并不难,但上手后发现,既然要论述中国古典诗法,举凡诗歌创作的主要规律与法则应该都有揭示,而这需要有宏观的视野与全盘的把握。当时我在出版社工作,业务极其繁忙,不可能有整块的时间坐下来作理论思考,就这样一搁就是十年。2014 年,我调到上海社会科学院世界中国学研究所工作,终于有了可以自由支配的时间,也终于了却了完成此书的心愿。"可以说,若没有在中国学所的这段工作经历,这部著作可能至今还依然在梦里。

让我感到欣慰的是,当时人民文学出版社的编辑得知我正在撰写这样一部书稿,表示出极大的兴趣,在看了部分章节后,立刻与我签下出版合同,拿到书稿后又以最快的速度出版。此书于 2016 年 10 月推向市场后,很受读者欢迎,至今已重印了两次。

在中国学所这样一个学术环境中,我在进行所擅长的古典诗词研究的同时,也在渐渐学习与了解有关中国学的专业知识,并尝试进行一些基础性的研究工作。当时院里正在组织各研究所编撰一套"上海社会科学院创新工程学术前沿丛书",因为我有编辑工作经验,我所的《世界中国学理论前沿》便由我来做具体工作。为编好这本书,我一方面大量阅读有关世界中国学研究的文章,力求了解最新的学术研究趋势与学术研究成果;另一方面与所里的研究人员充分沟通,力求每个研究人员都能拿出高质量并符合此书要求的论文来。世界中国学研究所涉及的面实在太广,考虑到仅仅依靠所内研究人员的文章还不足以全面反映"理论前沿"的概貌,便通过同事的推荐,邀请了一些大学与研究机构的专家学者共襄此事。在大家的努力与支持配合下,不到半年时间,书稿便编撰完成。全书共十六章,分别从政治、经济、历史、文化、外交、生态等领域介绍与评价海外学者的中国研究方向、研究特色、研究趋势,以及学术价值、学术影响,比较全面地反映出了本学科的研究成果和理论探索前沿。此书于2016年出版后,获得了业内人士的好评。值得一提的是,自己作为一个刚进入世界中国学研究门槛的人,在大家的影响下,利用所里积累的资料写了其中的一章"近年来海外汉学研究著作综述",这也是我在世界中国学领域发表的第一篇文章。此外,我这个"菜鸟"还参与了研究所与复旦大学中国研究院合作的"中国梦研究"课题,所撰写的论文《中国梦与中国社会转折——以洋务运动为考察对象》,与其他资深学者的论文一起收入学习出版社2016年出版的《多重视角下的中国梦》一书中,这也是让我颇有自豪感的。

在中国学所工作期间,我参与了不少活动,其中最令我难以忘怀的是中国学所每两年的一场重头戏,即主办世界中国学论坛,我有幸作为会务组成员,与大家一起筹办了第六届论坛。论坛的筹办自然是事务杂多与烦琐,更何况是一个国家级规格的国际性论坛,好在研究所各人都有分工,只要完成分配的任务即可。当时我所承担的任务是在会议期间办一个小型书展,这也是第六届世界中国学论坛新增的一项内容。书展以展示中国研究的图书为主,供与会者在进入会场等待开幕之际观览,或在会议休息时翻阅。绝大多数图书品种需要有一定数量的复本,供感兴趣的与会者自取。在接受这项任务时,我曾倒吸一口冷气,因为书展上的书除国家新闻办赠送一部分之外,还要自筹一批,以保证品种与数量。自筹的书没有经费购买,需要向各出版社化缘。虽然感觉这任务有些匪夷所思,但我还是欣然接受了下来。于是我先通过同行关系索要到上海各有关出版社的书目,再一一发公函请求他们捐赠论坛书展所需图书的品种与数量。因为世界中国学论坛的名声在外,不少出版社都作了无偿捐赠,使得我很快备足了书展所需要的图书。正在我沾沾自喜的时候,无数的难题开始接踵而至。先是要自己筹措图书打包需要的纸板箱、封箱带等,再是要自己解决将上百个装书纸箱从浦西搬运到浦东会场的搬运人与交通工具,并还得在规定的时间送达。而把书送到国际会议中心后才发现,这大批书还不能从正门进,必须走后面的货物通道。将书从货物通道口搬运到会场不仅距离远,还竟然不提供任何辅助工具。总算想尽办法将书运到论坛现场,在论坛开幕之前还要自找隐蔽之处堆放。总之,没有一个环节是可以省心的,都让人有"山穷水尽"的绝望。好在自己长期在出版社工作,便充分利用一切资源,有惊无险地将所有难题一一化解;也好在在论坛现场,有同仁一起帮忙,解决了布展中的许多杂务事。那一届论坛的书展可以说是一个亮点,看着大家在书展前流连,看着大家拿着赠书那满意的笑容,我的内心充满了成就感。世界中国学论坛如今已经开到第九届了,每当在媒体看到论坛召开的新闻,我总会想起当年参与办会时的情形,在我的心中这已是一段抹不去的记忆。

2017年4月,我请假去意大利探亲,计算时间后发现,回国后将过退休年龄,也就是说我的职场生涯将画上一个休止符。想到来所里工作的两年多时光里,收获很多很多,却没有什么贡献,有一种愧对研究所的感觉,便不想惊扰大家,在出发去意大利之前悄悄地处理完办公室所有的私人物品。记得最后一天走出分院大门回家时,不由自主地一边回望着办公楼,一边吟着徐志摩的《再别康桥》"轻轻的我走了,正如我轻轻的来;我轻轻的招手,作别西天的云彩",心中充满着无限感慨。让我感动的是,研究所的领导与同事并没有让我悄悄地离去,作为中国学所第一位退休员工,在我回国后,还是张罗为我开了一个隆重的欢送会。

退休后,由于被出版社招去发挥余热,我又回到了图书编辑的老本行。凭着对中国学所的熟悉与偏爱,这几年经手出版的中国学所的书就有十几种,其中有"世界中国学系列丛书""上海智库系列丛书""世界中国学论坛实录系列",以及《世界中国学概论》《荷兰的中国研究》,等等。在编辑这些书的时候,我既感到欣喜又感到荣幸,欣喜的是中国学所这些年产出了大批高质量的学术成果;荣幸的是自己还有机会为中国学所的发展尽绵薄之力。我期盼在中国学所的第二个十年,我这个匆匆的过客能看到更美丽的风景。

我在中国学所的第一次国际交流
——2013年9月柏林参会纪行

王 震

2012年夏,应梅俊杰副所长之邀,我正式加盟新成立的世界中国学研究所。彼时建所伊始,我是当时外交与安全研究室唯一成员。翌年秋,德国阿登纳基金会驻沪办事处邀请我所专家参加9月底在柏林举行的"欧洲诸神的黄昏,新兴国家的黄金时代?——欧盟与金砖国家面临的全球新挑战"国际学术研讨会。如今,柏林参会已近十年,当年经历仍记忆犹新。更重要的是,它让我对中国学和国际问题研究有了新的认识。

一、会前准备

众所周知,"金砖国家"(BRICS)是高盛公司经济学家奥尼尔在2003年提出的一个国际政治经济学概念,随后被国际社会广为接受。我从研究生时代就跟随导师从事国际问题与世界史领域的交叉研究,但对国际政治经济学关注有限。没想到,当我将顾虑告诉会议主办方后,阿登纳基金会欧洲政策协调员席琳·卡罗(Celine Caro)博士爽快地回信表示:尽管会议将聚焦欧洲与金砖国家之间的经贸问题,但与会者大都是政治专家,"有关金砖国家的政治战略比经济细节更为重要"。她希望我就中国对金砖国家的政策进行发言并参加讨论。

我接到邀请时正值暑假期间,假期结束已是8月下旬,办理手续的时间并不宽裕。我在暑假期间已请对方将办理签证和出访申请所需的邀请函等材料发过来,并将材料翻译成中文备用。9月12日下午,我和外事秘书樊慧慧怀着忐忑的心情把签证申请材料送到了市外办。根据德领馆规定,签证办理至少需要五个工作日,9月20日就是中秋节假期,稍有延误就会错过会期。所幸在阿登纳基金会驻沪办事处寇瑛老师帮助下,17日下午我就拿到了赴德签证。

我初步拟定了一个题目:"中国对金砖国家的政策:动力与前景"。这是一个传统的政治和外交话题,但要讲好并不容易。我先列出发言提纲,然后请梅老师把关,他的指导和帮助使我信心大增。9月23日晚,我登上了前往德国的汉莎733次航班。

二、初到柏林

24日上午8点多,我经法兰克福转机后抵达柏林泰格尔机场。机场距市中心不算太远,但由于高峰堵车,接机人员花了一个多小时才把我送到下榻的滨海大酒店。傍晚6点半,主办方派车接我们去参加小型招待会。后来我才得知一同参会的学者还有印度政策研究中心布拉玛·切拉尼(Brahma Chellaney)教授、巴西国际关系研究中心罗伯托·芬特(Frof. Roberto Fendt)教授、南非国际关系研究所凯瑟琳·格兰特(Catherine Grant)博士、来自布鲁塞尔欧洲研究中心斯蒂芬·德·科尔特(Stefaan De Corte)博士和来自俄罗斯科学院经济研究所的鲁斯兰·格林伯格(Ruslan Grinberg)教授。主办方从每一个金砖成员国邀请了一位学者,与来自欧盟和德国的学者代表共同讨论金砖国家与欧洲的关系。

晚宴地点设在阿登纳基金会大楼内,这里距滨海大酒店和默克尔总理所在的政党基民盟(CDU)总部不远。出面接待我们的是史迪凡(Stefan Fridrich)博士和卡洛博士,他们是这次会议的主要策划人和组织者。出席者中,还有来自德国外交部跨区域议题300部门的主管官员德克·洛克(Dirk Lolke)先生。史迪凡博士在和我握手时,出人意料地来了一句普通话"你好",一下子拉近了我们之间的距离。从聊天中得知,他曾在阿登纳基金会驻沪办事处工作多年,不仅对中国颇为了解,甚至谈及上海社会科学院的一些学者时也如数家珍。

这是一个非正式晚宴,简约而不失体面。受邀者依席卡就座,我坐在史迪凡博士和卡洛博士中间。史迪凡在简短的致辞后,说明了召开这次会议的初衷,即金砖国家的崛起正在迅速改变原有的国际政治格局。主办方希望通过会议讨论,了解各方对未来德国、欧洲与金砖国家关系的认识。然后,他逐一询问各位嘉宾收到邀请后的感想。我谈了两点:一是觉得会议题目中"诸神的黄昏"(Twilight of the Gods)这个提法听起来有些"诗意"和"浪漫";二是德国人很有战略眼光,对"金砖"这样一个初创机制如此重视,超乎我的预料。卡洛博士还专门问我对当前欧洲危机的看法以及对德国的印象。我回答说,中国民众对当前欧洲危机的看法存在分歧。一种观点认为,欧洲危机是暂时的,因为欧洲仍具有先进的技术、设备,雄厚的资金和成熟的管理经验;另一种观点认为,欧洲危机可能是走向进一步没落的前奏,但总体上持第一种观点的人居多。至于对德国的印象,我表示德国是一个名人辈出的地方,在各个领域都有很多享誉全球的名人;在工业领域,德国拥有世界一流的制造技术,中国市场上最好的私人汽车大多从德国进口。此外,德国对"二战"的反思非常到位,让我们感到德国是一个有担当、负责任的国家。这和日本截然不同。看得出,卡洛博士对我的回答非常满意。不过,从这些问题也可以看出:一方面德国战略界对新兴国家的崛起非常重视;另一方面德国民众(至少是部分精英)对当前欧洲危机心存忧虑。

三、大会发言

第二天上午9:00,会议在阿登纳基金会大楼如期举行。阿登纳基金会副主席、国际合作部主任格哈德·华勒斯(Gerhard Wahlers)博士致欢迎词。他谈到了欧盟与金砖国家之间的巨大差别,一向发达的欧洲国家目前面临严重危机,而由新兴经济体构成的"金砖国家"则蒸蒸日上。因此,欧洲国家应当转变态度和思路,再不能像以往那样忽视新兴国家了。双方未来应加强合作,探讨共同发展和应对全球性危机的思路。

紧接着是来自执政党基民盟的联邦参议员约阿希姆·费福尔(Joachim Pfeiffer)做主旨演讲。费福尔博士用了40分钟时间,分析了国际格局的历史演变,金砖国家在当前国际政治经济格局中的地位和影响力,以及未来欧洲与金砖国家开展合作的前景等问题。他指出,金砖国家历史悠久,拥有全球40%的人口,占全球经济比重的20%。它们是未来全球经济增长的动力。这些国家的人口结构非常年轻,除俄罗斯外,其他国家年轻人占总人口的比例超过50%。相比之下,德国年轻人的比重已低于15%。这一趋势肯定会影响到未来经济增长。尽管金砖机制只有不到十年时间,但是这一发展趋势将重塑全球战略格局。在工业化之前,中国是人人向往的地方。18世纪工业化启动之后,欧洲一直是世界的重心。如今,经济数字已经清楚地表明,欧洲不再是世界中心。美国已将其战略重心转向了亚洲,欧洲也需要调整并适应这一事实,未来的世界格局也要适应这种新的力量格局。欧洲所面临的这些挑战既是当今世界面临的挑战,也是民主社会面临的挑战,其关键在于如何应对。以核能为例,德国曾经拥有最为先进的技术和设备,但却长期止步不前。如今,其他国家以不同的方式迅速发展,德国已经在不少技术上落伍,而技术对于经济发展的推动作用是不言而喻的。金砖国家是全球经济增长的主要动力,这给欧洲国家提供了机会。当然,它们也会是强有力的竞争者。以往德国是全球工业品的主要提供者,但在全球贸易自由化条件下,中国也可以提供某些工业制成品。不过,德国拥有更高端的技术和设备,"我们应利用这些优势与中国等开展合作,而不是简单地排斥竞争"。

开幕式结束后,卡洛博士开始主持第一议程讨论。我被安排首个发言,根据会前准备的提纲,我借助于PPT进行了20分钟的发言,主要谈了四点:一是金砖机制的形成和发展特征;二是金砖国家在中国外交中的定位;三是中国对金砖国家的政策动机;四是中国对金砖国家的政策前景。我从2003年高盛经济学家提出"金砖"这一概念开始说起,简要地分析了当年在南非德班召开的金砖峰会的新特征。关于"金砖国家"在中国外交中的定位,我指出,中国外交的四个定位分别为"大国是关键,周边是首要,发展中国家是基础,多边是重要舞台",这也是中国外交的四大支柱。无论是"金砖国家"还是"金砖机制",它们与中国外交的四大支柱是完全重合的。因此,它们也理所当然地成为中国外交的重要内容和优先议题。

我指出，中国对"金砖国家"政策的考虑包括了三个层面：首先是经贸利益。金融危机后西方市场需求下降，中国需要加快与新兴国家的经济合作以保持经济增长。我以义乌为例进行说明，这个小商品集散中心之前主要面向欧美市场，但2008年之后开始转向新兴市场，而且增长强劲。其次是国际政治身份。中国一直自我认定为"发展中国家"，如今已经成为全球第二大经济体，越来越多的国家希望中国承担更多的国际责任。事实上，中国还拥有1.2亿贫困人口，还有众多欠发达地区。"新兴国家"这一身份能够让中国摆脱目前的尴尬困境。最后是战略合作。冷战结束后国际格局变化非常迅速，新兴国家希望在国际舞台上扮演更大角色。金砖机制有助于实现这一目标。国际社会对"金砖"机制存在不同看法。一种观点认为，金砖国家的表现将会低于预期，很可能像其他南南合作机制一样无疾而终；另一种观点认为，金砖机制虽然存在一些问题，但却是一个充满活力的新型合作机制。在我看来，这种自发的、基于市场力量之上的合作更有助于促进相互依赖，有助于形成更为持久、稳定的合作。

关于中国对金砖国家的政策，我提出了四点分析：一是中国将会继续加强与金砖国家的合作，因为这一机制符合中国的多项利益；二是中国与金砖国家的合作不会延展至传统安全领域，因为金砖国家内部存在的分歧决定了它在短期内难以实现更深层次合作；三是金砖机制虽是一个没有西方国家参与的国际合作平台，但它不会自我定位成一个反西方的合作机制；四是由于不存在主导性力量，短期内金砖国家合作的机制化程度不会进一步提升，但这不会成为其未来开展合作的根本障碍。

随后发言的是格兰特女士、德·科尔特博士和德国奥托·冯·格里克大学卡尔·海因茨·帕克（Karl Heinz Paque）教授。曾经担任萨克森-安哈尔特州议员和财政首长的帕克教授的讲话充满了激情和智慧。他指出，金砖国家是一个规模如此庞大的经济体，无论它们以何种方式聚合在一起，其影响都是政治性和战略性的，都是不容忽视的。如果金砖国家齐心合作，它们将有能力影响未来的多哈谈判，也有能力影响未来的全球经济秩序。德国在过去几十年来过于强调发达国家，现在需要回过头来重视发展中国家，它们才是未来世界格局中的决定性因素。尽管一些金砖国家的经济增长没有预期那么好,但国际社会需要更多耐心。经济增长还有一个平衡问题。由于欧盟国家,特别是德国的人均收入一直居于世界前列,因此我们看待金砖国家的发展时需要调整方式,更加耐心一些。

在互动环节,有一位听众问道:"中国是金砖国家中最大的经济体,您如何看待中国在金砖国家中的领导权?"我听后笑着答道,金砖国家是一个自发形成的没有主导力量的跨国合作机制,不存在所谓的"领导权"问题。中国政府没有也无意寻求这样的主导权。它们合作的目的只是减少各自所面临的经济风险,获得更大国际话语权,并承担相应的国际责任。

四、论坛答问

午餐后,我们匆匆赶往会议中心参加"公共论坛"(Public Forum)。候场时,已经熟悉的嘉宾们不再拘谨,颇有兴致地相互聊了起来。德·科尔特先生逐个询问嘉宾所在国社保制度的细节,为他的教学准备素材。我则和来自印度的吉拉尼教授聊起印度的素食主义,以及社会制度差异问题等。

闲聊间,主持人邀我们入场。进了会场我才发现,这并不是惯常所看到的圆桌会议,而是一个开放式辩论会场。巨大的半圆形会议室中央,有一个能容下十个人并排而坐的主席台。事后得知,主办方事先预估参会观众最多300人,而实际上当天注册人数超过了450人。主席台上放有席卡,除了主持人阿登纳基金会副主席维斯博士和一位来自欧盟的官员外,其余嘉宾分别来自五个金砖成员国家。

维斯博士依次介绍了参会代表,以及举办论坛的初衷,然后请各位金砖国家代表简述对本国与欧盟关系的看法。我也简单谈了自己的观点。中国民众对欧盟的未来前景看法不一:有人认为欧盟在走下坡路,有人认为欧盟的困难是"暂时性的",但官方和知识精英普遍持第二种观点。中国和欧盟关系总体上是非常好的,从具体领域来看,在经济上欧洲是中国最大的贸易伙伴之一,这对中国经济发展至关重要;在安全与战略上,中国认为欧洲是可以信赖的战略伙伴,因为欧洲国家的外交不像美国那样激进,双方也不存在结构性矛盾;在政治上,虽然双方存在一些分歧,比如人权、气候政策等,但这是不同发展阶段面临的问题,假以时日就可以解决。主持人接着抛出第二个问题:"金砖国家如何看待金砖机制?"这次轮到我第一个发言,我说中国将"金砖机制"视为重要的多边合作平台,其中包括了大国、邻国、发展中国家和多边舞台。这些都是中国外交的"重要内容"。

在自由提问环节,观众提出的问题比较分散,也比较友好。比如,有观众问道:中国和巴西的情况差不多,为什么中国成功地变成了世界第二大经济体,而巴西现在仍然是一个只依靠输出原材料发展的国家?还有人评论道:中国人在非洲经济发展过程发挥了很大作用,非洲人自己搞几十年都没有搞好。为什么现在不能让中国人试一试?当然,也有些问题比较尖锐。比如,有人问及中国的政治改革,中国在南海所谓的"霸凌行为"等,我也酌情给予答复。

论坛近晚上八点才结束。一位白发苍苍的老者主动找到我,原来他是第一个向我提问的观众。两年前,他曾到云南和北京等地旅游,对中国的发展成就印象深刻。他很想知道,为何中国的经济发展远远优于印度和巴西。我告诉他,巴西和印度学者比我更熟悉他们的国家。我并不是经济学家,只能谈自己的理解。中国经济成功的因素可能是多方面的,比如渐进式改革、逐级开放、积极参与全球化、计划生育政策带来的人口红利等。等我们从主席台走到大门口时,偌大会场只剩几个清理现场的员工。我国驻德使馆经济参赞张加强先生一直等在那里,他紧紧握着我的手表示祝贺和感谢,使我倍感亲切和鼓励。

五、会后的思索

柏林参会是我加盟中国学所后第一次赴境外参加国际学术交流。它使我重新认识了中国的发展和自己的学术研究,这是我在此前和此后参加其他境外学术交流都不曾有过的体验。

首先,它我使我真切地感受到了中国经济发展带来的巨大"溢出效应"。改革开放以来,我们坚持以经济建设为中心,使整个经济保持了长期高速增长。2010 年,中国 GDP 总量首次超越日本,成为世界第二大经济体,这是中国经济实力从量变到质变的巨大飞跃。经济实力的变化必然会反映在国际政治权力结构当中。对于这一点,国际社会的认识和感受比我们更强烈,也更早一些。正如帕克教授在发言中所说,类似中国这样庞大的经济体量必然会产生巨大战略影响。这种溢出效应既表现为国际社会对中国发展机会的期待,也同样表现为对中国发展的恐惧、忧虑,乃至敌视。从某种意义上说,前些年在海外甚嚣尘上的"中国威胁论"正是这种溢出效应的体现。由于我们一直自我定位为"世界最大的发展中国家",对经济高速发展造成的外部溢出效应存在明显的认识不足和反应滞后。

其次,它使我切身感受到了德国民间和部分精英对中国发展成就的敬意,以及对华友好的种种善意和期待。短短两天参会期间,我既听到了德国社会对中国的尖锐批评,也同样感受到了许多对华友好的善意。开会间隙,一位年长的德国企业家用蹩脚的英语邀请我参加他们的活动,并一再表达对中国发展成就的赞叹。在他们当中,有人在访华时亲眼看到了中国的巨大变化,彻底改变了对中国的认识,更多人则看到了中国经济增长所带来的巨大商机,发自内心地期待与中国开展更多经济往来。正是这种强大的民意基础,使中德关系能够披荆斩棘,进入"全方位战略伙伴关系"的快车道。

最后,它使我对中国学和国际问题研究有了全新的认识,并在很大程度上改变了我近年来的治学路径。国际问题研究和中国学研究通常主要聚焦于"外国问题"或"海外的中国研究",这次参会让我意识到当今国际社会希望了解和认识中国的迫切性与我们改革开放后渴望了解外部世界的冲动并无二致。它一方面意味着中国近代化所依赖和借鉴的西方经验体系正在迅速失效,这就要求新一代中国学人必须具备强烈的本土关怀和理论自觉,致力于研究中国本土所面临的问题和挑战,而不是围绕一些"舶来的"概念拾人牙慧;另一方面,它还意味着伴随着中国融入世界的进程,我们还需要对中国自身的发展提供具有世界意义的理论阐释。向世界诠释中国,让世界了解中国。因此,无论是国际问题研究,还是中国学研究,都需要直面这一时代需求,将"中国研究"与"外国研究"有机结合起来,扎根脚下这块土地,与祖国和时代的发展同行。

中国学研究所成立前后的
点滴回忆

潘玮琳

  世界中国学研究所依托世界中国学论坛的学术网络正式成立。该论坛为国务院新闻办公室和上海市政府联合主办、上海市新闻办和上海社会科学院联合承办的一个国家级学术外宣平台。2010年春，上海社会科学院组建世界中国学论坛办公室。当时，我即将从复旦大学历史学系博士毕业，有幸入职。

  论坛办一开始共招聘5名应届毕业生，其中研究人员2名，编辑2名，科辅1名，有我、廉晓敏、张焮、杨起予、樊慧慧。黄仁伟副院长和历史研究所的周武研究员主持论坛工作。另外聘请了当时即将从院外事处退休的赵念国老师担任论坛办公室主任。

  论坛办公室位于中山西路分部1号办公楼七楼的一角，也是现在研究所的位置。起初只有三间房，一间为办公室，一间为编辑室，一间为研究室。现在除了编辑室没有变动外，其他两间房的用途随着研究所的建立和扩大都发生了变化。

  因为当时已开始筹备第四届世界中国学论坛，我们于3月应聘通过面试后，4月起就开始到岗工作，7月正式办理入职手续。

  我和廉晓敏负责国际学者联络，樊慧慧、张焮、杨起予负责国内学者联络，张、杨二位还负责《中国学季刊》（试刊号）的编辑工作。此外，黄院长担任论坛秘书处秘书长一职，点我为秘书长助理，负责论坛各类文稿的起草。后来，我又在周武老师的领导下，操办首届世界中国学贡献奖的具体工作。

黄院长的口头禅是"整个论坛方案都在我脑子里"。他的习惯是先口授文稿内容，由我听写整理，打印出初稿后，他再修改定稿。一开始，他几乎是逐字逐句修改。在我看不出问题之处，他也修改，而他的改动又恰如其分，使文稿愈加凝练。后来，他对我的拟稿改动越来越少。这一段时间的公文写作"训练"，使我获益匪浅。每次筹备论坛，黄院长都要带着我们去北京拜访一些学界名家，听取他们对论坛主题、议题、邀请学者的意见。我负责做会谈纪要。因此之便，我曾有幸登门拜访过汤一介、乐黛云、杜维明等先生。对于彼时刚踏上学术工作岗位的我来说，这是令人激动而难忘的经验。

记得首届世界中国学贡献奖得主之一的法国汉学家谢和耐（Jacques Gernet）教授第一次与我通信，称呼我为"潘秘书大姐"。这一显然带有年龄与时代错置的称呼，倒是颇为符合我最初几年的工作内容。后来我在某次拜访乐黛云先生的时候，听她说起来，当时她请汪德迈（Léon Vandermeersch）教授打电话通知谢和耐教授获奖的信息，谢教授当即表示要写中文回复以示尊重，但是他没有安装中文输入法的电脑。于是汪德迈教授坐火车给他送去自己的电脑。两位白发苍苍的老先生在某个咖啡馆见面，给我发去了这封接受中国学贡献奖的邮件。谢和耐教授在获奖后的第二年去世，他赠予我的"秘书大姐"的称号，令我毕生难忘。

赵老师在外事处工作期间，接待过不少到访上海社科院的中国学家，人脉极广，本人又精通法语，曾翻译过法国汉学家白吉尔（Marie Claire Bergère）的名著《上海史：走向现代之路》。2010年第四届中国学论坛拟邀请叶文心教授担任某场分会的主持。一开始我给叶教授写邮件，她婉拒了邀请。赵老师看出我为难，便主动打电话给她。后来，她说"看在你老赵的面子上，我接受邀请"。2011年冬天，美国学者高哲一（Robert J. Culp）来沪访学，赵老师请他来与我们座谈美国中国学。赵老师说，这些年轻人刚开始从事中国学方面的工作，请你多多给予帮助。赵老师退休时，美国的十多位知名中国学家联署了一张贺卡，请裴宜理（Elizabeth J. Perry）教授来沪时带给他。他和我们说起这件事的时候，喜悦之情溢于言表。即便在他退休后，他在北美中国学界的老友每每来上海，仍然会与他见面。2017年，他曾陪同柯丽莎

（Elisabeth Koll）教授来访。当时，柯丽莎教授正在撰写《铁路与中国转型》一书，她特地请赵老师陪他去考察上海周边的一些民国铁路站址，与我们分享了不少有趣的细节。2018 年，白吉尔教授荣获第四届世界中国学贡献奖，我又是通过赵老师与她取得联系，顺利完成了之后的授奖安排。

赵老师特别注重档案工作，带领我们整理了往届论坛的全部资料，并建立了第四届论坛的档案卷宗。大概因为我是历史专业出身，因此，感到从整理档案入手，是业务学习的捷径。在这方面，赵老师无疑是授我以渔的良师。

入职后的第一个半年，我们的人事关系由哲学研究所托管。哲学所在九楼，办理人事手续和经费报销等，经常要劳烦办公室主任朱玲妹老师和哲学所出纳。我入院后办理的工作证上的工作单位是"哲学研究所"，使用至今未做变更。2011 年，论坛办的人事转由世界经济研究所托管，时任世经所所长助理的吴雪明副研究员具体负责。自此，除了常规的人事和财务管理，我们还定期参加世经所的学术和党支部活动，每周往返淮海路总部和中山西路分部，进一步融入了上海社科院的大家庭。

2012 年 3 月，世界中国学研究所筹备成立，有了独立编制和专项经费保障。原国际问题研究所梅俊杰研究员担任创所副所长，主持工作，组建、优化研究队伍，从国际问题研究所调入王震、盛文沁两位青年才俊，还有全院科研考核排名第一的经济所的乔兆红研究员。而前一年，从华东师范大学历史学系海外中国学专业毕业的褚艳红博士也加入我们，成为此间第一个"科班"出身的研究人员。廉晓敏是专研俄罗斯问题的博士，因其特出的俄语专长，当时被院外事处调走。

研究所在试运行半年多以后，于 2012 年 11 月 10 日正式揭牌。来自海内外多家汉学、中国学研究机构的专家学者到会祝贺，成立仪式后还举办了"中国发展与中国学"国际研讨会。美国哈佛大学终身教授、费正清东亚研究中心前主任傅高义（Ezra F. Vogel），俄罗斯科学院院士、远东研究所所长季塔连科（M. L. Titarenko），新加坡国立大学东亚研究所所长郑永年，美国乔治·华盛顿大学埃略特国际关系学院中国政策研究项目主任沈大伟（David Shambaugh），时任瑞士日内瓦亚洲研究中心高级研究员张维为（2013 年 6 月就任本所名誉所长)就研讨会主题"中国发展与中国学"发表主旨演讲。高棣民(Tom Gold)、葛兆光、耿昇、耿幼壮、何培忠、石之瑜、萧功秦、薛凤旋、阎纯德、张西平、周武、朱政惠、仇华飞等海内外知名汉学和中国学研究机构的学者分别就"中国研究范式省思"和"当代中国研究走向"等议题进行了深入讨论。在今天看来,这些讨论仍然具有参考价值。

这次所成立会的规格之高,堪比一次小型的世界中国学论坛。有一个重要的背景是第五届世界中国学论坛的组织。那次论坛的筹备工作从 2011 年 4 月启动,随后举行的时间、地点、形式、主题经历了四次重大变化,最终于 2013 年 3 月 23 日至 24 日才召开。对于 2012 年 11 月初本应来沪参加论坛的重要外国学者,院里研究决定不取消他们的参会行程,顺势举办并邀请他们出席所成立会。此外,2012 年 4 月中旬研究所成立后不久,我跟随黄院长、梅所长拜访了北京各主要汉学、中国学研究机构,得到相关机构的积极反馈、协助和赠书。这也为所成立会的顺利召开奠定了良好基础。

因为本所是国内首家中国学方面的实体性机构,成立之后备受国内同行前辈的关心和爱护。北京语言文化大学的阎纯德教授虽然未能到会,却特意联系我,愿意在其主编的《汉学研究》杂志上刊登研讨会综述。我撰写一万多字的《"中国发展与中国学研讨会暨上海社会科学院世界中国学研究所成立会"综述》一文,刊登在《汉学研究》第十五集(学苑出版社 2013 年版)上。

研究所成立之初,恰逢 2011 年中共中央办公厅下发的《教育部关于深入推进高等学校哲学社会科学繁荣发展的意见》和《教育部学习宣传贯彻十七届六中全会精神重点工作》两个重要文件,其中都明确把"推动海外中国学研究"列为繁荣发展哲学社会科学和提升国际学术影响力和话语权的重要抓手和重点工作之一。世界中国学研究所作为国内首家中国学研究的实体机构,其建立本身,被视为得风气之先而对现行社会科学学科体系进行的一种创新和改革。而在社会变革时期,学术体制内的学科创新往往是先运作后论证。

2013 年 5 月 21 日下午,在世界中国学研究所传达学习院 2013 年科研工作会议精神的会议上,梅所长和乔书记传达了院领导提出的"立足当下,着眼

十年",从我院创新工程战略全局高度来认识中国学所科研规划的意见。翻看我当时撰写的纪要,其中有这样一段文字:

> 一方面,中国学在我国方兴未艾,处于学科体系建设的基础阶段,在我国高教和哲社学科规划中均未独立,因此,与传统的成熟学科相比,在项目申报、论文发表和研究生培养等方面情况特殊,需要更多的关注和扶持。另一方面,世界中国学的交流和研究,已成为我国外宣工作和软实力建设的重要抓手。由我院筹办的世界中国学论坛经过十年的运作,已经成为国家级学术外宣和我院国际化建设的重要平台。通过两年一度的论坛主题演绎和对当代世界中国学前沿成果的集中展示,论坛在为国家发展战略和具体政策方面的决策咨询功能日益凸显,在传播中国声音、回应世界关切方面的作用持续发酵。
>
> 市委和我院领导从推动新兴学科建设和论坛长期化、精品化、机制化发展的战略高度出发,狠下决心,成立了世界中国学研究所。目前,我所面临人员少、任务重、起点高、底子薄、研究梯队不健全等客观条件约束。为实现院领导对我所与论坛互利互促、实现跨越式发展的殷切期许,希望能够制定有利于我所良性发展的科研考核指标,对论坛在主题演绎、架构设计、代表遴选、会议组织、宣传推广等工作方面的原创性成果和劳动时间给予恰当的考评。

如今十年时间倏忽而过,世界中国学研究所进一步壮大,陆续又更多优秀的专业人才加入研究所,而曾经与我一起加班奋战论坛、睡过办公室桌子的同事们,都已成长为独当一面的专业研究人才。所谓"十年树木",如今的世界中国学研究所风华正茂,在探讨世界中国学的学科规定性,推动中国本土中国学研究发展的道路上将走得更稳、更远。

从零到正无穷：中国学所建所前的回忆

张 焮

2020年1月的隆冬，世界中国学研究所申报首批上海市重点智库迎来最关键的现场评审会。上海市文史研究馆馆长郝铁川教授带队来中国学所考察，现场评估申报情况。郝铁川教授曾任中共上海市委宣传部副部长，是世界中国学论坛的创办者之一，评审会一开场他就追忆起从零创办论坛的点滴，感叹有两个意想不到。一是同期酝酿的另一论坛早已消失在历史长河之中，没想世界中国学论坛不仅办得长久，还跃升为国家级平台。二是创办时已经意识到必须加强对中国学的研究，但对未来的构想只是一个虚体中国学研究中心，没想到成立了实体研究所，兵强马壮、成果丰硕。

一个组织的成长和发展有太多的意想不到，对个人而言也同样如此。2009年硕士毕业时，出于各种原因，我未能继续读博，而是带着对学术的不舍匆忙入职一家大型地产集团的总裁办，开启了996的生活。2010年2月，一次深夜闲聊中大学同学随手发来一个网址，说这个你可能感兴趣。我现在都还记得那个网站叫应届生求职网。当时我还纳闷，毕业快一年了，干嘛发我应届生的求职信息。但很快，在那个略显土气的网页上，跳出一则让我眼睛发光的招聘信息。世界中国学论坛办公室招聘《中国学季刊》编辑。认真做了一番功课后，我赶在元宵节的晚上投出了应聘简历。

当时就有师长善意提醒，说这个两年一届的论坛未必是长久之计，万一哪天论坛不办了，这个办公室也会就地解散，而且筹备中的《中国学季刊》没有正式刊号，各种不确定性太多。说实话，当时我也没有过多考虑，只是觉得在房地产企业的工作和自己的志趣相去甚远。而对一个硕士来说，学术刊物编辑是为数不多的可以继续浸润在学术界的工作。就这样，靠着学生时期在学术辑刊兼职编辑的经历，我涉险过关，加入了世界中国学论坛办公室这个全新的集体。

入职不久，我就深刻体会到了在学术机构的好处。世界中国学论坛办公室在中山西路分部七楼，有三间属于自己的房间，但内部空空如也，再加上我们新入职的两位博士（潘玮琳、廉晓敏）和三位硕士（樊慧慧、杨起予和我）对中国学都缺乏足够的了解，分管论坛的黄仁伟副院长当即决定建一个最基础的中国学资料库。在一个风和日丽的午后，他带着我们直奔上海的文化地标——陕西南路地铁站季风书园，大肆采购中国学相关书籍。季风书园有一个专门的海外中国学主题书架，几乎被我们搬空。黄院长还慷慨地让我们自行选购其他相关学术著作。窥视已久的"海外中国研究丛书"等几百本社科好书就这样被我们尽收囊中。毫无疑问，那是一个幸福指数爆棚的下午。

这些书都塞满办公室的书架后，我们几个年轻人还自行登记了所有的图书信息，煞有介事地实行图书借阅制度，规范每个人的图书借还时间等。买书如山倒，读书如抽丝。但按"买过等于读过"的说法，我们在最短的时间内对中国学的基本面有了一个大致的了解，也建立起了一种天下中国学尽在胸中的"迷之自信"。事实上，很长一段时间内，这个资料库都是我们工作上的通关秘籍。在讨论拟邀请的国外学者名单时，我们也能凭借在办公室"乱翻书"的收获，念叨着我们买过（读过）她/他的书，主要观点是……这也为我们之后和各国中国问题专家交流打下了良好的基础。

作为《中国学季刊》的编辑，我和杨起予一入职就领到一项任务：全面梳理国内外中国学相关学术刊物的现状，为《中国学季刊》的创刊号提供参考。要求不仅要研读刊物的内容，还要厘清主办机构，分析栏目设置、封面设计等。我和杨起予天天泡在上海图书馆，查阅各类中国学期刊。因为上海图书馆资料复印的价格并不便宜，我们还自带相机，拍下了每一个相关刊物的封面和目录。最后我们形成了一份近万字的报告，图文并茂竟有80余页。当时《中国学季刊》执行主编周武研究员对学刊的构想早已成竹在胸，但他依然耐心地为我们的任务提供各种指导。这实际上是以另一种方式帮助我们尽快熟悉中国学。

第一年,我们主要忙论坛的各种会务工作。进入2011年后,第四届世界中国学论坛的收尾工作逐渐完成。廉晓敏博士结束了在论坛办公室的借调,回到欧亚所开始全身心投入学术研究之中。黄院长和周武老师开始指导我们余下四人做一些中国学的基础研究,并由潘玮琳牵头申报院课题"当代美国中国学现状调查"。因为此前详细梳理过国内外主要中国学刊物的基本情况,该课题由我负责整理美国中国学的学术期刊部分。正是参与这一课题,我留意到了一份美国的左翼学术刊物《批判的亚洲研究》,之后开始有一搭没一搭地关注着这份刊物。未曾想到多年后我在学术上竟会和这份刊物结缘。

当时周武老师总是和我们这些年轻人强调不读书无以为学术。忙于会务时,每次见面他都会叮嘱大家,一定要抽空读书,不能因为事务性工作而荒废了学术。论坛一忙完,又会来叮嘱大家,空下来就要多读书,不要因为空闲而荒废了学术。千言万语一句话,就是多读书。这也不断警醒我们,不能只关注盛大的场面,而在学术的"盛宴"中跑偏。

2011年下半年,潘玮琳开始组织我们四个人办读书会,后来又有新入职的褚艳红博士加入。大家一起读的第一本书就是英文版《美国的当代中国研究》。每人领读两到三章,逐一分享该书的主要内容和个人的心得体会。当时我们甚至计划翻译并出版该书,最后因版权无法谈妥不得不放弃。正是因为精读这本书,加深了我对《批判的亚洲研究》前身《关心亚洲学者通报》的理解,知道了主办该刊的学术团体"关心亚洲学者委员会"曾旗帜鲜明地反对中国研究为美国的对外扩张服务,在20世纪60年代颇为保守的美国中国学界掀起过一股"范式革命"的浪潮。

当时还发现,不少参加世界中国学论坛的美国学者年轻时曾是"关心亚洲学者委员会"的成员,这也让我对它多了几分亲近之感。之后我开始有意识地搜集该委员会的资料,并在2016年以"关心亚洲学者委员会和美国左翼中国研究的兴衰"为题,幸运地申请到国家社科基金青年项目的资助。而这和 2010 年泡在上海图书馆阅览国外中国学期刊、2011 年参与院课题整理美国中国学期刊现状,以及参加读书会的美好时光之间有着某种隐秘的联系。正是当初机缘巧合埋下的种子在多年后开出了花朵。

当然,除了各种亲近学术的快乐,我们也很快就领教到了工作上的不确定性。一起入职的五人,除了廉晓敏外,潘玮琳、樊慧慧、杨起予和我四人开启的是"流浪社科院"模式。一开始我们的人事关系挂靠在哲学所。次年,又转到世界经济研究所。当时跟着世经所参加了不少集体活动,逐渐融入了社科院的大家庭。印象最深的一次是参加张维为教授新书《中国震撼》的读书交流会,世经所的学者们畅所欲言,争论非常热烈。没想到两年后,张维为教授成为世界中国学研究所的所长。

我们还很快就感受到了丝毫不亚于企业的工作强度。当时论坛会议材料的翻译、会议手册的排版、全流程 PPT 的设计以及接送机安排等很多工作,都需要我们自己解决。我们甚至还认真考虑过刷自己的公务卡为与会代表订购机票,这样可以省去请代表自行购票然后现场报销的诸多环节。最后因个人公务卡的额度有限而作罢。数年后,于信汇书记推动论坛聚焦核心业务,把票务、接送机等服务外包,解放了不少人力。与之相伴,论坛规格越来越高,核心业务不断往纵深发展,工作难度和强度也日益提高。这是后话。

此外,因为很多事项有明确的时间节点,还出现了不少意想不到的工作。比如一些与会专家非常重视论坛,发来的个人简介长达数页,还有一些摘要有两三千字。为了赶上时间节点,我们只能自己动手,为专家们提炼出几百字的简介和摘要。尤其是到了论坛的冲刺阶段,加班到晚上十一二点是常态。但黄院长的厉害之处在于,他总能把我们琐碎的工作和国家战略、中国与世界的关系等宏大命题联系在一起。通宵鏖战后睡在冰冷的办公桌上,年轻的我们都觉得工作充满了意义。

当时还有一些新的工作完全不会,只能边学边干,颇有些"赶鸭子上架"的感觉。2011 年,黄院长赴美与亚洲协会商讨合作事宜,需要一份制作精良的英文宣传册来介绍世界中国学论坛。我和潘玮琳一头雾水地打开排版软件,一边从论坛历史照片中选图、拟定宣传册文字,一边探索图文混排的功能。最后我们"现学现卖",参照哈佛燕京学社手册,竟也完成了论坛宣传册的制作。

2012年世界中国学研究所正式成立,我们五个人才最终安家落户。研究所成立后,我先后经历了首届世界中国学论坛海外分论坛、首期青年汉学家研修计划上海班,这些大项目都是从零开始并取得了巨大的成功。同时,在梅俊杰所长的推荐下,我在职考取了博士生。毕业后,在沈桂龙所长的支持下,我又转到了科研岗。后来在学术研究上,我多次进入从未涉猎的领域。沈桂龙所长总是鼓励年轻人勇挑重担,2018年让我独自负责一项美国国内政治的课题。这一课题苦写数月,帮我意外打开了美国中国学的新空间,研究开始拓展到美国最新的对华认知和对华政策上。事后回想,很多工作都是从"不会"开始,关键是要走出自己的舒适区,要肯学肯干肯钻研。

中国学作为一个新兴学科,其发展远未定型。这种不确定性正是其魅力所在,既蕴含着对未来的无限想象,又代表着广阔天地大有可为。回望过去,从论坛办公室到世界中国学研究所,再到跻身首批上海市重点智库。上海社会科学院的中国学事业从零开始,在各种不确定性中发展壮大。我们每一个人也是在这种不确定性中不断成长。从零走到现在,还将走向更为广阔的未来。让我们一起期待世界中国学研究所的下一个十年。

我与中国学所共成长

褚艳红

我自2012年6月于华东师范大学海外中国学专业毕业后,怀揣着将中国学研究作为一生志业的信仰和热情,来到上海社科院世界中国学论坛办公室,当年11月,"中国发展和中国学"暨世界中国学研究所成立大会召开,遂加入中国学所的科研行列。逝者如斯,如今中国学所已历经十载。站在十周年之际回望它的成长,再次翻出所成立之初的学者合影,颇为百感交集。十年,在我人生的旅程中,是从校园里带着些许青涩走向逐渐成熟的过程,对这个将其视为自身归属,情之所迁、心为之动的单位,许多画面一幕幕浮现于脑海,不禁泪水湿了眼眶。

十年之前,上海市政府和上海社科院的相关领导非常关心和重视中国学所的成立。所成立时,亦邀请了国内长期专事中国学研究的先贤长辈,如张西平、何培忠、阎纯德、耿昇、先师朱政惠等老师前来参加庆祝,其中亦不乏国外致力于中国研究的知名学者,如傅高义、季塔连科、沈大伟、郑永年等。而今时光带走了一些闪亮的学术生命,然而智者的名字和高贵品格必将在学术历史的长廊中永远铭刻。有些老师仍活跃在研究一线,在国内各大高校的中国学研究中继续发挥学术引领的作用。

受中央和市政府嘱托,办好世界中国学论坛历来是我院的一项重要工作,作为中国学所成员的我们自然地把论坛筹办作为自身工作的重中之重。2013年至今,中国学所作为全院论坛筹备的核心部门,承办了第五至第九届论坛,以及四届海外分论坛,我主要参与了第五至第八届论坛,和世界中国学论坛韩国分论坛的筹备工作。办好每届高规格的大会并不是容易的事,需要院所领导的有力引领、总体步骤的周密制定、每个工作环节的稳步落实。正是有了这些因素,每届大会得以成功举办。犹记与同事们熬夜奋战、通力合作的日子,用再多美好的语言来形容大家可贵的牺牲奉献和真才实干,都毫不为过。我主要承担国内学者联络、部分圆桌会议与中国学分会场筹备等工作。第五届上海主论坛创设中国学书展一项,是我负责的工作之一,包括联系学者、登记入册、展板设计、会场布置等诸项工作。书展在论坛期间广受参会人员的关注和好评,看到学者在会间于展台前驻足品读、爱不释手、笑而论道的场景,顿感所有的努力都是值得的。而这个项目在此后历届论坛得到延续,成为中国学论坛的常设项目。

除了办会以外,中国学所的学科建设也在摸索中前行。建所以后,所的学科建设经历了探索、突破和发展的过程。服从历届所领导的安排,我的所内工作主要包括所成立后三年学科发展规划的初拟和增补、"世界中国学"创新学科的研究、《世界中国学概论》的参与撰稿,以及其他集体课题的参与等。学科发展规划的敲定,凝聚着全所学术前辈和青年才俊的聪明才智。翻出当时的发展规划稿,结合后几年所里开展的系列科研工作可知,诸如《中国学》《世界中国学论坛实录》等学术成果出版;"民族复兴中国梦"课题研究;与复旦大学、华东师大、牛津大学等国内外多家中国学研究机构的深度合作等多项工作,大都陆续开展或重新启动。

所成立之时及前后很长的一段时间里,不管所内还是国内,对何为"中国学"一直有着各种争论。出于对自身海外中国学专业的坚守,我一直遵循着从史学史和史学理论的传统开展对海外中国史学的研究。研究所建立的初衷是为论坛提供学术支撑,由于各种办会任务、学科专业差异等因素,所里在中国学研究的学科建设上步伐相对缓慢,办会与学科建设之间的不平衡引起了院领导的重视,院外知名学者也曾提出"中国学所为何只办会、不搞中国学研究"之灵魂拷问。上海社科院潘世伟书记、黄仁伟副院长,及权衡书记等历任院领导都高度重视我所的学科建设,将"世界中国学"创新学科作为推动我所中国学研究的重要抓手。王战院长亦对中国学所的学科发展寄予厚望,他提出,"只有世界中国学所是一个横向的、能推动我们整个学科协同创新的所"。王院长提出以多学科交叉的思路开展世界中国学研究,以期在跨学科视野中获得全局认识,他在繁忙的行政事务中坚持为我院研究生讲课,而我有幸作为院内五位助教之一,协助整理讲稿,此后在所里安排下担任"世界中国学概论"课程助教一职,实际参与了课堂教学,在王院长指导下,以《世界中国学刍论》为基础、搭建《世界中国学概论》(以下简称《概论》)的研究框架,并进一步做文稿观点的提炼和史料文献的支撑,在与国内来自院所内外的课题组咨询专家和成员的共同努力下,进行了一次探索世界中国学研究体系的开创性尝试。《概论》旨在以新文科的精神探索中外共同感兴趣的中国问题,直面并回应关于中国对于世界意义的七大"之问",在与国外学者对话中讨论"何为中国"。《概论》出版后引起国内广泛的社会和学术涟漪效应,人民日报、新华社、解放日报、《探索与争鸣》、澎湃网等主流媒体广泛报道。而构筑更深邃、智性的中国学研究体系,深化与海外学者的对话交流,更好地讲清讲透中国历史和当下,也成为《概论》2.0版进一步探索的方向。

自2019年至今,我开始参与研究生教学,这是我人生中第一次正式做老师,区别于以往应邀做学术报告,在讲台上直面学生讲课和交流,内心不免些许激动。但是当内心有了信仰与热爱,就会全情投入,还能充满活力地应对所有挑战。那是一段忙碌踏实的备课日子,当期末收到了来自第一届学生的鲜花和祝福贺卡,我更感到了肩上沉甸甸的责任。

我于2013年至2019年承担所的妇委会工作,这是我工作以后的又一段难忘的回忆。我的专业方向之一是美国中国妇女史研究,身为女性,我亦对女性境遇有着天然的感同身受和关心,所成立之初欣然就任所妇委会主任一职。犹记此期间我所妇委会申办我院和上海市"巾帼文明岗""三八红旗集体"而开展学术沙龙、社会实践等各种活动,所内潘玮琳等姐妹们群策群力,出谋划策。在申办文明岗活动的关键阶段,恰逢筹备论坛的紧要关头,因各部门联系、巾帼特刊编辑、论坛筹备等相关工作连轴转,我的体力数次透支,有次发烧到40℃,但考虑到活动既然正在申办,就一定要坚持到底,于是仍旧来到办公室整理相关材料。当三项荣誉称号申创成功、所里姐妹们在院"三八"妇女节的表彰大会上领取奖章、集体合影时,我心里确实是甜甜的。

是的,青春无悔,因为奉献着才是幸福的。

我后来赴上海市妇联等部门挂职锻炼或接受培训,深感社会科学领域的学者,在研究部门以外的其他单位学习、了解中国社会实际发展与基层民生是多么有必要,这些经历也促使我认真审视此后的研究,因为"理论是灰色的,而生活之树常青",提炼扎根于中国肥沃的土壤、源于并反映中国社会发展和民众鲜活生命的理论,才不至于是灰色和教条的。十年里,我曾赴中国台湾地区和韩国访学,疫情期间线上参加美国学术机构组织的国际中国学研讨会,开展两岸学术交流,并从中国大地走向世界,获得对海外中国研究的亲身感知。"纸上得来终觉浅,绝知此事要躬行。"这些社会与学术实践亦开拓了我的研究新视野,也令我深知在研究他者视角的同时向海外传递来自中国本土的声音,是中国学研究者肩负的双重使命。

回忆至此,以往院所领导的音容亦渐渐浮现于脑海。王战院长威严中不失亲切,颇有教育家之风范,青年学人与王院长交谈总有如沐春风之感。因工作之故,亦每每令我忆及导师。黄仁伟副院长实际参与创办了中国学论坛,并亲自指导了历届论坛的具体筹备,工作风格严厉又幽默,他总是声如洪钟,目光如炬。张维为所长高瞻远瞩,致力于从国际比较的视野引领所内开展关于中国道路的研究。王海良所长平易近人中不失严谨细致,为所里各项建制的完善与科研等工作的开展不辞辛劳,对后辈学者的发展亦支持、提携有加,王所长身上浓浓的人情味和勤勉务实的工作作风使他得到了我们的真心爱戴。周武副所长学养丰厚,是在上海学与中国学领域躬耕多年的海上名家,其研究文章每每以典雅细腻、清晰严谨的文字之美传达着对上海乃至中国的深刻洞察,读来令人颇感拨云见日。他为所的研究生培养等学科建设工作呕心沥血,对所内青年学者研究亦悉心指导。沈桂龙所长谦谦君子风,温润如玉,工作起来雷厉风行,一丝不苟,他的微微笑意总能带给人阳光的好心情。沈所长对所内从事管理和科研的我们亦予以很多鼓励和关心,三年里因为操劳所务而平添许多华发,所的各项工作在沈所长的有力引领下扎实有序推进,并获得丰硕成果。吴雪明副所长为论坛、青汉班等工作付出诸多辛劳,在帮助国际友人深入、准确理解当代中国等方面亦孜孜探索。梅俊杰副所长、乔兆红书记、姚勤华所长等亦为所的发展付出颇多。各位老师的共同点就是以饱满的能量鼓舞人，带给大家不断奋进的力量。

十年一晃而过，所的队伍在不断壮大，新生力量的到来亦为所里增加了蓬勃的朝气和青春的活力。融融情意，匆匆回眸，很多事情来不及追忆，很多事情却牢牢地长在了内心深处。追忆往昔，是为了更好的前行。闪耀在生命中的光亮，让我心怀虔诚与感激。相信在甘坐科研"冷板凳"的过程中，我们只要心怀坚强意志、乐观精神，脚踏坚定的步伐，那么经历一番寒彻骨，终将再次迎来中国学研究学术之花的扑鼻香。

筚路蓝缕，以启山林

顾鸿雁

2013年9月，我有幸成为上海社会科学院世界中国学研究所成立后招聘的首批科研人员，加入了这个温暖有爱、团结互助的集体。入所前我曾在澳大利亚悉尼大学攻读博士学位，随后受日本学术振兴会资助，在联合国大学高等研究所从事博士后研究。能够重归故里、进入上海社科院工作是我人生的重要转折点。光阴如梭，九年时间转瞬即逝，在此期间我见证了中国学所的发展壮大，自己也在历练中不断成长。

一、凝心聚力办论坛

筹办世界中国学论坛及相关研讨会是中国学所的使命之一，也是最能体现团队战斗力的地方。入所之初，我随即参与了"中国梦的世界对话"国际研讨会的筹备工作。时间紧、任务重、人手少是我们面临的主要挑战。在短短两个月的时间里，一个10人左右的团队不分昼夜，完成了中外嘉宾邀请，摘要简介收集、编辑，以及会务接待安排等工作。研讨会开幕当天，上海的雾霾指数一度爆表，但这丝毫不影响会议有序进行。

我当时主要参与外国嘉宾联络工作，为了寻找合适的日本学者参会，我从近年出版的日文书籍中搜索和会议主题相关的著作，其中东京大学丸川知雄教授的《中国梦：大众资本主义改变世界》（2013）尤为引人注目。丸川教授曾在亚洲经济研究所工作，具有丰富的中国调研经验，会说流利的中文。在会议间隙，当问道为何用"中国梦"作为标题时，他解释说这是出版社的建议，用其来概括书中所描述的中国大众创业热潮。丸川教授与世界中国学论坛的缘分也由此开始,他在第六、第七届论坛上的发言为我们了解日本的当代中国经济研究打开了一扇窗。

近年来随着新同事陆续加入,我们的团队力量得到了扩充,大家在关键时刻能够迎难而上,全力确保论坛顺利召开。在微信工作群里,大家经常忙碌到深夜,特别是会议手册定稿前夕,"啄木鸟"们更是火眼金睛,一遍又一遍地核对,唯恐有丝毫疏漏。为了减轻科研人员的负担,在沈桂龙所长的带领下,领导班子在人员配置和工作流程等方面做了优化,承担了很多前期工作,让青年科研人员有更多时间投入研究中。

二、大田小田勤耕耘

由于中国学研究是个新兴领域,其学科基础较为薄弱,中国学所在建所之初通过集体编撰相关书目,积累了一些研究成果。这被时任副所长的梅俊杰研究员称为种"大田",而每个人在自己的研究领域深耕则被比喻为种"小田"。入所后我曾参与过《2013年海外中国研究书目提要》的编撰工作,从当年出版的日文书籍中挑选出50余册和中国研究相关的著作,内容涉及经济生态、政治社会、历史文化、外交安全等领域,对其摘要和作者简介进行了编译整理。

尽管所里各位同事的专业背景不尽相同,但大家能够发挥各自的专业优势,全方位追踪分析海外中国研究动态,并针对热点问题展开专门研究。在大家的共同努力下,《国际视野下的中国道路和中国梦》《世界中国学理论前沿》等一系列成果相继出版。这也为中国学所成功入选首批上海市重点智库奠定了一定基础。自2020年以来,中国学所加强了对海外中国学舆情和海外中国研究动态的追踪分析,青年科研人员积极参与其中。我也承担了有关中日关系、中国气候外交等主题的部分编校工作。

在个人研究方面,我努力将自己的学术专长与中国学所的研究方向相结合,围绕海外中国环境问题研究、日本智库对"一带一路"倡议的认知等撰写了论文。与此同时,我也积极探寻新的学术增长点,力求让自己的研究更好地服务于国家的发展战略。在国外求学期间,我所从事的是中日环境政策、乡村可持续发展等方面的研究。入所后，我开始关注乡村振兴这一时代主题，并以日本为研究对象，参考借鉴其在乡村资源可持续利用、六次产业化和城乡交流等方面的经验。从课题申报、出国调研到专著出版，我的研究能够顺利开展离不开各位所领导和同事的支持和帮助，我也想借此机会向他们表达最诚挚的谢意。

三、交流互鉴促合作

中国学所依托世界中国学论坛和"青年汉学家研修计划"上海班（简称"青汉班"）两大平台，不断深化国际交流合作，拓展跨国学术网络。从2015年起，世界中国学论坛海外分论坛相继在美国、韩国、德国、阿根廷等地举办。我曾参与过东亚分论坛的筹备工作，合作方高丽大学亚细亚问题研究所是韩国著名的中国研究机构之一。此次分论坛推动了东亚地区的学术交流，展示了海外中国研究的最新成果。

随着中国经济实力和国际地位的不断提升，有越来越多的外国人开始学习汉语，了解中国文化，"青汉班"在发现、培养新一代中国问题专家方面发挥了重要作用。以日本为例，作为汉学/中国学研究的重镇，汉语是最受欢迎的外语之一。在2016—2018年，共有四名来自日本的青年学者参加"青汉班"。我们在2018年末对这些学员进行了回访，了解其在回国后的发展情况及其所在机构的中国研究现状。担任早稻田大学现代中国研究所研究助理的寇玲兰和田中周分别获得了松下幸之助纪念财团和文部科学省的研究资助，他们认为这与自己在"青汉班"期间得到的学术指导密不可分。在立命馆大学担任汉语教师的阿部沙织带我们走访了立命馆孔子学院，我们在与日方院长的交谈中了解到其作为日本首家孔子学院所发挥的引领辐射作用。横滨国立大学新沼雅代副教授为我们引见了校方管理人员，对方希望能够与我院在人才培养和研究方面加强合作，鼓励更多日本学生去中国访学，亲眼见证中国发展。在2019年召开的第八届世界中国学论坛上，有三位日本学员应邀参加青年汉学家专场，他们正在成为海外中国研究新生力量的代表。

除了上述两大平台之外，中国学所还通过"请进来、走出去"相结合的方式,加强与国际学界的联系。我们曾先后邀请过哈佛燕京学社社长裴宜理教授、哈佛大学肯尼迪政府学院欧伟伦教授、英国华威大学布雷斯林教授等国际知名学者来所里作报告,阐述欧美学界中国研究的最新进展。为了增进对其他发达国家中国研究现状的了解,沈桂龙所长一行曾于2019年访问新加坡南洋理工大学、澳大利亚悉尼大学中国研究中心和新西兰维多利亚大学当代中国研究中心等机构。我有幸随团出访,并作为悉尼大学校友,在促进双方交流合作方面贡献了一份绵薄之力。

中国学所的第一个十年行将结束,回首来时路,不为怀念,只为重温初心,坚定前行的步伐。相信在各位领导和同事的共同努力下,中国学所定会在下一个十年书写更加精彩的篇章。

不负遇见：拾忆那"一片潮流"

徐庆超

2013年的一个秋日，我站在"世界中国学研究所"这个金色招牌前面，凝视了一小会儿，拿起手机给它拍了一张"特写"，然后轻轻叩响了所办公室的门。那是我到单位报到的日子，对于即将开启的新世界里的未知，我感到紧张、兴奋，更觉得新奇。心里悄悄地对自己说："大上海，我来了。"

直到2015年初秋的一天，办公楼七层电梯"叮"的一声响了，当我缓过神想再看一眼"世界中国学研究所"那几个大字而不得的时候，我知道这就是人生旅途中所谓告别的模样。对未知一如既往的憧憬消解了大半离别时的惆怅，当我看到楼下院子里的枇杷树，自言自语道："再见吧，大上海。"

匆匆两年，是我跟中国学所及其同仁朝夕以对的最紧密的一段缘分。但这段缘分其实远不止两年，回头看，当时只是一个序幕。从局内人到局外人，从同事到朋友，从主观到相对客观，随着时间的推移和与大家交往的加深，我越来越意识到当初在中国学所的工作、学习，以及与大家的交流，对我这些年的成长有着怎样的分量。在做人、做事、为学等方面对我所产生的积极影响，一直以来都在潜移默化地不断给我赋能。2022年适逢中国学所成立十周年，有机会记述这一段过往——一段近十年的过往，对此我深感荣幸。

一

我入所那一年是中国学所成立的第二年，全所一共10人左右，分把着不同岗位，包括行政、科研、科辅等。除了所领导之外，当时大部分科研人员都是四十岁以内的青年人，尽管各自的教育背景、生活经历及研究领域不尽相同,但大家交流得非常顺畅、气氛非常活泼,因为我们有着共同的目标:以年轻的姿态在学术上一展拳脚。

那时候,我特别喜欢坐在一旁听大家讨论学术问题,时不时地提出自己的疑问;那时候,我特别愿意跟大家分享我的困惑,急切地希望得到帮助;那时候,我特别乐于接受大家指出我文章中的不足,也丝毫不觉得丢了面子。我深切地怀念"那时候"一切的一切。

我记得,大家推荐的书,我都会尽可能找来读,认真做笔记;我记得,大家给我提过的意见,我总是会反复地去琢磨;我记得,大家相互之间从不恶言相向,从来都是和颜悦色、就事论事,对我的无知和唐突也一一笑纳。我深切地怀念"我记得"的一切的一切。

自认并不过分愚钝的我从来没有遭受过孤立,也没有觉得跟环境有什么隔膜,更没有任何被歧视的不适感。相反,周围都是真诚的人,说真诚的话,真诚地给我帮助,对于一个学术新人、职场菜鸟和沪上孤鸿,夫复何求?而我,又何其有幸!

二

"中国学所助理研究员"的身份,是我平生第一张"学术 ID",使我在逡巡于学术圈外多年后终于可以名正言顺地到圈里一探究竟。毫无疑问,那是我个人职业生涯中最重要的转折。正是中国学所赋予了我"入圈"的通行证,并且在宽厚、仁厚和丰厚的学术精神滋养下,让我逐步地体会到为学的苦与乐。科研路上,苦乐参半、悲欣交集,本是平常,但这种平常是在中国学所开始的,是大家教会我慢慢习惯的,这于我就有着别样的纪念意义。

为学的苦,在于必须要下真功夫、做真学问。"学海无涯苦作舟",这是亘古不变的知识积累和创造的过程。那些花拳绣腿、浮光掠影的"三脚猫"功夫,可能在镁光灯下很耀眼,但在学术"真人"面前就会瞬间"自爆",经不起追问和检验。追求表面的浮华,其实也辛苦,却得不来真学问。当时所里创办了《中国学季刊》,我也参与其中,供稿或做访谈。在阅读别人的文章和检视自己文章的过程中,经过大家的提点,我总是这样感慨:怎样都是苦,立志求得真经是正途。

为学的苦在于要善用方法，否则就事倍功半。驴拉磨也很辛苦，但那种原地转圈的工作方式于科研而言是要不得的。学术的生命力仰赖于热情的创新、创造，是思想火花的碰撞，低水平的重复性劳动是大忌。刚入所那年我第一次申报国家社科基金课题，大家在我思维"短路"时为我指点迷津，不厌其烦地教我怎么开头、怎么论证、怎么结尾，等等。在大家的鼓励下我逐渐找到了一点感觉，第二年就幸运地申请到了上海市哲社办青年课题。所以，领悟方法的苦必须接受。

为学的苦，在于不得不遭受坐冷板凳的煎熬。这是科研外在冷漠、内在冷静的特质：一朝成名天下知并不是学术圈应有的定律，红红火火恍恍惚惚也不是应有的生态。时刻保持批判和辩证的观点，这是当时所里积极倡导的学术观和方法论，我也是逐步才体会到这一训导的意义。在选择研究方向上，我一度曾非常纠结、迷茫，最开始好像这也行那也行，但思考过后又觉得这也不行那也不行。后来，大家告诉我，无论哪个方向，都要忍受至少五年、八年或十年以上的寂寂无名。

为学的乐，是奋斗中不负韶华的充实和满足感。子曰："一箪食，一瓢饮，在陋巷，人不堪其忧，回也不改其乐。贤哉回也。"以苦为乐是孔子认为的颜回的贤之所在，而以学术为业的科研人员也当属贤人的一种，以苦为乐也应是这群人的特有本能之一。学术之所以小众，恰是因为它轻易不为普通大众所理解。其中很重要的一点，就是这以苦为乐的存在方式。在所里，时常能听到"我们的工资拉低了上海市平均水平"的自嘲，但大家脸上总是洋溢着不愠不怒的微笑。

为学的乐，是创作中捕捉挥洒灵光的恣意自在。杜甫曾有言："文章千古事，得失寸心知。"创作的价值不见得"千古"，但创作的快感一定源自"寸心"。学术研究固然不是自娱自乐、自我满足的游戏，但文章迈向千古的第一步当是感动自己、取悦自己。偶尔翻看自己在所里工作时发表和未发表过的一些文字，还会暗自讶异于自己"愣头青"般的大胆文风，但填满回忆更多的是自己当时内心的充盈。细细想来，那是游弋于一撇一捺间的创作者所独有的自由、自在和自得。

为学的乐,是与人分享相互启发共进退的喜悦。从服务大众、经世致用的角度,学术成果必须要传播或应用,才能够获得更大的发展、发挥更大的作用。在信息化时代跨学科交叉研究方兴未艾,单个研究人员可以是领头羊,也可以做螺丝钉,总归离不开与其他人互帮互助。我曾羞于公开表达自己的观点,怯于提出不成熟的看法,总是习惯默默地向里用力,但在所里跟大家合写文章的经历,让我意识到自己认识上的狭隘和有害。于是,我慢慢学会驱逐了自卑,学会与人合作。

三

当时在中国学所的主要工作内容,除了努力学着做好科研之外,还有一个专项就是参与筹办"世界中国学论坛"。先有论坛后才有研究所,可见论坛的重要性——不仅是对全所,也是对全院而言。在院领导的直接指挥下,以十余人的力量全部投入几百人规模的大型国际会议筹备上,其难度和分摊到每个人的工作强度可想而知。如果没有大家的倾情付出及院机关和兄弟所的鼎力支持,论坛必定不会有持续至今的良好声誉。

在会议筹备过程中,越是临近会期,越是大家披星戴月手忙脚乱的时候。我当时也体验到了大半夜往家赶、坐在出租车里的提心吊胆,唯恐司机对郊区不熟、有意或无意地走错路。那时候大家基本上都是边学边干,每个人都没有多少经验,但又都很努力。这些难得的有效参与使我对世界中国学论坛的认识从实践中来到实践中去,后陆续形成了若干以论坛为研究案例的成果,包括入所当年年底执笔的院课题研究报告,公开发表在核心期刊的学术论文,以及在第二年申请到的上海市课题的结项报告。

为契合所里工作的需要,经过几番试错,我最终以海外中国学和国际话语权为主要研究方向,其间也相继有一些成果发表。其中,值得一提的是,我在学术报纸上发表的一篇文章中提出了"学术外宣"的概念。毕竟年少轻狂、喜好生造,这一概念未见成熟,也早被淹没在故纸堆的风尘里,但那种被激发的创作冲动,还是令我记忆犹新。最近有核心期刊请我审读关于国际话语权的投稿,想到自己已离开这个领域四五年了,不禁自怜了一番。

基于在所里的科研、办会及编辑等不同工种的历练,自我感觉个人能力得到了更多方面的展示和提高。有趣的是,在我当前的工作中,这几项内容一个都不少,且压力更是有增无减。所以,我有时很感慨:可能和朋友们走过的轨迹就是数学里的一个"相遇问题"——人生之路或许本就是一个圈,自己感觉已经走了很远,但其实不过是为了下一次更早地与大家相遇。

离开中国学所之后的这些年,不时有各种机缘与所里的朋友们碰面,包括他们到北京出差、我到上海出差,甚至我们不约而同地到美国访学。每次围坐闲聊,我都感觉和大家共事的日子好像就在昨天、不曾走远。"老年人常思既往",当然还不敢称老,但一起走过的日子,如此真切、珍贵,使我更加珍惜今后与大家的相遇。

在中国学所工作的那段难忘时光,开启了我个人在学术上的"觉醒年代";在离开中国学所的这些年,我时刻以所里求真探新的学风要求自己"踔厉奋发,笃行不怠";而中国学所走过的这十年,更是以"科研+办会"的独特模式掀起了在世界范围内繁荣和发展中国学的"滔滔一片潮流"。

因此,我坚信并深深地祝福:在丰盈的海派学术土壤中,中国学所在下一个和更多个十年里,将更茁壮、更挺拔、更伟岸,会为实现中华民族伟大复兴做出自己独有的贡献。而我,至少依然会是这新历史的见证者。为此,我骄傲且感恩。因为,我们始终不负遇见!

文明因交流互鉴更精彩：
青汉班纪事

胡筱秀

时间过得真快，从 2016 年由政治所调到中国学所已经整整六年了，这六年里最难忘的经历是与青汉班以及一大批青年汉学家的结缘交流。与青汉班的结缘，使我的学术视野增开了一扇鲜活的比较窗口；与青年汉学家的相识交流，则让我收获了超越国界的友谊与人文知识。其中有五个小故事，印象深刻。

第一个故事：与蒙娜丽莎王昭君穿越会面

2016 年，我因王海良所长邀请从本院政治所调入中国学所。从一个专注于研究当代中国政治领域的学者走向中国学所，自认为可以将自身的政治学专业特色优势与中国学所的学术外宣使命结合起来，更好地向世界讲述中国故事。因此，一到中国学所我就满怀热情地投入了工作。当年 7 月 22 日，由中国文化部委托上海市委宣传部在我院主办的首届青年汉学家研修计划上海班开班了，全院、全所以及相关领导都高度重视。第一次参加青汉班，我的任务主要是担任学员导师以及跟班教学。当时一下子接触到几十名来自世界各地不同文化背景、肤色风格迥异的各国年轻人，立即被他们充满活力的青春气息所感染，工作热情非常高涨。记得在那个班上，有个美丽的姑娘阿玲娜来自俄罗斯，她深邃的眼神与达·芬奇笔下的蒙娜丽莎如出一人；还有来自哈萨克斯坦的姑娘迪娜，气质端庄典雅，让人想起远嫁西域的王昭君；还有来自马可·波罗故乡的意大利姑娘吉尼亚，开朗自信。在和学员们交流期间,我跟迪娜讲昭君出塞的故事,土耳其姑娘月光也跟我谈起怛罗斯战役后中国造纸术向阿拉伯世界传播进而影响整个西方世界的故事,当时真的感觉那次是一次奇妙的时空穿越。与相隔千年的王昭君邂逅交谈,与来自阿拉伯世界的青年学者交流,感觉不同历史文化国度的人们穿越千山万水来相会相逢就是为了做文明与和平的使者,分享彼此的美好,曾经的美好,美美与共。

第二个故事:和印度学员沙海丽一起吃中国素食

我记得第三届青汉班里有个来自印度尼赫鲁大学的沙海丽老师,她长着一副典型的印度面孔,像宝莱坞电影里的女主角一样漂亮,中英文表达都非常流利,在课堂上常常会犀利发问,我对这个聪慧漂亮的印度姑娘印象深刻。最难忘的一次经历是在市内参观结束后与青汉班学员一起在功德林用素食晚餐。当时有一道麻辣豆腐,因为辣得过瘾,在舌苔味蕾与美食的交流碰撞中,大家边吃边聊,开怀大笑,吃完意犹未尽。当时带队的姚勤华所长看大家吃得开心,又加了一盘,使每个学员都品尝了中国美食,一桌子欢声笑语,无比融洽。沙海丽说,她最喜欢中国菜,也喜欢喝中国茶。她说王战院长讲的中国经济改革的成功经验,对印度探索改革有很大的启发与参考意义。

第三个故事:听越南姑娘韩红叶讲越南年轻人的追剧喜好

第四届青汉班里有个越南姑娘韩红叶,她当时的交流发言是关于汉语语言的,开始我对她那个题目不是很感兴趣,可是韩红叶对中文语法的娴熟拆解剖析令人耳目一新,即使是我们这些对中文习以为常自以为精习中文的人也大呼精妙,韩的发言得到了现场所有与会者的一致赞赏与高度评价。在后来的交流谈话中,我得知她是祖籍中国的越南三代,也从她那里听到很多关于越南人民与年轻一代对于中国文化的有趣信息。她说:"我们越南年轻人最喜欢看你们中国拍的电视剧了,像《甄嬛传》《还珠格格》等,越南人特别喜欢看。"看我感到惊讶,她笑着说,"我们越南人比你们中国人还了解中国呢,你们中国人拍的电视剧就是好看,越南人拍不出来。"文化的交流是如此生动鲜活。她说,现在越南人把中国当作成功偶像,一心一意搞经济建设,希望像中国一样取得成功。与她的交流让我进一步深刻理解了中国道路的世界意义。

第四个故事:哈利德的故事和建议

哈利德是2018年青汉班的学员,来自突尼斯。他长着一头黑色鬈发,外貌上有点像我国的少数民族。与青汉班其他学员相比,哈利德汉语流利,已经达到中文8级水平,擅长使用成语与古诗词,常常妙语连珠。研修期间,哈利德对研修论文非常认真刻苦。在课下的交流中,哈利德讲到迦太基古国的故事,讲到他们国家的橄榄油以及发达的航海事业。他对青汉班的课程有个建议,他说:"我们在这里上课,老师们讲的主要是中国故事,以后在课程设计上能不能也让我们讲讲我们各自国家的故事,也讲讲我们好的东西。"我觉得他这个建议很有意义,文明因交流互鉴而精彩,应该美人之美,美美与共。

第五个故事:敦煌盛会

2018年9月在敦煌的那次外出考察调研,青汉班的学习交流达到一个前所未有的盛况和高潮,真可谓万方乐奏有于阗。当时正赶上兰州文化旅游国际博览会活动,文旅部部长雒树刚亲切接见了全体青汉班学员,中国学所所长沈桂龙主持了青汉班教学工作经验总结会,并做了精彩报告。雒树刚部长饶有兴味地听取了学员代表的汇报,并与学员们进行了亲切的交流互动。在参观敦煌莫高窟过程中,千年前已经达到艺术高峰的敦煌文化折服了每一位青年汉学家。晚上精彩绝伦的文艺演出和外国演员们的精湛演技让全场不断地爆发出欢呼声。那一次,鸣沙山、月牙泉以及敦煌精美绝伦的壁画给每一个与会者都留下了深刻难忘的记忆。

与青汉班的结缘以及与青年汉学家们的结识交流,让我深有感触,世界文明形态各异,但不同文明在特色和内核上的差别,并不妨碍文明之间的交流互鉴。与青汉班学员之间的教学互动生动展示了文明因交流互鉴而更加丰富精彩,世界因交流互鉴而美美与共。

我与中国学所的渊源

焦世新

今年是世界中国学所建立十周年,作为一名最基层的科研人员,我调到中国学所也转眼已经四年多了。相比一建所就来到中国学所辛勤工作的同事,我的"所龄"并不算最长,但是要论与中国学所的渊源,我可能也算是比较"资深"的了。

我是2007年7月博士毕业进入社科院亚太所工作的,2008年就赶上第二届世界中国学论坛盛大召开。当时,这是我们社科院的一件大事,全院上下各所都调动起来,为这个盛会的成功举办出"一把力"。作为一个刚进入社科院的青年科研人员,我也有幸参与到这届中国学论坛的会议服务中去。我作为"志愿者"被分配到各会场去,去做信息服务工作,也就是对会议上的海内外学者发表的各种观点进行整理,并即时动态地上报到会议工作组,并经会议工作组汇总整理以便发给新闻媒体报道采用或编辑会议成果材料。不仅是我,全院从各单位、各所组织了数十名青年科研人员从事这个工作,我当时主要是在"国际片",也就是我所在的"亚太所"承办的分会场的会议上。这样一个机会对我这样一个"初出茅庐"的青年科研人员非常必要和非常难得的,帮助也是十分巨大的。因为中国学论坛的定位属于"高端",各分会场的会议也是高层次、最前沿的学术会议,请来了许多在我学生时代"只闻其名、未见其人"的知名学者或学界翘楚,会议谈论的主题也是当时学界刚刚兴起的"中国道路""中国模式"之类的,真是扩大了视野,也启迪了学术兴趣,颇有"胜读十年书"的感觉。

此后,几乎每一届中国学论坛我都有所参与,要么是作为会议的信息服务人员,要么是被所在单位派出作为观察员列席会议,有时候也会作为相关分会场的代表参会发言。但是,要问我最深刻的是哪一次,我仍然认为是2008年的那一届。多年以后,我已经成为中国学所的一员,有一天我的一位所同事在整理历年的中国学论坛的材料的时候,竟然发现了一张当年我在会场的照片。照片中,我在排队等候会议注册,前面有两位大概来自非洲的学者在交谈,而我在翘首前望。这真是一张岁月的留念呀!当我在积极为中国学论坛服务的时候,它也早已悄悄把我记录下来、包容进来。

听说,世界中国学研究所的建立也正是基于世界中国学论坛巨大成功的、水到渠成的结果。举办世界中国学论坛本来是我们上海社科院自己创办的一个外宣学术论坛品牌,是老一代院领导和学术前辈们敏锐察觉到中国和平发展和崛起带来的世界效应,抓住时代机遇,依靠社科院自己的力量建立起来的。后来,经过连续几届巨大的成功之后,它的世界意义和国内影响也越来越大,最终得到了中宣部、国务院新闻办和上海市委市政府的重视和高度认可,并被进一步打造成了国家级的论坛品牌。所以,世界中国学所的建立也是基于论坛成功的水到渠成的结果,也是我们社科院当年进行院所体制机制改革的一件大事。我作为一名最基层的科研人员,对世界中国学论坛的成功也是颇感自豪的,对于世界中国学所的建立与世界中国学学科的建立和发展也是深感振奋和倍受鼓舞的。

鉴于这样的历史渊源,我本人一直期待能来中国学所工作和科研,也要非常感谢中国学所的老领导和老师们的帮助。出于专业缘故,我跟王海良老师比较熟悉,当年听说他成为中国学所领导后我就向王老师提出,希望能调到中国学所工作。当时大概是2015年秋季,我在上外进行留基委的英语培训,正准备于2016年2月去乔治·华盛顿大学进行一年的访学,于是跟王老师商定回国后再议。待访学归来,姚勤华老师已经成为新所长,在王老师的引荐下和姚老师的帮助下,我最终于2018年4月成了中国学所的光荣一员。现在回想起来,还是要非常感谢姚老师和王老师的。

转眼到中国学所已经四年多了,也有幸经历了第八届、第九届世界中国学论坛,亲眼看到了院所领导和全所同志每次举办中国学论坛的辛苦和付出,也感受到我们所处处洋溢着青春的气息和正能量。在所庆十周年之际,我要深深祝愿我们中国学所,祝愿所里每一位同事都越来越好。

我与中国学所

高莹莹

四年半,对于一个人的职业生涯来说,似乎短得没有什么可以回忆,而对于一个初出茅庐的应届毕业生,第一份工作、第一个平台的四年半,却足够长而得以树立其理想信念、锻造其心性体魄,锤炼其品格意志、夯实其发展平台。在世界中国学研究所成立十周年之际,这四年半的时间,也被赋予了更深厚更独特的意义,我以我青春,为十年树木之成长,多少浇灌了一些养分,也得其荫庇,懂了一些道理,长了一些本事,吃了一些苦头,得了一些经验。

都说青年有鸿鹄浩志、远大理想,我想我过去是没有的,无非是脚踏实地做好眼前事,其他一概不想。可身处中国学所的青年时期,我却实实在在感受到了它的进取与拼搏,也汲取了继续前行、继续奋斗的力量。作为一个成立仅十载的小所,中国学所在学术研究和活动组织上展现出来的包容与专业让我意识到,哪怕是立足一个很小的点,也能发散出无数的问题,停滞不前、鼠目寸光是不行的,要与时俱进,不断夯实知识基础、不断提高自身素质,才能在迎头拍打的浪潮中站稳脚跟、勇往直前。

中华文化,源远流长;中华民族,屹立不倒;百年大党,风华正茂。我们头顶天,脚踩地,从这一片文化土壤上汲取她的力量和养分,生根发芽,自然也承担了传播其文化、讲述其故事的责任。自我 2017 年进所以来,我深刻领会到,我工作的意义不只在于每项任务是否顺利完成,通过人与人交流所传递的内容和形式也尤为重要。如何向世界展现真实、立体、全面、生动的中国,如何向世界阐明中国道路、传播中华文明、讲述中国故事,这不仅仅是依靠文字、图像传递的内容,而体现在每一个中国人的一言一行中。因此当我在工作中接触到越来越多的海外学者时,我意识到自己的身份也发生了转变,不再仅仅是一个会务工作者,我的形象、我的话语、我的行事,在他们眼中代表的不只是我个人,也折射出我背后的国家形象,我不得不,也必须给自己定义一个新的身份,从内到外重新塑造自己的形象,中国故事的讲解员。

四年半时间不长,却让我迎来送往了许多同事朋友,有的人离开去向更广阔的天地,有的人加入聚成更壮大的火炬;有的人劳苦工作奉献了几十年后退休,有的人工作学习两手抓苦尽甘来喜获毕业证书;有的人面对工作生活的千磨万击依然奋发向上,有的人分享晋升结婚生子等喜悦的信息;有的人胖了,有的人秃了。这样的日常伴随中国学所运转着,而围绕着中国学所的这一个圈子也越来越大,有了接力的第二代、第三代,传承如此,未来可期。

四年半时间很短,却让我赶上了三届世界中国学论坛、两届海外分论坛和四次青年汉学家研修计划,从新中国的70年历程到建党百年华诞,我随着历史的一个个重大时间节点,感受新时代的鼓点越来越响越来越密,内心也激荡不已。跨越上海、北京、安徽、江西、湖南、甘肃等地,串联起的回忆弥足珍贵,而从世界各地传回的声响,又把我们紧紧包围。中国学所这群可爱的人就在这样紧张而盛大的氛围里,看见彼此蓬头垢面又疲惫不堪的一面,丢去职场的包袱,相互加油打气,一步一个脚印前行。

刚刚入所的那半年,我就一连碰上了欧洲分论坛、青汉班和第七届世界中国学论坛,发着懵就跟着所里的同事披甲上阵了,并时刻牢记着"我是革命一块砖,哪里需要往哪搬"的工作精神,指哪打哪。当需要校对会议材料时,便搬出自己在出版社的实习经验,切换成一个略会修改病句的"编辑";当需要维持秩序示范各种操作时,便端出自己短期实习的教师架子,一遍遍充当青汉班学员的在华生活指导"老师";当需要领着几十号人在闹市穿梭参观调研时,便拿出自己在菲斯千巷之城游走的领队风范,瞪大自己视力并不怎么好的双眼严防盯守,做好一名"导游";当需要整理各类合同报销单据时,便靠着自己在公司市场部打杂学到的一点皮毛,切换成一个和数字、表格打交道的"财务"。我自然不是编辑、老师、导游、财务,也远远不能胜任其中任何一个角色,但这却是我工作中可以努力的方向,编辑的谨慎细致、老师的亲切耐心、导游的灵活敏锐、财务的一丝不苟,是任何工作都需要的品质,而作为中国故事的讲解员,这些品质也缺一不可。

我很庆幸自己在校期间,为了不让自己简历过于难看而去尝试了各种工作岗位,事实证明,过往的每一次经历都帮助我渡过了工作中遇到的难关。同样,我在中国学所四年多的时间里,每一项工作任务的尝试与挑战,每一次失败困难的锤炼与锻造,也必将为我将来可能会遇到的难题注入一点斗争精神和奋发意志。

通过世界中国学论坛这和青年汉学家研修计划这两个平台,我接触到许多研究中国的学者,在和他们的沟通交流当中,我常常自愧弗如,明明身为一个中国人,可自己的知识储备却远远比不上这些外国友人,他们可以对中国历史烂熟于心,对中国文化侃侃而谈,对中国习俗娓娓道来,对中国发展言之有物,而我更多时候除了表达一腔的自豪和热爱,言语上却过分苍白。这让我想起大学时记住的一句阿拉伯谚语:"学问虽远在中国,亦当求之!"山水相隔不能阻挡海外汉学家求知的步伐,语言障碍更不能成为一个人与外隔绝的借口。学海无涯,如果只是自满于已经获取的知识,是远远不够与外界沟通交流的,话语中遭遇的局限让我深刻体会到不断学习的重要性,我不能做一个身在故乡的"异乡人",而是要真真切切地去了解这个国家,从叙事的角度上进一步丰富自身涵养、提升自身素质,传递一些更扎实更有趣的内容。十分幸运的是,我占了近水楼台先得月的便宜,中国学所的各位老师,自然是我拿来做榜样的最先选择。

我常常听人调侃说中国学所是个"小社科院",混杂了各个专业领域的科研人员,但于我而言,所里的科研人员本就承担了学术研究与中国故事讲解员的双重角色,这就决定了他们要十八般武艺样样精通,不仅会做学问、会办实事,也要会讲故事,在面对海外学者时,能够将自己所学所获所思所想用最合适的方式讲述出来,这并不是一件简单的事情。更遑论海外学者对中国的研究是五花八门,有吸引大多数学者的"一带一路"、中国经济发展、中国特色社会主义发展、中外国际关系等,也有中国文化的方方面面,谈文学、谈旅游、谈电影、谈语言、谈许多我们未曾想过去谈的话题。海外学者对中国的兴趣是包罗万象的,与之对应我们的讲解员虽不能上知天文下知地理,也不能是仅局限在某一个领域的专家。

同样,我也常常听人调侃说中国学所是个"会务公司",从制定方案的统筹员到会务组、贵宾组、接送组、注册组、新闻组、文字组、翻译组、财务组、安全保障组、外事组、志愿者组等一应俱全,每个人都可以身兼数职,随时换马甲上阵。十年磨一剑,中国学所成立至今的十年,便锻造出这样一支队伍,虽不能自夸皆是精兵强将,却凭借愈挫愈勇的斗志和踔厉奋发的意志,顺利完成每一次交办的任务。时间紧,那就昼夜不息,毕其功于一役;任务重,那就举全所之力,借全院之能,群策群力;规格高,那就牢记外交无小事,不放过每一个细节。大幕拉开,大幕落下,观众观看了一场精彩的演出,掌声雷动,而这支队伍穿梭在幕后,疲惫不堪,忙碌不已,观众散去,他们又风雨无阻奔向下一场演出。

而对我来说,中国学所就是个温暖的"大家庭",大家虽来自五湖四海,有不一样的教育背景和生活环境,性格迥异,却都被自己所选择的社会纽带捆系在一起,为共同的目标和方向而聚力合作。这里有温暖和煦、维持大局的大家长,有细心呵护、掌握中枢的大管家,有经验丰富、冲锋陷阵的前浪,也有愈挫愈勇、奋发向上的后浪。从"60后"到"90后",大家上下一心,遇事不是想着推诿扯皮,而总是守望相助,互相搀扶着朝前迈进。

中国学所成立的2012年是中国的龙年,可以说其成立是生逢其时,重任在肩,其目的也正是向世界更好地介绍中国这一条巨龙。十年之行,中国学所始终不忘初心、牢记使命,一时一刻也没有忘记建所之初的宗旨,到2022年十周年之际,中国学所也发展成了一只小猛虎,正欲大展拳脚,施展抱负。展望未来,是充满分量的,于个人而言,是要更加坚定理想信念、不断增强思想自觉、行动自觉,于中国学所而言,是要可持续发展,不断向世界诠释中国力量、讲好中国故事。

写到最后想起,在筹备青年汉学家研修计划的过程中,每个海外学者来华前总要提交一篇"我的中国故事",四年多来也汇集了百来篇,这当中不乏文笔精彩、内容深刻的文章,也有一些文字虽稚嫩得不免让人发笑,却能感受到笔者敲击键盘时努力而真诚的情感。我不擅长写作,记性也不算太好,写作时逃不了东一榔头西一棒,别人看我的文章时可能也会禁不住发笑,但我也是怀抱真心去回忆我人生的第一段工作经历,尽力写下点什么,如果大家能够透过这些粗糙的文字感受到一点真诚,足矣!

在上海聆听中国声音

侯 喆

2018年进入世界中国学研究所工作伊始,承担的两个重要任务就是编辑青年汉学家研修计划文集和参与筹办颁发第四届世界中国学贡献奖。虽然彼时对这两个学术平台知之甚少,但还是在摸索中跟着诸位前辈老师一起圆满完成了工作。三年来,在深度参与世界中国学论坛与青年汉学家研修计划的工作后,我不断加深了对所内这两项重点工作的认识,也与单位的前辈、同事们在合作中结下了深厚的友谊。

作为旨在为海内外中国学研究提供对话渠道和交流平台,反映中国学研究的动态与趋势,鼓励观点创新,推动学派共荣,增进中国与世界的相互了解,建设具有世界影响力的中国学学术共同体的世界中国学论坛兼顾了学术研讨与外宣工作的双重职责。海内外知名学者与政治家,或者兼有两种身份的嘉宾们济济一堂,共同探讨中国问题。新中国成立以来的70多年,中国故事的内容与讲述方式经历着变化与发展。在这70多年中,中国故事的主题从传统汉学关注的文化、历史等议题扩展到囊括了中国政治、经济、社会、文化、生态等方方面面的问题。海外中国问题研究者们试图讲述他们眼中的中国发展与中国故事,我们则是通过身份的转变,从被讲述的主体转变为讲述者,在我们所从事的海外中国学研究中,不断了解国外学者对我们的认知,进而更新我们认识本国问题的角度与姿态。

世界中国学论坛为学者和政治家们提供了一个解读与回应中国故事的绝佳场所。上海,作为一个具有巨大文化影响力与辐射能力的国际化大都市,其历史、文化传统也形塑了世界中国学论坛,使其打上了上海的独特烙印,有了上海独具的特色。上海作为中国改革开放的桥头堡,在科技、思想、文化领域有着鲜明的个性和独特地位,世界中国学论坛就是让世界在上海讲中国故事,听中国声音。

与之相较,青年汉学家研修计划则为参与中国学研究的新一代学者们提供了展示的舞台。从传统汉学到现代汉学,从对中国文化的猎奇心态到对中国经济、政治、社会发展模式的兴趣,青年汉学家研修计划中的青年汉学家们研究中国的心路历程多是"情不知所起,一往而深"。青年一代的汉学家们与其前辈相比,思想更为多元,态度也更为开化,这与他们生活的时代、这个时代里中国在世界上角色的变化、中国与其母国之间关系的变化都息息相关。从研究主题来看,中国共产党领导下的中国革命、中国改革开放都曾是并仍然是海外汉学家们所关注的研究主题。但是对于新一代的青年汉学家们来说,他们在中国生活、走访、调查,甚至接受长期学位教育的经历使得他们选择关注更具时代性的主题,他们讲述的中国故事也展现出中国在世界上影响力的变化。在这样的背景下,中国共产党领导下的新时代的中国成为他们观察与研究的绝佳对象。

与青年汉学家研修计划中汉学家们的交流可以看出,他们在中国的参与之深、之广远超其前辈。他们关注中国"一带一路"倡议在各国的辐射,关注中国在区域一体化建构中的积极角色,关注中国的"和"文化在世界范围内的影响力。在构建中国的世界角色中,他们是一支不可替代的力量。世界各国通过他们来了解中国,而我们也可以通过他们来观察世界眼中的中国。经历研修计划,作为生活在新时代的中国人,我们与他们共同讲述中国的发展、中国的现实与中国的特色,这样的对话不是灌输,而是双向的思想碰撞。我们可以看到他们眼中的中国,他们也了解了中国眼中的世界。青年汉学家们讲述的是他们心中的中国发展与中国故事,而我们所从事的海外中国学研究更应当确立我们看待这些故事的视角。这一来一往之间,青年汉学家们会更了解与喜爱中国,理解中国所处的发展阶段,认识中国所做出的诸多抉择的应然与必然。

在世界中国学论坛与青年汉学家研修计划不断探索更深、更有效交流方式的同时,世界中国学研究所迎来了十岁生日,四年来的持续性参与,使我不断认识这两个平台之于海外中国学研究这一领域的重要意义。与世界中国学论坛和青年汉学家研修计划共同成长的是上海社会科学院世界中国学研究所。研究所的创立为海外中国学研究提供了科研团队与机构的依托。海外中国学学科的设立和发展与机构的建设相辅相成,相得益彰。建构中国学学科的概念与意义,将现当代中国问题、中国故事融入其中是学科发展与机构发展的双重使命。研究机构的设立为研究成果的产生打下了坚实的基础,研究的常态化带来了与论坛以及学科都密切相关的丰硕成果。海外中国学的学术交流、科研工作与学科建设交织构成了学术争辩中的世界中国学论坛。而在学术职能之外,世界中国学论坛还承担着对外交流、对外宣传的重任。一方面,它试图吸引世界范围内知名的中国研究专家参与讨论、碰撞思想;另一方面,它也在学术交流中发挥了对外宣传的功能。这种宣传不仅对外碰撞论坛中的思想火花,也让世界了解中国故事的最新发展。

纪念那些一起奋斗过的时光

宋晓煜

2018年秋,我从日本名古屋大学取得博士学位,然后收拾行囊,办理各种回国手续及认证,终于在秋冬之交,顺利入职上海社会科学院世界中国学研究所。

彼时,世界中国学论坛拉丁美洲分论坛已进入最后筹备阶段,会场定在阿根廷的布宜诺斯艾利斯。我作为一介新人,没有任何办会经验,自然只是在国内观摩、稍微打打下手,然后艳羡地目送领导和同事踏上前往南半球的旅程。后来据同事回顾,出差阿根廷期间,每天都在会场奔波,根本无暇外出体验风土人情。尽管如此,从未离开过亚洲的我仍然羡慕不已。海外出差恰合"世界中国学"当中的"世界"一词,那种走遍五湖四海、对话各地学者的图景正是我对这份工作的想象之一。

2019年,第八届世界中国学论坛定于10月在上海召开。早在年初,沈桂龙所长就带领几位前辈同事开启了筹备工作,有效保障了我们这些后辈的科研时间。同年4月,我开始加入论坛筹备工作,自此终于明白同事在阿根廷无暇离开会场的缘由。由于时差关系,外国专家学者的邮件往往在非工作时段发来,并且,越是临近会期,邮件就越是频繁。有的学者格外认真热情,光是来往邮件就有三十余封。犹记得自己在孩子兴趣班的教室外,找一张小桌,掏出随身携带的笔记本,心无旁骛回复邮件;也记得暑期在北海道旅行时,坐在车上做表格、回信息、写邮件,每晚回到酒店的第一件事也是筹备论坛。我的同事们也相当繁忙,参加朋友婚礼时都在抽空工作,被调侃为"日理万机"。到了9月就更忙了,我们曾与院里的保安师傅们在凌晨道别,曾经目睹过深更半夜的上海街景,也曾被关在小区门外,不得不硬着头皮叫人开门。那是一段忙到黑白颠倒的时光,每个人都精疲力尽,尽管如此,所里的同事们却很团结,因为我们不是孤军奋战,所领导们一直身先士卒,每个加班的深夜都有他们守在办公室的身影。

中国学所几乎每年都会筹备世界中国学论坛或海外分论坛,这就意味着每年都会有那么一段耗时数月的忙碌时光。如今的中国学论坛得以有序推进,离不开前辈同事们打好的根基。几年前的他们曾在办公室打过地铺,身怀六甲的王圣佳主任曾经挺着大肚子来回奔波。至于多年以来论坛上发生的趣事,更是数不胜数。

2020年初,新冠疫情暴发,世界中国学论坛海外分论坛未能如期举办。疫情的影响是巨大的,它阻碍了中国与世界的联系,口罩、社交距离、隔离……人与人之间的距离突然变得遥远起来,国与国之间的龃龉也滋生蔓延。如何与外国的中国学专家保持联系?如何讲好中国故事?如何增进相互理解?世界中国学论坛就是一个重要的、与外界沟通的国家级平台。也正因此,虽然2021年尚有许多不确定性,第九届世界中国学论坛的筹备工作仍旧如期启动。然而,这项工作并非一帆风顺。因疫情影响,论坛举办日期从2021年9月延期至10月。许多日程都要重新规划,嘉宾出席与否也需重新确认。并且,与往年不同的是,这届论坛少有外宾亲临现场,而是以线上形式与大家见面。线下亲切的握手交谈变为线上的遥遥问候,其效果可能不如以往,但却是目前所能选择的与外界沟通的最佳途径。

我一直觉得自己很幸运,第一份工作就遇到了公平公正、和蔼可亲的领导,遇到了多才多艺、善良有趣的同事。短短不到四年间,已有若干领导、同事调离中国学所的岗位,也有新的领导、同事加入进来。我们对离开的人们依依惜别,也热情地欢迎着新来的人们。尽管学术背景各不相同,但是大家和谐相处,常常能产生有趣的思维碰撞。中午,大家三五成群地去食堂吃饭,饭后,则是短暂的散步时光。我们一起吃饭,一起散步,一起分享工作与生活中的趣事及烦恼,或许正是因为一起为世界中国学论坛的筹备工作奋斗过,才能生成如此和谐的氛围。

上海·中国·世界
——所庆十周年有感

王　玉

上海社会科学院世界中国学研究所成立的十周年,是艰苦创业的十年,探索前进的十年,也是获得可喜成果的十年。于我个人而言,能有机会和中国学所携手前行深感荣幸,这里已经成为我生命中一个重要的地方。回首进入所里工作的三年时光,万般思绪涌上心头,还有诉不完的感恩与感动在心中荡漾。

相遇:我在这里了解上海

2014年9月,满怀憧憬与忐忑,我来到上海社会科学院求学。憧憬的是,即将在这样一座秉承"海纳百川、追求卓越、开明睿智、大气谦和"精神的超级大都市开启新的人生旅程,拥抱多元世界,同时又忐忑的是,远离家乡,奔赴千里,自己是否真的能够融入这座"魔都"。

事实证明,选择成为上社人,我是幸运的。在历史文化底蕴深厚的淮海路总部,老师们的殷切教导声声在耳;在充满现代化气息的国际社科创新基地大楼,同学们相伴学习研讨的画面历历在目。更为重要的是,伴随着上海社科院从智库建设与学科发展"双轮驱动"到国家高端智库首批试点单位,广大学子也得以更广泛地见识与参与社会科学领域的研究与决策活动,增进对上海经济、政治、文化、社会等多方面运行发展的了解,还有一系列国内外学术交流活动与国际前沿学术会议,拉近了我们与世界的距离。

在此机缘下,我与世界中国学论坛也有了首次接触。2015年11月,以

"中国改革　世界机遇"为主题的第六届世界中国学论坛召开。我和同学们积极响应、踊跃参与到本次论坛的志愿者组织、筹备工作中来,也让我们有机会深入现场获得如此高层次、高规格学术盛会的熏陶。而参会的来自海内外30多个国家和地区的200多位各领域、各学科的专家学者,更是让我们领略到上海海纳百川、开放包容的气质,深深感叹通过上海可以看到世界,世界也在不断关注这座开放的城市。

诚然,彼时的我对于"中国学"只是处于门外汉的阶段,甚至更多地是与志愿者小伙伴沉浸在自己出现在《新闻联播》对中国学论坛报道画面中的兴奋与激动,但就是这样一个契机,让我通过世界中国学论坛对上海的城市品质有了真切直观的感受。

相识:我在这里理解中国

2019年7月,经过五年的硕博学习生涯,我迎来了人生的又一重要转折点——入职世界中国学研究所。到现在我仍然清晰地记得到所报道的第一天,怀揣着与2014年9月同样憧憬又忐忑的心情,一大早来到办公室,大家热情地跟我打招呼做介绍,好心地帮我收拾工位,在一片和乐的氛围中开启了我的职业生涯。此时我憧憬的是,在这样一个致力于开拓与世界对话渠道、搭建与世界交流平台的机构工作,一定会极大地丰富自己的阅历,扩展自己的视野。而忐忑也同样来源于此,自己到底能否胜任如此重要的一份工作。

果然,到所第一件工作整理数千条的历届中国学论坛参会人员信息就成为一项重要考验。这项工作要求必须认真细致地整理校对好与会人的各类基础信息,为中国学专家库的建设提供参考。那一两个月,不论上班下班,我都在尽我最大的耐心捧着电脑一条条核对每个人的信息。虽然偶尔我也会感到疲累,但也对这些已经荣休或者仍在岗奋斗的"老论坛"们表示由衷敬佩。因为历届论坛的参会人员不仅是数量大,更是涉及多个国别区域、多个研究领域,组织这些专家学者的与会安排,实属不易。

同时,在整理这些学者的历届发言题目中,我发现大家都在多形态、多维度讲述着一个个有温度的中国故事,这也让我对"世界中国学"有了一些真正的理解。从研究主题上看,"中国学"有偏重人文历史的汉学研究,也有关注政治、经济、社会、国际关系的现代中国问题研究。从研究视角来看,在内既有中国学者的考察与思考,在外也有别国学者的体会与评价。在这些不同的研究中,可以看到研究中国故事已经成为国内外学者的重要课题,展现出研究中国发展的持续焕发出的强大生命力。

这些体会都让我感受到"世界中国学"这一领域,比以往我在书本中看到和认识的中国更加生动、更加立体。而世界中国学论坛这一平台对于促进文化交流、文明对话以及民心相通所发挥的独特作用,更是具有宝贵价值。

相知:我在这里熟悉世界

2019年9月,第八届世界中国学论坛召开,我的第一次职业生涯"大考"到来。我在本次论坛筹备中被分配的角色是分论坛之一联系人以及全部分论坛信息整合员。当拨通第一个对外联络电话时,成为对方口中的"中国学所王老师"的时刻,我的这根弦就拉紧了。这是与学生时代筹划组织活动完全不同的体验,沟通考虑的方面需要更加全面、更加细致、更加严肃。还好,当我因缺少经验不知如何答复疑问的时候,有所内领导老师及时地提供指导;当我为统计更新各个论坛信息焦头烂额的时候,有所内各论坛负责老师积极地配合支持;当我忙于敲定分论坛国内外参会学者论坛行程安排的时候,有分论坛负责单位的全力帮助,等等。

最终,当本届论坛顺利开幕的那一刻,我心底长舒一口气的同时也充满感慨与感动。感慨于一个国际会议的举办背后离不开众多"螺丝钉"的努力,感动于这样一个平台真的把世界各国关心中国发展的广大学者聚集起来。在当今世界处于百年未有之大变局的当口,面对不确定性,世界需要读懂中国,中国同样也需要被世界了解,谋求中国与世界共同发展之"大义"。而世界中国学论坛正如一扇宝贵的窗口,为专家学者了解和研究中国汇集了丰富的素材和生动的案例,从多个维度、多个层次向世界全面展示了一个充满活力的当代中国。

2021年10月，两年一度的"大考"再次到来，第九届世界中国学论坛举行。相比于第八届论坛的"从零学起"，对于这次论坛工作我自认早已做好充分的心理准备，但没想到，疫情这一复杂因素的叠加，还是给本次论坛的组织带来了全新的挑战。因为第九届论坛分配给我的工作是嘉宾接待，在相关领导与老师的指导下，我成为制作嘉宾行程信息的"表妹"。因为需要实时更新相关动态，这就让我有机会连续驻守在国际会议中心，以便快速掌握一手情况。在这个过程中，我看到不少国内外学者克服种种困难，积极配合疫情防控工作，如约奔赴上海注册参会，开展学术交流探讨的同时热情高涨地参观中共一大纪念馆、上海博物馆，让我心中满是敬佩，更真切感受到世界中国学论坛作为中外学者加强沟通合作平台而存在的珍贵意义。

当然，在世界中国学研究所的工作并不止于论坛工作，"中国学"专业研究工作也是重要的组成部分。通过参与各类科研工作，我对世界中国学从"汉学"到"中国学"的演变历程有了更深的理解，对青年汉学家眼中的中国有了进一步的认知，对新时代的学术外宣活动有了更为清晰的体会，对海外关于上海的研究有了更加细致的剖析，等等。这些都让我在探索世界如何看待中国、中国应如何回答世界之问这条学术道路上不断前行。

十年，对于世界中国学所来说，走过了一条艰辛的道路，每一次论坛带来的重重考验，都必须挺身而上、咬牙坚持；也走过了一条开拓的道路，面对"中国学"这一广博而又不断发展着的领域，都必须率先填补空白、攻克难点；而最终也走出了一条充满希望的道路，让国际学术界通过上海这个重要窗口，更好地认识和研究了中国。

衷心祝愿上海社会科学院世界中国学研究所在十年发展的新起点上，能够在推进世界中国学发展的各项事业上不断取得新的成绩，创造新的精彩！

岁月留痕：我与中国学所

王素云

2019年7月，我从上海社会科学院经济研究所博士毕业，进入中国学所工作。作为一名基层的科研人员已工作近三年，但是在前辈中，我算是中国学所的新人。

说起与中国学所的缘分，思绪飘到了2013年的冬天。刚刚读研究生的我有幸和同学一起参加了中国学所承办的"中国梦的世界对话"国际研讨会。能够亲眼见证如此高规格的会议，对于刚读硕士的我们来说是一种莫大的荣耀。会议邀请了胡鞍钢、蔡昉、林尚立等有影响力的著名学者，他们在会上热烈的讨论中国经济发展的具体问题，极大地开阔了我们的视野。印象最深刻的是圆桌会议结束后，我和同学小心翼翼地走到一名学者面前，和他打了招呼，并提到他是我们的学术偶像，我们撰写本科论文时引用的重要参考文献是他发表的系列文章。他听完后给了我们两张名片，并鼓励我们努力多读文献，在学业上不断进取。手捧名片，我们如获至宝。如今我和同学都已经博士毕业，前辈的温暖鼓励冥冥之中引导我们走上学术之路。

作为参会者，依然记得当时会议规模之大、参会人员之多、组织之流畅、自助餐之丰盛、茶歇之精致、送书之豪爽。会议结束后我们免费领取几本好书带回学校，那份心满意足一直留存在心坎里。说来也巧，一次在单位办公室的午后闲谈中，潘玮琳老师谈到当年筹办该会议的情况，提到为了赶着会议前印刷会议手册而在办公室和同事们通宵达旦，这才让我明白当时筹办如此规模的会议，背后团队所付出的努力和艰辛。听完中国梦研讨会的筹备故事，我有种"年少不知曲中意，再听已是曲中人"的恍惚感。

入职中国学所后，筹办2019年第八届中国学论坛的工作已经提上日程，这也是我入所后参与的第一项工作。我负责的工作主要是中国学贡献奖的投票汇总，以及与贡献奖获得者的全程沟通，涉及参会议程、发言主题、贡献奖手册介绍、往返行程安排、后续奖金发放事宜和相关圆桌会议的内容。回想起来，从学生走向工作岗位，在处理工作上自身还存在很多幼稚的地方。但是挫折给我的失落很短暂，从处理这些事情中我了解到了科研人要有追求严谨、精益求精的做事风格。在这里特别感谢领导和同事们的包容和理解。筹办会议虽然辛苦，但是在沈桂龙所长的领导下，我们一直处在"拧成一股绳，劲往一处使"的状态来处理这些烦琐厚重的工作。例如中英文的会议手册需要同事们合力多次校对，从开始烦躁于"怎么总是有错误"，到后期"我们又捉到一条虫子"，大家为自己的"火眼金睛"点赞。往事历历在目，满满正能量！办会虽然辛苦，但是与同事们建立起来了深厚的革命友谊。从他们身上，我感受得到他们的真诚和温情。所领导们一直在办会一线工作，耳濡目染，使我懂得了不少做事的规矩和做人的道理。

读书期间，身边同学大都是相似的学科背景。在中国学所，同事们所学的专业存在较大的"方差"，例如我们办公室前辈们的研究方向涉及国际问题、生态经济、文学翻译、政治学、历史学等。多样化的学科背景下，我们看待问题的思路和角度不一样，交流起来充满欢声笑语。更加让我感叹的是同事们深厚的"多语言"功力，精通英语、法语、日语、韩语以及阿拉伯语的他们让我无比佩服。

俗话说幸福的家庭是相似的，不幸的家庭各有各的不幸，这句话套用到筹办会议上有异曲同工之妙：成功的会议是相似的，不成功的会议各有各的问题；严谨的办事风格是相似的，不严谨的办事风格各有各的粗糙。而正因为领导们和同事们的严谨与合力，第八届中国学论坛圆满成功！筹办会议的经历督促我向做事严谨的同事们学习。如果没有这些工作的交流与合作，我可能无法深刻体会到身边同事们的优秀品质，更无法及时看到自身的不足和改进的空间。通过办会议这件事，让我深刻体会到不给他人添麻烦是多么重要的品质，也让我明白要成为一个更好的人，首先从不给他人添麻烦开始着手。

  入所的第二年,我的身份发生了巨大的转变——成为一名新手妈妈。既有初为人母的喜悦,也体会到养育幼子的不易,更时常感叹光阴如梭,人生不可虚度。过去一年分配到工作的上的时间和精力非常有限,再次感谢领导和同事的理解和帮助。展望未来,希望中国学所的同事们在工作和生活中都能得偿所愿,你们的优秀值得!

意外惊喜
——我与中国学所的缘分

谢一青

2019年8月我正式离开前单位加入中国学所的时候,沈桂龙所长很认真地向我介绍了中国学所过往的历史、现阶段的任务和未来的发展方向,然而说实话那时的我对上海社科院和中国学所都谈不上太了解。白驹过隙,我进入所里已经整整三年了,在中国学所的学习和工作给我带来的种种惊喜,平时的我不擅表达,这次想趁着中国学所成立十周年之际与大家分享一下。

意外惊喜之一:世界中国学论坛规模大、规格高且影响深远。中国学所不仅仅是研究型智库,它还承担着承办世界中国学论坛的重要任务。我加入中国学所的时候,世界中国学论坛已经成长为国家级的外宣学术会议。虽然在此之前我也组织和参加过很多国际学术会议,但能够参与组织规模这么大、级别这么高的学术会议依然让我获益匪浅,与有荣焉。几十位国际上从事中国学研究的重量级专家学者和几百位国内知名专家使得世界中国学论坛的学术内容丰富且广泛,对国内和国际上产生了深远的学术影响。即使在新冠疫情期间,世界中国学论坛也通过线上和线下结合的新形式持续举办,坚持从学术的视角在全世界范围宣传和讲述中国故事。

意外惊喜之二:中国学所的同事博学多才,纯粹友善。博士毕业之后我先后在不同的高校进行国际经济学方面的教学和科研工作,之前单位的同事和我的研究方向都比较接近;中国学所却不一样,她像一个迷你型的"社科院",同事们的研究方向各不相同。一开始,我有些担心如何和研究领域完全不同的同事们进行交流,结果发现,虽然研究领域不同,我们的学术初心是相似的,我从与同事的学术交流中学到了许多不同研究领域的研究方法和研究视角,这些不仅可以应用到我自己科研中,也帮助我拓宽了科研思路。在所里的短短三年,所里的同事都成为我人生中非常重要的朋友,除了交流学术和工作之外,我们也一起分享生活中的快乐。

意外惊喜之三:中国学所的领导身先士卒,关心同事。中国学所让我最最惊喜的是所里领导们对我的关心和帮助。从2019年到2022年,我的工作和生活取得了很大的进展,所里的各位领导对我每一步的进展都是倾力相助。2019年进所伊始,沈桂龙所长毫不犹豫地让我承担了2019年世界中国学论坛的接待任务;2021年,在得知我怀孕后,大幅减轻了我2021年世界中国学论坛的工作;无论是2019年对我的无条件信任还是2021年对我的关心和照顾,都让我对中国学所有了更强的归属感。世界中国学论坛的工作复杂困难,沈桂龙所长和吴雪明副所长永远都是站在第一线,承担最多的工作,身先士卒;副所长周武老师在我出版第一本专著时给予了我非常细致的帮助;工会主席胡筱秀老师和妇委会主任宋晓煜老师对我们关怀备至;办公室主任王圣佳老师对我们的关心更是无微不至,令我感动万分。

十周岁的中国学所是个年轻的科研机构,我相信在有担当的领导的带领下,在我们所有同事的努力下,我们不仅会把中国学所的学术品牌做实做强,也能借助世界中国学论坛把中国的文化和声音传递出去,形成国际影响力。我对中国学所发展第一个十年的参与不如很多资深的同事多,但我相信我定能参与和见证中国学所更为辉煌的第二个乃至第三个十年。

中国学所是我职业生涯的起点

刘 晶

2019年8月,我从美国雪城大学毕业后,在中国学所开展了自己的职业生涯。选择中国学所,一个重要原因是自己的教育背景和中外交流、中国历史文化息息相关。但在入所之前,我对自己即将面临的工作乃至中国学所的使命并未有过深入的考虑。在近三年的时间中,在领导的支持下和前辈、同事的帮助中,我得以顺利完成从"学校人"到"社会人"的蜕变。能够将专业知识和中国学所的日常工作结合在一起,在此过程中提高自身的学识,并尝试为世界中国学的研究推广尽一份绵薄之力,我的内心是感激和振奋的。

入所以后,我面临的第一个工作任务就是参与第八届世界中国学论坛的筹备工作。举办这样一场规格高、人数众、议题广的国际性论坛,既要面面俱到,也要细致入微,其难度可想而知。我入职之时,全所同事已经奋战数月,正处在全力冲刺的最后阶段。我也有幸参与其中,负责主会场和青年汉学家专场的信息收集,记录和整理与会专家学者的发言内容,提炼其主要观点,并以简讯和专报的形式汇总上报。在与多位世界著名学者的近距离接触中,我对举办世界中国学论坛和推进中国学研究的目的有了自己的认识,那就是:在与世界文明的交流互鉴中更好地理解中国、叙述中国。

较为遗憾的是,2020年初,我入所半年左右,新冠疫情在世界范围内全面暴发,线下会议和论坛的召开受到相当程度的阻碍。但在沈桂龙所长、周武副所长的带领下,中国学所的相关建设和研究工作仍在有条不紊地进行。在逐渐适应工作的同时,我开始思考自己的研究应如何与中国学的学科建设相结合。我的专业方向是古代东亚史,侧重于中国各历史时期的对外交流,是纯基础理论性的研究工作。但入所以后,由于工作需要,我开始接触中国学研究的方方面面,研究视野大大拓展。我想,在了解中国过去的基础上,自己也应当着眼于中国的现状,更为系统地思考当今世界与中国的关系,并进一步对世界中国学的学科发展有所贡献。

带着这样的认知,我有意识地在日常工作中多接触和了解中国的现实问题,并参与海外中国学研究的建设工作。例如,通过近两年来对海外智库中国报告的编译和搜集,我对一些国外重点智库与学者的关注焦点和对华观念有了连续的认知,对中国现阶段所面临的局势、挑战和机遇也有了更深刻的理解。和所同事耿勇、侯喆一起翻译《荷兰的中国研究:过去、现在与未来》时,我对海外中国学的研究趋势也开始有了相对系统的了解。这是我第一次接触中英笔译,其间遇到过很多问题和困难,也深知这项看似不复杂的工作背后需要付出的努力。可以说,完成中国学所的相关工作任务,是我不断提高自身学养的重要途径。

同时,中国学所作为我职业生涯的起点,也提供给我良好的学术平台和资源。我的同事们具有多样化的学术和教育背景,可以从历史文化、国际关系、经贸管理等不同的学科角度对中国学的研究工作进行整合。在和同事的交流中,我不仅获得了专业知识上的提升,也在职业规划上有了更清晰的方向。此外,在举办论坛的过程中我们需要和世界各领域的专家学者沟通,平时在工作中也可以接触大量、即时的海外学术信息。这使我们可以保持灵敏的学术触觉,在中外交流互通的过程中,站在中国学学科建设的第一线,形成一支专业的学术队伍。

世界中国学是一门新兴学科。尽管关于海外汉学的研究由来已久,但如果需要为当下中国的现实问题及其和世界的关系服务,世界中国学的学科话语体系、核心问题、内涵外延等都亟须我辈加以厘清和阐释。究竟如何在充分利用跨学科的方法和视角的同时,以中国研究为中心,以中国话语为基础,完善世界中国学的建设,对外讲好中国故事,是我们当下尤其需要关注和解决的问题。

今年是中国学所成立十周年。作为中国学所的一名新人,能够和年轻的中国学所一同成长,在这个充满学术活力和工作动力的集体中开展自己的研究和工作,是一件值得感激和骄傲的事情。值此所庆之际,祝愿我们世界中国学所和世界中国学在今后能够发展得越来越好。

附　录

世界中国学论坛与中国理念的国际传播

一、世界中国学论坛的创办

新世纪以来,随着中国的不断崛起,中国与世界互动、融合的不断加深,海外对中国的关注和研究与日俱增。在国际社会,专门研究中国的中国学开始从边缘走向中心,成为一门显学,相关学术机构、智库的研究成果不断涌现。不同论说纷繁杂陈,既有支持、肯定中国发展的,也有唱空、唱衰中国的,既有"中国奇迹""中国模式"的论述,也滋生了"中国威胁论""中国责任论"等不同声音。不同派别的主要学者均在各国的对华舆论、对华政策上有着重要影响。如何在不同观点中寻找可能的对话空间?如何向世界讲述一个真实的中国,如何说明"中国道路"、解释"中国崛起"?如何为中国的和平发展营造一个良好的国际环境?这些都是当时中国所面临的重要问题。

在这样的背景下,2004年世界中国学论坛应运而生。首届论坛由上海市政府主办,上海社会科学院承办,其创办宗旨就是为海内外中国学研究界提供对话渠道和交流平台,为国际社会深入认识中国、了解中国创造条件,为中国的现代化提供国际经验和理论借鉴,同时帮助

世界中国学论坛会标

中国认识自身、认识世界。世界中国学论坛的会标是《周易》中的"同人"卦，表达的就是中国文化与世界各地区不同形态的文化交流、融合、发展的愿望。

同时，创办世界中国学论坛也是服务上海国际文化大都市建设的举措之一。上海是中国改革开放的窗口，透过上海可以看到中国的变化。向世界讲述中国改革开放的巨大成就、展示上海的国际形象也是创办世界中国学论坛的考虑之一。建设国际文化大都市，需要有品牌性的国际学术交流平台。时任上海市副市长杨晓渡指出，世界中国学论坛可以向世界展示上海的学术风貌，新闻媒体应该配合论坛承担起宣传上海新世纪形象的重任。时任中共上海市委副书记殷一璀强调，上海的发展要"软硬相济"，上海不仅有摩天大楼和各个产业，还有浓厚的文化，世界中国学论坛填补了上海在社会科学领域国际交流上的空白。可以说，世界中国学论坛的创办也与上海建设国际文化大都市的规划紧密相关。2021年，世界中国学论坛先后写入《全力打响"上海文化"品牌深化建设社会主义国际文化大都市三年行动计划（2021—2023年）》《上海市社会主义国际文化大都市建设"十四五"规划》，这些都是对论坛在上海国际文化交流与合作上发挥作用的肯定。

二、世界中国学论坛的运作模式

世界中国学论坛创办时，由上海市政府主办，上海社会科学院承办；2006年第二届和2008年第三届则由国务院新闻办公室指导；2010年开始，在组织机制上正式确立"部市合作"模式，即由国务院新闻办公室和上海市人民政府共同主办，上海社会科学院和上海市人民政府新闻办公室联合承办。自此，世界中国学论坛上升为国家级的国际学术交流平台。

在组织架构上，世界中国学论坛设组织委员会、学术委员会、顾问、秘书处。其中组织委员会是论坛的领导机构，主要是做前瞻性工作、战略性决策，负责论坛的大方向和发展规划，主任由国务院新闻办公室主任和上海市市长担任，常务副主任由主办单位分管领导担任，副主任主要由承办单位相关行政领导担任。组织委员会委员主要是北京和上海相关高校、研究机构的负责人，以及部分文化机构负责人。学术委员会和顾问是论坛的学术指导机构，学术委员会主要负责论坛主题、议题的研究和演绎以及演讲嘉宾的推荐,委员主要是国内人文社科领域卓有建树的知名专家学者,顾问主要由德高望重、学养深厚的大家所组成。担任过论坛顾问的既有池田大作、傅高义、王赓武、谭中等海外权威大师,也有郑必坚、戴逸、乐黛云、樊锦诗等国内学界泰斗。秘书处是论坛的常设执行机构,负责具体运作论坛的各项活动,由主办单位、承办单位相关部门负责人担任秘书长和副秘书长。秘书处下设世界中国学论坛办公室,办公室日常工作主要由上海社会科学院世界中国学研究所承担。世界中国学研究所同时也是世界中国学论坛的学术支持机构。

自 2004 年创办以来,世界中国学论坛已经连续成功举办 14 次(包括 9 次主论坛、1 次专题论坛、4 次海外分论坛)和 5 期青年汉学家研修班。前四届论坛弘扬中国文化传统精神,分别以"和而不同""和谐和平""和衷共济""和合共生"为主题,将中国文化理念与当代中国现代化进程紧密结合,有效促进了国际社会对中国和平发展理念的认识和理解。自第五届起,更加突出当代中国,分别以"中国现代化:道路与前景""中国梦的世界对话""中国改革:机遇与挑战""中国改革,世界机遇""中国未来的发展前景""中国与全球化:新阶段、新挑战""新时代的中国""'一带一路'倡议与中拉合作""中国与世界:70 年的历程""中国共产党·中国·世界"为主题,探究当代中国发展的世界意义等重大学术问题,更加注重将中国发展道路的经验向世界传播,为全球发展贡献中国智慧。

三、四大板块助力中国理念的国际传播

通常意义上的学术论坛大多都是一个交流平台,世界中国学论坛在早期的发展中,承担的也主要是促进中外交流和理解的职责。经过 18 年的发展,世界中国学论坛已经从单一的交流平台,发展成为集学术交流、学术引领、学术组织、学科建设和咨政建言等多种功能为一体的复合型平台。主要工作除了上海主论坛、海外分论坛外,还包括中国学贡献奖、《中国学季刊》、青年汉学家研修计划和世界中国学研究所的科研工作等。中国理念通过这四大板块,在国际社会得到了有效的传播。

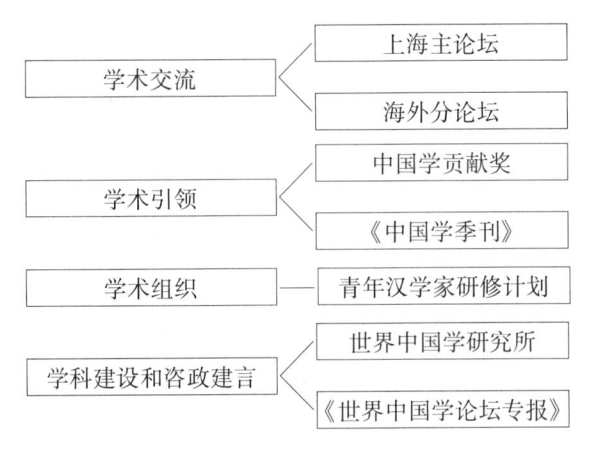

```
学术交流 ──┬── 上海主论坛
           └── 海外分论坛

学术引领 ──┬── 中国学贡献奖
           └──《中国学季刊》

学术组织 ───── 青年汉学家研修计划

学科建设和咨政建言 ──┬── 世界中国学研究所
                     └──《世界中国学论坛专报》
```

世界中国学论坛功能板块图

1. 学术交流：以对话促共识

学术交流的功能主要体现在上海主论坛和海外分论坛上。上海主论坛每两年在上海举办一届，每届都有近300名中外学者、智库专家，以及各国政要、外交官员齐聚一堂，就中国研究的热点问题和核心议题展开讨论，其中近半的代表来自海外30多个国家和地区。汤一介、郑必坚、林毅夫等国内顶级学者都在论坛上围绕中国理念和海外专家进行对话，有效增进了国际社会对中国理念的认识和理解。此外，还有百余家中外知名媒体出席，对论坛上发表的各种观点进行广泛报道，经由这些报道，中国理念也在海外得到广泛传播。

海外分论坛2015年正式启动，由世界中国学论坛组织委员会主办，上海社会科学院和举办地的中国研究机构联合承办。自此，世界中国学论坛开始走出国门，到海外讲述中国故事、传播中国理念。2015年5月在美国纽约和亚特兰大举办的美国分论坛，2016年5月在韩国首尔举办的东亚分论坛，2017年7月在德国柏林举办的欧洲分论坛，2018年12月在阿根廷布宜诺斯艾利斯举办的拉美分论坛，均得到了举办地所在国的广泛关注。这些国家除了学术界的热情参与外，社会各界也高度重视世界中国学论坛海外分论坛，不少商界、政界人士都亲临现场，通过论坛来了解中国理念、中国道路和中国未来的发展。海外分论坛参会代表主要由中方专家和举办地所在国的专家组成，专家总人数在50人左右。虽然规模不大，但议题更有针对性，更注重问答环节和现场互动,交流、讨论也更充分和深入。

2. 学术引领:树立中国研究的典范

学术引领的功能主要体现在中国学贡献奖和《中国学季刊》上。中国学贡献奖为从事中国研究的后学树立了一个典范,在引领海外中国研究上发挥了重要作用。该奖创设于2010年,旨在弘扬中国学杰出学者和卓越成果,推动各国中国学的发展,每两年评定一次,颁奖仪式与两年一度的上海主论坛同时举行。每届获奖者为2~4名,经国内资深学者组成的通讯专家委员会广泛提名,由评奖专家委员会多轮差额投票选出最终获奖者。获奖者既有享誉海内外的名家,也有社会知名度不高,但在中国研究上默默耕耘、成就卓越的大师。获奖者包括法国法兰西学院讲席教授谢和耐、俄罗斯科学院院士齐赫文斯基、美国哈佛大学荣休教授傅高义、英国剑桥大学荣休教授鲁惟一、香港中文大学讲座教授饶宗颐、印度尼赫鲁大学终身教授谭中等。他们都是德高望重、著述等身的大师,终身从事中国研究,为增进世界了解中国、推动中外学术交流作出了独特贡献。中国学贡献奖是第一次由中国的学术组织给中国学领域的海外杰出学者颁奖,因民主、公正、权威的推荐和评审机制,现已成为国内外广泛认可的学术荣誉之一。

《中国学季刊》同样创办于2010年,是中国学领域人文社会科学综合性学术刊物。季刊鼓励观点创新,提倡学术争鸣,以繁荣和发展各国中国研究、促进海内外中国学的对话与交流为己任,发表了大量各国中国学的最新成果。该刊内容涵盖文学、历史、哲学、政治、经济、社会、国际关系等学科,尤其关注当代中国研究,其中中国理念、中国道路更是重中之重。通过对前沿问题的策划、热点问题的探讨以及学术交锋的推动,在引领海外对中国道路的研究上发挥了积极作用。

3. 学术组织:和新一代"中国通"共同成长

学术组织主要体现在举办青年汉学家研修班上。2016年启动青年汉学家研修计划(上海),该项目为文化和旅游部主办的"青年汉学家研修计划"子项目,每年一期,旨在为海外从事中国研究的青年学者搭建一个研究和合作的平台,推动青年汉学家和中国的青年学者共同成长。上海班侧重当代中国与世界的研究,与侧重当代中华文明的北京班、侧重中国传统文化的西安班互为补充。2016年以来,来自近70个国家的156位青年汉学家分期分批前来上海参加研修。这些青年"中国通"年龄大多在40岁以下,是所在国研究中国的新生代代表。他们围绕各自的研究课题,在上海和周边地区进行实地考察、专题调研和学术交流,还和上海学者合作完成研修论文。经过近一个月的研修,他们也加深了对中国现实和中国理念的认识。

4. 学科建设和咨政建言:推动中国学的发展

学科建设和咨政建言主要体现在世界中国学研究所的研究工作和《世界中国学论坛专报》工作上。2012年,依托世界中国学论坛,上海社会科学院建立世界中国学研究所,作为常设研究机构,为论坛提供学术支撑,同时借助于论坛提升对海外中国学的研究。世界中国学研究所是首批上海市重点智库,以海外各学科领域内研究中国的重要人物、机构、流派,及其代表性成果、发展趋势等为研究对象,致力于对海外中国研究进行实时"再研究",既突出对海外中国学最新成果的跟踪与分析,也强调从中梳理出对中国现实发展具有借鉴意义的政策启示。近年来,先后组织撰写了《中国与世界:海外中国学前沿》《世界中国学理论前沿》《国际视野下的中国道路和中国梦》《中国道路与前景》《海外中国观察》《海外中国研究动态》《海外中国研究书目提要》等成果,以及"世界中国学丛书""上海重点智库丛书"等,在推动中国学的学科发展上发挥了重要作用。《世界中国学论坛专报》是论坛成果转化的重要渠道之一,直报相关决策部门领导和论坛组织委员会。该专报主要刊发与会专家学者关于中国改革和发展的意见建议,尤其注重对中国理念、中国道路的研究,是海内外中国研究的专家学者与中国决策层联系的纽带。迄今为止已刊发600余期,在咨政建言上发挥了积极作用。

学术交流、学术引领、学术组织、学科建设和咨政建言四大板块,携手发展、相互促进,在推动中国理念的国际传播上形成了合力。

四、从借鉴到互鉴:中国理念国际传播的新路径

国际传播的工作最重要的是做人的工作。截至2021年底,共有2 700余

人次中外人士参加世界中国学论坛,其中近半为海外代表,覆盖全球100多个国家和地区。经过18年的发展,论坛已经和这些国家和地区的学者建立了较为牢固的联系,初步形成了覆盖全球主要国家的中国学学术网络。

基于这一具有全球影响的中国学学术网络,世界中国学论坛的学术交流、学术引领、学术组织、学科建设和咨政建言功能得到了充分的发展。在此基础上,论坛推动中国理念的国际传播大致经历了借鉴、交流和互鉴三个阶段。

1. 借鉴:"以世界为方法,以中国为目的"

这一阶段是中国理念国际传播的准备期。世界中国学论坛在发展上强调广泛学习、借鉴海外成果、经验,促进中国发展,谋求中国理念在国际话语体系中的"合法性",同时通过各种方式服务中国发展,为中国理念的国际传播做准备。

具体而言,一是在当时高度美国化的世界,为自成一体的中华文明谋一席之地。这在首届世界中国学论坛上体现得尤其明显。首届论坛的主题是"和而不同",重点在"不同"。强调不同文明之间的平等,主张尊重差异性和多样性,不同文明之间应该取长补短、共同发展,而不是以一种文明取代另一种文明。"和而不同"既是对中华文明独特性的重申,又是对当代中国发展道路独特性的确认,这是向海外传播中国理念的前提。

二是吸收各方意见建议、借鉴各国发展经验,从中探寻对中国发展的有益启示。首届世界中国学论坛的论文征集公告就明言论坛旨在"为中国的物质文明、政治文明和精神文明建设提供重要的借鉴和参考"。首届论坛更是通过主旨演讲明确提出中国崇尚"见贤思齐","看到别人的优点,希望自己也能如此;发现别人的缺点,便惕然而反省自己",向全球专家昭告中国渴望向世界学习的态度。正因为中国的这种胸怀,海外专家也积极为中国发展建言献策。早在2004年首届中国学论坛上,韩国学者就提出中国不应只是一个制造大国,也应该是一个消费大国,生产和消费之间应该达成平衡。2006年,第二届中国学论坛上,俄罗斯科学院院士米亚什尼科夫以俄罗斯的历史教训为例,提醒中国注意经济高速发展中出现的劳动力人口减少等社会问题。这些建议都不同程度地融入了中国之后的发展理念之中。

三是全面系统地梳理海外中国学,既包括海外历史上关于中国的重要观点,也包括当代研究中国的最新成果。在论坛创办的初期,"北京共识"提出者雷默、俄罗斯远东研究所所长季塔连科、哈佛大学教授傅高义、美国汉学家安乐哲、日本中国问题专家毛里和子等先后来到论坛,分享他们关于中国的最新思考。他们的研究既是中国发展的重要参考,也为当代中国发展理念的学理化,以及如何以国际通行学术语言表述这些理念提供了很好的样本。

这一时期,在国际社会上,研究中国的主力依然是在西方发达国家,尤其是美国的研究机构掌握着定义中国理念的话语权。

2. 交流:"以中国为方法,以中国为目的"

这一阶段是中国理念国际传播的实践期,世界中国学论坛在发展上强调中国理念、中国道路的学理化,基本形成了一套中国理念学理化的机制,开始以海外学术界"听得懂"的理论表述来展开国际传播,初步促成了国际社会在中国发展理念上的共识。

具体而言,一是探索中国理念学理化的机制。第二届世界中国学论坛已经开始有意识地向国际社会推介"和谐和平"这一中国理念。但这一理念官方话语的色彩依然比较浓。到了第三届论坛,在主题、议题的设定上,组委会开始形成一套较为完善的机制,相应地开始形成更为学理化的中国理念。流程包括前期对国际国内形势的研判,在此基础上向论坛专家委员会广泛征询主题,论坛组委会从众多理念中确定大致主题,论坛秘书处会往返京沪两地,组织多轮专家座谈会,进行专题研讨。最终提炼出的中国理念,往往是数易其稿的结晶,凝聚着几十位专家的心血,也是国内学术界的共识。

二是精细化中国理念的英语表达。为了让中国理念的英译尽可能地"信达雅",论坛秘书处亦是反复征求国内外专家学者的意见,长期浸润在中西两种文化中的海外华裔学者,更是咨询的重点对象,最后往往还要请国内英语界的大师级人物定稿。第三届论坛主题"和衷共济"的英译"Common Challenges, Common Efforts"和第四届论坛主题"和合共生"的英译"Living together, Growing together",都堪称中文英译的典范。

三是以学术推动中国理念的国际传播。"和衷共济"和"和合共生"等中国理念既有理论价值又有实践意义，既具国际风范又有中国内涵。"和衷共济"针对2008年全球金融危机提出，意指危急关头，中国将与世界各国一起携手并进、共渡难关。"和合共生"则是针对金融危机后全球形势一片黯淡，而中国实力不断上升而提出，意指中国是现存国际秩序的建设者、维护者，而不是破坏者。这些理念一经提出，首先是在参加论坛的海外专家中产生积极反响，再从参会的海外专家传播到各国从事中国研究的群体，进而把中国理念扩散到各国政界、商界和大众传媒，最终形成国际共识。比如"和衷共济"就引发海内外的高度关注，在世界中国学论坛提出这一理念后，成为国际社会广泛认可的中国价值。论坛召开期间，美国驻沪使领馆全员出动，到所有会场旁听，最后形成详细的报告上报美国国务院。奥巴马第一任期的就职演说和希拉里的演讲都用了类似的表述。

这一时期，国内学术界开始加强对中国道路的研究，逐渐提出一些根植于中华传统文化的中国理念，这些理念与西方话语不同，但基本不挑战西方话语，而是强调向西方说明一个真实的中国，强调中西方更好的相处。

3. 互鉴："以中国为方法，以世界为目的"

这一阶段是中国理念国际传播的深化期。崛起的中国开始成为扮演重要国际角色的大国，各国开始关注中国发展对世界的影响，中国理念的国际吸引力不断上升。一方面是中国继续学习世界先进文化，融入世界文明；另一方面则是中国为世界文明的发展贡献中国价值，呈现出文明互鉴的气象。

一是世界中国学论坛开始积极推动中国话语的构建。自2015年第六届世界中国学论坛以来，中外文明"互鉴"的特征体现得尤其明显。第六届论坛主题为"中国改革，世界机遇"，明确提出改革开放的中国为全球治理变革提供了"中国智慧"，为人类文明进步提供了"中国价值"，"中国的成功实践，为各国人民选择适合本国国情发展道路提供了借鉴和启迪"。第七届论坛主题为"新时代的中国"，更是提出中国发展给世界带来的已经不再只是"经济发展红利"，更包括"思想理念红利"，中国道路更高的一个指向是为人类谋和平与发展，为构建人类命运共同体作贡献。在第八届论坛上，新加坡国立大学东亚研究所所长郝福满详细阐释了中国的减贫经验及其启示。这一阶段，在世界中国学论坛上，中国学者构建中国话语挑战西方话语的原创研究也开始逐渐增多。如有中国学者明确提出，中国开创了一条不同于西方的现代化道路，也有学者开始讨论中国经验的世界意义。历史学家姜义华则直呼其他文明对西方文明的从属只是暂时的，现在正在进入五大洲不同文明交流互鉴的新时代。甚至有美国学者提出，中国现在已经成为全球的中心，因为中国，世界已迎来新的转折点。

二是推动广大发展中国家的中国研究。中国立足自身的历史文化和现实国情，在西方道路之外，探索出了一条独特的发展道路，并且在经济社会发展上取得巨大成就。这对广大后发国家形成了巨大的激励，尤其是广大发展中国家和第三世界国家出现主动研究、学习中国发展经验的热潮。海外中国研究重镇开始从欧美发达国家向发展中国家扩散。顺应这一潮流，世界中国学论坛开始积极拓展发展中国家的中国学学术网络，在上海主论坛不断提高发展中国家代表比例。2017年第七届世界中国学论坛上，国外学者中非欧美发达国家学者所占比例已经上升至61%。此后这一比例一直稳步上升。此外，通过青年汉学家研修计划，为发展中国家年轻学者提供来华研修的机会，《中国学季刊》在同等条件下，优先发表发展中国家学者的论文。通过种种举措，推动中国理念在非西方世界的传播。

这一时期，国际社会研究中国的一大显著特点就是，出现中国研究的重镇向发展中国家转移的趋势。在中国理念的国际传播上，除了中国学者依然孜孜以求、不懈努力外，广大发展中国家的"中国通"逐渐成为国际社会研究中国道路、传播中国理念的主力军。

五、中国理念国际传播的经验

回顾世界中国学论坛18年的发展，可以发现在推动中国理念的国际传播上，其成功的经验包括注重学理、紧扣现实、前瞻前沿和开放包容。

国际传播和国内传播是两个体系，国际传播不能采取国内语言，尤其是国际学术对话，更不能采用官方语言，必须注重学理性。世界中国学论坛虽然由国务院新闻办公室和上海市政府主办,但主办方赋予了承办单位上海社会科学院在学术上自主权。从论坛主题、议题的设置,中国理念的构建和传播,与会专家的邀请上,都坚持学术导向,强调在理性的学术沟通上寻求共识。正如前文所述,主题、议题的设置都会经过严格的多轮专家论证。此外,在论坛的筹备期,世界中国学研究所亦会组织研究人员对近两年海外中国研究论文、著作进行系统的梳理,从而掌握国际社会研究中国最为关注的重大议题和热点问题,同时从中发掘中国研究上崭露头角的青年学者。

在议程设置上,世界中国学论坛强调紧扣现实、紧贴重大理论问题和现实问题。首届世界中国学论坛"和而不同"的主题,针对的就是伊拉克战争后,美国实行单边主义,企图在世界推行美国模式;第二届"和谐和平"的主体,则是对当时国际社会甚嚣尘上的"中国威胁论"和"中国责任论"的回应,从中都可以看出,理论问题背后有明确的现实指向。

在学术研究和学术交流上,世界中国学论坛一直保持着适度的前瞻性和前沿性。论坛是国内较早提出并广泛传播"中国和平发展"思想的平台,更是最早提出并演绎"中国梦"概念的平台。早在2006年第二届世界中国学论坛上,中共中央党校原常务副校长郑必坚就发表了"中国路、中国心、中国梦"的主旨演讲,系统阐释了中国梦的概念。早在2015年,世界中国学论坛美国分论坛就发出预警,指出中美关系转折的临界点已经近在眼前。前瞻性和前沿性既是中国学论坛这一平台思想活力的体现,也是牢牢掌握解释中国的话语权的重要体现。

开放包容则体现在,世界中国学论坛并不是只有一种声音,而是不同学术观点交流、碰撞的舞台。可以说既有交锋又有交心,既有争鸣也有共鸣。恰恰是在中外专家的相互切磋之中,深化了对当代中国发展与世界未来趋势的思考,形成一系列共识。同时,论坛并不是内部的闭门会议,对中外媒体的开放程度很高,除了《人民日报》、新华社、《光明日报》、中央电视台等百余家中国国内的主流媒体外,英国BBC、美国VOA、日本NHK、《华尔街日报》(The Wall Street Journal)、《印度时报》(The Times of India)、新加坡《联合早报》、马来西亚《星报》(The Star),以及俄罗斯《远东事务》(Far Eastern Affairs)等均对论坛进行过报道,凭借媒体的广泛报道,中国理念也得到了最大范围的传播。

正因为世界中国学论坛对上述特点的坚持,在论坛上发布的中国主流话语也开始得到国际社会的认可,黄坤明、刘奇葆、蒋建国、傅莹、崔玉英等领导同志在论坛的演讲都引起国内外热烈的反响,取得非常正面的效果。

六、朝向未来的世界中国学论坛

中国理念从中国一国所坚守的价值成为全球发展的思想资源之一,这一历史也是中国综合国力不断增强、国际地位不断提高的历史。随着中国的进一步崛起和世界格局的再一次转变,中国理念也将在人类文明进步中扮演更为重要的角色。

就世界中国学的发展趋势而言,目前已经呈现出了如下特点:一是中国不再是西方主流理论检视的对象,而是一种新的发展理论创设的场域。在过往的中国研究中,中国通常都是作为案例来阐释西方理论普世性,但现在,中国探索出了一条不同于西方的发展道路,中国经验已经对西方理论的主流观点提出了挑战,为后发国家的发展提供了一种其他替代性方案的可能。西方的话语霸权正在日渐萎缩,而中国理念越来越受到国际社会的重视,中国话语也逐渐兴起。

二是海外的"中国通"正发生明显的代际转换。20世纪60—80年代成名的老一辈"中国通"虽然仍然是中国学的权威,但20世纪六七十年代出生的新一代"中国通"正在成为这一领域的中坚力量。老一辈"中国通"大多成长于中外隔绝时期,冷战的影响根植于他们研究的无意识之中。新一代"中国通"不少都有在中国学习、生活或工作的经历,中文水平更高,甚至有学者是在中国取得的学位。与老一辈相比,他们对中国的正反两方面的认知都更全面、更深刻。

三是发展中国家尤其是第三世界国家的"中国通"正在迅速成长。如前所述,海外研究中国的重镇正在从欧美向发展中国家转移。西方学界对中国的研究,在国际上长期居于主导地位、占据话语霸权,但现在开始遭到发展中国家、第三世界国家"中国通"相关研究的冲击与挑战。

四是海外中国学和本土中国学的融合。海外中国学和本土中国学是中国学的两个不同面向,在问题意识和话语系统上有较大差异,但随着中外学术交流的不断深入,两者之间的良性互动开始形成。在可以预见的未来,两者将进一步融合。"中国学"也将不再是一门仅仅研究中国的学问,会成长为一门透过中国经验探索人类发展道路的新学问。

世界中国学论坛的应运而生和不断发展是从学术上见证和服务中国崛起的历史,是见证和服务中国理念走向世界的历史。今天的中国,已经站在了新的历史起点上,在中国学发展的新趋势中如何继续做好"见证和守护",既是世界中国学论坛的发展所需,也是其使命所系。

(张　焮　供稿)

中国学贡献奖介绍

在中国国务院新闻办公室、中共上海市委宣传部指示下,为推动海外中国学(包括汉学)发展,弘扬海外中国学的杰出研究者和优异成果,促进海内外中国学研究的交流,特设立"中国学贡献奖"(简称"中国学奖")。

该奖项由世界中国学论坛组织委员会主办,下分"世界中国学贡献奖"与"海外华人中国学贡献奖"两个子项,两年评定一次,每届获奖者为2—4名,是世界中国学界的高端学术奖项。

2010年起设立的"世界中国学贡献奖"旨在表彰在人文与社会科学领域内,终身从事中国问题研究,并取得重大学术成果,在相关领域具有深远学术影响的外国学者。2012年起设立的"海外华人中国学贡献奖"旨在表彰在人文与社会科学领域内,终身从事中国问题研究,并取得重要学术成果,且对中华文化海外传播贡献卓著的海外华人华裔学者。截至2021年,已举办了六届中国学贡献奖评选,累计有22位享誉世界的中国学家获此殊荣。

首届"中国学奖"于2010年颁发。前俄罗斯联邦驻中国特命全权大使、中俄关系研究专家罗高寿(Igor Alexeyevich Rogachev, 1932—2012),日本早稻田大学荣誉院士、名誉教授、综合研究机构现代中国研究所顾问毛里和子,法国金石和美文学科学院院士、法兰西学院名誉教授、著名汉学家谢和耐,美国哈佛大学东亚语言与文明研究系弗朗西斯·李·希金斯荣休讲座教授、哈佛大学费正清研究中心原主任、著名汉学家孔飞力(Philip Alden Kuhn, 1933—2016)共获殊荣,为该奖项奠定了一个崇高的起点和标准。

2012年,第二届中国学奖首次增设"海外华人中国学贡献奖"。俄罗斯科学院院士、俄中友协前名誉主席、俄罗斯汉学泰斗齐赫文(Sergey Tikhvinsky,

1918—2018），美国哈佛大学亨利·福特二世社会科学荣休教授、费正清研究中心原主任傅高义（Ezra Feivel Vogel，1930—2020），中国香港中文大学中文系荣休教授、中国文化研究所及艺术系伟伦讲座教授、香港大学林百欣中国文化讲座教授、著名华裔汉学家饶宗颐（1917—2018）三位学界耆硕获奖。

2014年，第三届中国学奖授予时任美国约翰斯·霍普金斯大学高级国际研究学院中国研究系主任、美中关系全国委员会原主席蓝普顿（David Michael Lampton），美国哈佛大学政治系讲座教授、哈佛燕京学社社长裴宜理（Elizabeth J. Perry），俄罗斯科学院院士、俄罗斯科学院远东研究所所长、著名汉学家季塔连科（Mikhail Leontievich Titarenko，1934—2016），印度尼赫鲁大学荣休中文教授、亚非语文系及东亚语文系原主任、华裔学者谭中。

第四届中国学奖原定于2016年颁发，后因故延期至2018年，颁奖仪式与上海社会科学院成立60周年大会同时举行。美国耶鲁大学历史学系斯特林讲座荣休教授史景迁（Jonathan Dermot Spence，1936—2021），法国国立东方语言文化学院荣誉教授白吉尔（Marie-Claire Bergère），俄罗斯联邦委员会经济政策委员会主席、俄罗斯中国友好协会主席、俄罗斯联邦特命全权大使梅津采夫（Dmitry Fyodorovich Mezentsev），新加坡国立大学特级教授、东南亚研究院主席、澳洲国立大学荣休教授、著名华裔学者王赓武获奖。

2019年，第五届中国学奖授予曾助力中美关系正常化的美国资深外交家，中国、亚洲问题专家卜励德（Nicholas Platt），日本汉学界首位东京大学和京都大学双聘教授、知名中国经济史专家滨下武志，荷兰国立莱顿大学中国历史学荣休讲座教授、荷兰皇家科学院院士施舟人（Kristofer Marinus Schipper，1934—2021），北京大学高等人文研究院院长、哈佛大学荣休教授、哈佛燕京学社前社长、著名华裔汉学家学者杜维明。

2021年，第六届中国学奖授予美国加州大学圣地亚哥分校荣休教授周锡瑞（Joseph W. Esherick），英国汉学家、剑桥大学克莱尔学院院士鲁惟一（Michael Loewe）和南开大学中华古典文化研究所所长、加拿大华裔学者叶嘉莹。

（潘玮琳　供稿）

青年汉学家研修计划(上海)五年

青年汉学研修计划是由中国文化和旅游部2014年开始创办的一个长期资助项目,旨在为支持海外青年汉学家开展中国研究搭建全球性平台。自2016年7月创办上海班以来,上海社会科学院已连续承办五期(2018年两期)。青年汉学研修计划上海班(简称"青汉上海班")累计培训156名学员,覆盖全球六大洲的69个国家和地区。经过五年的实践和探索,取得显著成效,得到上级领导的高度肯定和社会各界的广泛好评。

一、青汉上海班的主要成果

1. 获得了有关各方积极评价

青年汉学家研修计划创办以来,上海班是唯一连续举办五期的地方班,说明青汉上海班的运行得到文化和旅游部的认可。上海市委宣传部高度肯定青汉上海班的工作,宣传部领导明确表示"市委宣传部全力支持上海社会科学院办好青年汉学家研修计划上海班",并要求上海社会科学院依托青年汉学家研修计划的平台,探索创办青年汉学家上海论坛,把文化和旅游部"加强与青年汉学家联系"的要求做深做实。2020年5月,经上海市委宣传部批准,上海社会科学院世界中国学所成为首批上海市重点智库,更是明确将举办"青汉上海班"作为研究所服务国家战略的中心工作之一。

"青汉上海班"已在上海学界建立起较高的知名度和美誉度。上海班创办之初,在文化和旅游部指导下,上海社会科学院就提出立足本院优势学科、联合上海高校力量、汇集学界顶级专家的思路,从集中授课到对口研修,都充分调动了上海知识界的各类资源。同济大学国际文化交流学院院长孙宜学教授多次担任上海班导师,认为研修班有效加深了青年汉学家对中国道路的理解和认同。同时,在上海社会科学院专家团队中,现已形成踊跃担任青汉班导师的氛围。

更为重要的是,青汉班上海班的运行受到青年汉学家群体的一致肯定与欢迎。对2018年、2019年三期研修班学员的调查统计显示,"青汉上海班"总体满意度较高。其中,集中讲座满意度为91.65%,对口研修平均满意度为85.51%,实地考察平均满意度为82.94%,食宿条件满意度为94.90%。96.06%的学员愿意再次参加青年汉学家研修计划,93.74%的学员愿意推荐身边专家学者参加,97.92%的学员愿意与我方保持长期联系,共同推进中国研究。

2. 助力了一批青年学人崛起

2016年以来,"青汉上海班"已经培养了一批极具学术潜力和实力的青年汉学家,这些学员通过研修,加深了对中国的了解,领略了中华文化的博大精深,亲眼见证了中国发展,纠正了一些对于中国的认识偏差,同时提高了他们中国研究的水平。他们中已经涌现出一批能够流利使用中文表达和进行研究的佼佼者,不少学员已经在各自国家崭露头角。

一些学员成长为所在国中国研究的中坚力量。如布鲁塞尔自由大学博士萨尔曼和上海学者建立起了紧密的学术联系,"青汉上海班"的研修成果最终发表在国际顶级学术刊物《亚洲政治与政策》上,现已成长为该校研究中美博弈的年轻教授。爱知大学中国研究中心研究助理田中玛丽,在上海社会科学院权威专家指导下,不断完善其关于亚投行的研究计划,最终成功申请到日本财政部的研究资助,现已成为中国研究权威机构——早稻田大学现代中国研究所的研究人员。

一些学员开始在各自单位担任重要行政职务。如俄罗斯西伯利亚联邦大学副教授亚伟,通过"青汉上海班"和国内学界建立起了广泛联系,很快从该校国际交流工作中脱颖而出,成为国际合作处处长。土耳其安卡拉大学博士司马茹,"青汉上海班"期间由复旦大学教授指导,之后成功申请到复旦大学访问学者项目,现已成为土耳其内夫谢希尔大学汉学项目负责人。

3. 培育了一批知华友华力量

培养海外年轻一代对中国的感情和理解是增进中国与世界民心相通的先手棋,"青汉上海班"在这方面成效显著。朝夕相处的研修,让学员和我方专家学者、工作人员既沟通了学术,又深化了感情。不少学员称"中国是我的第二故乡",归国后他们依然心系中国。

这些学员对中国有充分的理解与尊重,时常就中国议题发出客观理性的声音。如菲律宾马尼拉雅典耀大学中国研究教师卢思,在海外媒体上就"一带一路"和中美关系发表了大量评论文章,既有对"一带一路"的建设性意见,也有对特朗普政府中国政策的批评。主要研究大国博弈的萨尔曼,在国际顶级学术刊物上发表了多篇论文,用严谨的模型和翔实的数据阐释美国的衰退和中国的崛起,发挥了于我有利的学术影响。

本次疫情中,大批学员化身中外交流的友好桥梁。学员们通过各种方式和渠道表达对中国的支持,为中国抗疫祈福、为中国战疫点赞。今年2月,国内疫情暴发不久,巴基斯坦旁遮普大学教师艾哈迈德就通过网络发起"我们与中国在一起"的活动,传递出学员们对中国的关心与支持;乌拉圭的中乌交流平台负责人帕马拉以平台名义向上海社会科学院发来慰问信,对中国政府和人民所作的努力予以高度评价,并表达对中国战胜疫情的信心;突尼斯高等语言学院助理教授哈立德,组织学生共唱中文歌曲,为武汉加油、为中国加油。此外还有大量学员通过微信、邮件、电话等方式发来诚挚问候。

更有一些学员积极为中国发声,纠正国外对中国的误解甚至偏见。秘鲁经济学专家马可发表英文文章,摆事实讲道理,批评特朗普政府抗疫不力、甩锅中国;埃及作家米拉坚持用中国文学来反映中国精神,疫情期间采访了20余位中国作家,最后在埃及报纸上形成4个整版的专题报道,向阿拉伯世界传递中国抗疫的主流声音;巴西-中国研究所研究人员申睿,多次在拉美媒体上发声,陈言中国发展为拉美带来重大机遇。疫情期间,申睿更是积极向拉美讲述中国帮助其他国家抗疫的故事,为中国的国际领导力点赞。

4. 出版了系列优秀成果

从2016年开班以来,"青汉上海班"就形成了一个较为完备的出版/发表机制。首期"青汉上海班"结束后,工作人员就开始着手研修论文集的编辑出版工作,次年《2016青年汉学家研修计划论文集(上海)》正式出版。2017年后,开始积极探索论文集之外的各种发表途径,先后精选了一批高质量的研修论文或发言,推荐到文化和旅游部杂志《中外文化交流》,英文媒体Shanghai Daily、Sixth Tone,学术期刊《中国学季刊》《国外社会科学前沿》,学术报纸《社会科学报》,以及公众号"中国学研究"等平台发表。

这些成果涉及中国研究的方方面面,直接反映出不同专业、不同领域和不同国家中国研究的现状与趋势。相关成果的发表,一方面是学员经过青汉班研修提升了中国研究水平的成果展示;另一方面也是以学员之口向世界讲述中国故事的重要载体。第一期学员的专业背景多为国际关系和"一带一路",到第五期学员的专业背景拓展到传统汉学,"青汉上海班"已经呈现出了传统汉学与当代中国学融汇的特征。在两者的互动交流中,研修成果的综合性、整体性开始不断增强,有力推进了对中国的系统认知。

5. 形成了一套精细化、模块化的工作方案

自2016年上海团队承办青汉班以来,严格按照文旅部关于研修计划设计的三阶段总要求运行。上海班开班之初,培训方式主要包括集中授课、专业对口指导以及参观考察三大块。2017年9月班开始,上海团队吸收世界中国学论坛组织筹备的经验,逐步将培训工作精细化、模块化,即在原有三大板块基础上,根据工作职责和内容的特点,进一步明晰与细化项目分工与内容,将整个团队的培训工作内容切分为相对独立的十大模块,实现了培训工作和培训过程的精细化、模块化(见下图)。

二、"青汉上海班"的特色与亮点

2016年以来,"青汉上海班"严格遵照文化和旅游部制定的规范要求,认真落实相关工作布置。在深入学习"青汉北京班"历年工作经验的基础上,上海班团队不断进行本地化创新,形成了较为明显的特色与亮点。

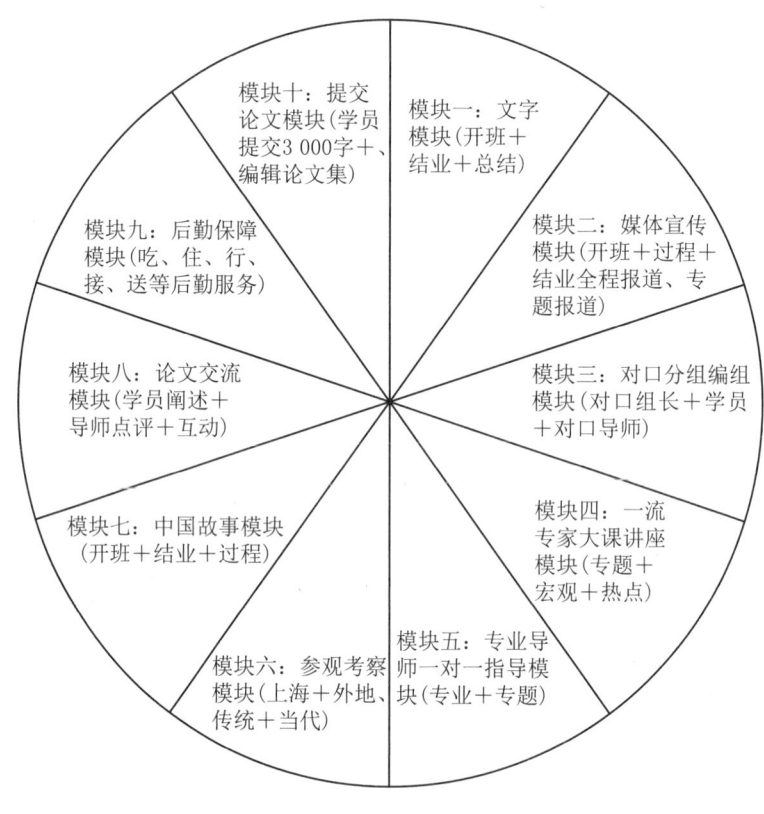

模块十：提交论文模块(学员提交3 000字＋、编辑论文集)

模块一：文字模块(开班＋结业＋总结)

模块九：后勤保障模块(吃、住、行、接、送等后勤服务)

模块二：媒体宣传模块(开班＋过程＋结业全程报道、专题报道)

模块八：论文交流模块(学员阐述＋导师点评＋互动)

模块三：对口分组编组模块(对口组长＋学员＋对口导师)

模块七：中国故事模块（开班＋结业＋过程)

模块四：一流专家大课讲座模块(专题＋宏观＋热点)

模块六：参观考察模块(上海＋外地、传统＋当代)

模块五：专业导师一对一指导模块(专业＋专题)

培训工作内容的十大模块

1. 组织筹备上，继承传统与自主创新相结合

"青汉上海班"酝酿初期，上海团队就开始提前梳理北京班创办以来各期的研修安排和工作模块，认真学习北京班的工作经验。2016年7月，上海班筹备期间恰逢北京班开班，上海社会科学院世界中国学研究所派专人赴北京班现场观摩学习。从学员注册到食宿安排，从开班仪式到集中授课，上海班工作人员全程列席，回沪后迅速梳理出各类细节要点，向分管院领导汇报。在学员招募、审核和筛选，研修课程的板块设置、视觉标识规范等方面，上海班沿袭北京班成熟做法，严格按照北京班的高标准执行。同时，充分利用自身优势资源，积极创新，不断丰富和完善上海班的地方特色。

创办伊始，上海班就明确了鲜明的学术导向。2016年上海班首创论文交流会环节。研修开班时，由学员单独向导师报告拟撰写的论文思路，研修班接近尾声时,则专门组织一场论文交流会,所有学员逐一报告经导师指导后的论文提纲。同时,导师进行现场点评。交流会相当于一场小型学术研讨会,对学员既是压力也是动力,对研修质量的提升起到了很好的促进作用。这一创新得到文化和旅游部的肯定,并在之后其他城市的青汉班中推广运用。2017年,上海班率先编辑印制学员的《中国故事集》,作为研修班材料发给所有学员、导师以及媒体等。阅读中国故事,极大地丰富了学员对彼此、导师对学员的了解,同时也成为媒体报道研修班的生动素材。

此外,上海班的各类创新还有:引入智库基金会的支持;每位学员归国前向其赠送其本人专属的研修视频短片;编辑印制《新闻报道汇编》;等等。可以说每年都有创新之处。

2. 学术指导上,集中授课和个性方案相结合

在集中授课环节,上海班坚持邀请一流专家作专题讲座,讲宏观、讲热点。一般都设置为期三天的4—5个专题讲座,全面介绍中国的历史、文化、政治、经济、法治以及中国的外交。五期青汉班总共开设专题讲座25场,授课专家均为在上海乃至全国都极具影响的权威学者,如复旦大学教授葛剑雄,上海社联主席、上海社会科学院原院长王战,上海交通大学教授陆铭等。为了不断完善青汉班的集中授课,每年上海班会根据最新形势和热点,对讲座专家进行适时调整,确保课程内容的前沿性和开拓性。

在专业对口指导上,上海班坚持为学员制定个性化方案。上海班一创办就确立了导师与学员的一对一的指导模式。根据学员的研究计划在整个上海学术界寻找专业匹配度最高的导师。除上海社会科学院专家外,还邀请了大批复旦大学、上海交通大学、同济大学、华东师范大学等上海知名高校教授担任导师。研修期间,导师与学员至少三次面谈,给予学员切实的个性化指导。如有导师自费邀请研究戏剧的德国学员看上海的戏剧;有导师带着研究中国人才引进的俄罗斯学员,去拜访上海市人社局,了解最新政策;有导师邀请学员参加其组织的本专业学术研讨会。

此外,工作团队还以小组为中心,为学员提供个性化支持。学员按专业领域分成不同小组,由世界中国学研究所专业相近的研究人员担任小组长,

为小组学员提供进一步的支持。如文化组多位学员想了解中国教育改革最新动向,小组长为其联系了与上海研究教育改革的知名专家进行访谈。此外,小组内常规支持还包括指导学员利用上海社会科学院相关数据库,共享本专业本领域学术信息、资源,等等。

3. 参观考察上,学术调研和生活体验相结合

在参观考察方面,"青汉上海班"既强调严肃的学术调研,又强调轻松的生活体验。具体而言,有三大特点:一是历史中国与现代中国相结合。上海班的调研点既有衢州孔庙、岳麓书院等传统文化遗址,也有中共一大会址等经典红色圣地,还有上海自贸区等深化改革示范地。从传统到现代的考察安排,有利于学员更好地理解中华文明的延续性。

二是大国重器与市民生活相结合。在"上海盾构"和"中国商飞",学员们切身感受到了中国的科技实力和高端制造业的发展;在徐汇区法院,学员们旁听案件庭审,感受和民众生活相关的基层法治;在古北市民中心、华阳街道文化中心,学员们和上海市民一起打乒乓、写书法、唱歌跳舞。既有"高精尖"的中国制造,又有"接地气"的百姓生活,让学员们逐渐理解了中国道路"家国合一"的特征,体会到国家强盛和人民幸福之间的内在关联。

三是繁华都市与朴实乡村相结合。上海班主要考察点都在市区,学员们对城市的繁华与便利有非常直观的感知。同时,上海班也特意安排了一些乡村考察点,带学员感受"不一样"的中国。在崇明岛,学员们参观上海城郊的"三农"发展,走进田间、步入果园,近距离体验农耕文化;在浙江乡村,学员们进入农户家庭,跟着农民一起尝试自制豆腐。上海班不回避中国还不发达的一面,致力于展现"真实、立体、全面的中国",也赢得了青年汉学家们的肯定。

4. 新闻宣传上,充分调动学员的积极性

"青汉上海班"的新闻宣传工作得到上海市委宣传部的大力支持。市委宣传部明确要求全市媒体对青汉班活动给予重点报道。每期上海班都会得到《解放日报》、《文汇报》、《新民晚报》、《新闻晨报》、《青年报》、Shanghai Daily、上海电视台、上海外语频道等十余家上海主流媒体,澎湃新闻、上观新闻、周到上海、梨视频、Sixth Tone 等新媒体,以及上海社会科学院《社会科学

报》的广泛报道。每期各类报道多达百余篇。

为更好地做好宣传工作,工作团队会提前研读学员们的中国故事,从中发掘新闻亮点。工作团队在学员注册时,就提前统计好是否愿意接受媒体采访,再综合个人履历、学术水平和研究领域热度等因素,形成重点采访名单及相应的资料包,提供给沪上各大媒体。同时工作团队也和重点媒体密切配合,合作策划学员有话说、读者感兴趣的选题,在新闻报道上调动学员的积极性、提升学员的参与度,不断推动学员们走上重要媒体平台,最终实现了各方"多赢"。

如2017年,协助上观新闻对印度学员思瑞坎进行专访,文章《印度努力模仿中国发展模式,IT神话被媒体夸大——一个印度智库学者眼中的印度与中国》在发布当日就成为"10万+"的网络热文;协助加拿大哥伦比亚大学研究生胡政做客上海外语频道,畅谈研修经历和对中国的最新认识。胡政的母亲看到节目后,为儿子的表现流下了激动的泪水。2018年,工作团队提前和《解放日报》记者对接,一起策划与青年汉学家的专题对话。精心的设计问题得到了7位学员的积极响应。《解放日报》最后以整版刊发《对话青年汉学家:希望人人明白"孔子的教诲"》,引起各方的热烈反响,纸质版报纸得到学员的珍藏。

5. 维持友谊上,建立健全学员后续联络机制

对青汉上海班工作团队而言,研修班的结业并不意味着项目的结束,而是和青年汉学家朋友们增进交往、深化友谊的开始。在学员的后续联络上,上海班正在探索形成一系列后续联络机制。一是稳定的回访机制。上海社会科学院每年都有大量学术出访,如访问国家有"青汉上海班"学员,出访团基本都会去拜访相应机构、看望相关学员,大体形成了稳定的回访机制。如2017年访问欧盟,回访欧洲委员会政策助理吉尼亚;2018年访问塞尔维亚,回访贝尔格莱德大学助理教授利波瓦奇;2019年访问新加坡、澳大利亚,回访南洋理工大学教育学院特聘讲师钟韵宜,回访悉尼大学博士生吴甜甜。

二是常态的交流机制。2017年,上海社会科学院在世界中国学论坛中,探索创办青年汉学家专场;2019年,升级为青年汉学家上海论坛。作为世界中国学论坛的一部分,每两年举办一届,邀请部分优秀学员回到上海。上海社会科学院另设每年一届的"全球话语与中国经验国际研讨会",海外代表

以"青汉上海班"学员为主。此外,还在积极探索针对青年汉学家朋友的访问学者项目。五年来,已有30余位优秀学员通过各种学术交流回到上海社会科学院,在学术研讨的基础上,与我方再叙友谊、共话未来。

三是互惠的合作机制。上海社会科学院在学术发表上,有大量期刊阵地和出版计划;在国际交流上,有长期稳定的交流平台;在学术网络上,和国内知名高校、科研院所有紧密的联系。《中国学季刊》《国外社会科学前沿》《社会科学报》等多次发表学员论文。在上海团队的帮助下,亚美尼亚科学院东方研究所研究员阿哈尼·哈鲁特尼亚成功申请到孔子新汉学计划访问学者项目(因疫情推迟来华)。这些都给学员的后续发展提供了强有力的支持。同时,在一些国际合作项目中,"青汉上海班"学员也开始为我方提供大量帮助。如每年一次的世界中国学论坛海外分论坛中,"青汉上海班"学员就发挥了重要作用。如2018年,拉丁美洲分论坛的组织筹备中,巴西学员申睿成为我们在外方最有力的合作伙伴。2020年,经俄罗斯科学院远东研究所学员阿丽娜牵线,协助国内出版社推动中国文学外译项目俄语版的翻译,助力中国文化走出去。

三、研修计划下一步改进的几点考虑

在不断跟踪和调查过程中,上海班运营团队也发现存在授课形式需进一步完善、研修节奏应进一步优化、对口指导应进一步加强等问题。为此,"青汉上海班"未来的运营应在以下几方面着力提高。

1. 授课形式进一步完善

在集中授课方面,上海班整体反馈良好,但针对外国学员的学习方式,还应在形式上进一步完善。根据各期对上海班学员的调查显示,学员最为关心的是学术性,不少学员认为集中授课应该留出更多的互动时间,增加授课的权威专家和学员之间的学术交流。为此,今后在集中授课方面将进一步加强学术性、淡化普及性,邀请更加擅长互动交流的权威专家前来授课。同时,课程时间安排上也将为学员与专家间的双向互动留出充足的时间。

2. 研修节奏进一步优化

为了让学员多听多看,"青汉上海班"的研修安排较为紧凑,导致学员们时间上的紧迫感和体力上的疲劳感。建议上级部门考虑适当增加青汉班研修天数。同时,在具体制订研修计划过程中,在保证安全和教学计划的基础上,未来将考虑给予学员更多一些自主和自由活动时间。

3. 对口指导进一步加强

从对口指导的现实情况来看,存在个别导师与学员的研修计划专业匹配不够的情况,尤其是在部分偏门、冷门领域体现得较为明显。今后"青汉上海班"在学员录取环节,将更多把师资纳入考虑范围。对某些上海很难找到对口专家指导的优秀学员,推荐到其他城市有相应导师资源的研修班。此外,还存在个别知名专家对学员的研修指导不足的情况。今后将导师指导学员的充分度作为邀请导师的首要考虑因素,不再邀请行政事务过于繁忙的大牌学者担任导师,以保障学员的研修得到切实的指导。

4. 学员选择建议考虑区域和国别因素

从目前的五期学员组成看,欧美发达国家的学员不但没有增加,反而有所下降。欧美是中国研究的重镇,也是对华误解和偏见较为集中的地区,建议未来更多选择这些地区的学员,让他们置身中国、感知中国,推动他们把"真实、立体、全面"的中国形象带回这些国家和地区。考虑五期研修班大洋洲地区只有个别学员参与,未来对这些国家和地区会有所侧重。此外,建议尽量避免同一班级有过多来自同一国家的学员,以免形成"小圈子交流",鼓励不同国家间学员多用中文交流。

5. 探索开展"青汉上海班"的项目评估

"青汉上海班"已连续举办五期,在此过程中逐步探索出一套自己的模式,取得了良好的反响。但也必须注意到,"青汉上海班"需适应当代中国的快速发展及国际角色的转换,上海深化改革的不断推进,以及国际中国研究群体的代际更迭和文化、学科背景的日益多元化。"青汉上海班"仍然要不断与时俱进,使运作机制日臻完善、溢出效应更加鲜明。未来,进化对"青汉上海班"的项目评估,以资进一步改进之鉴。

(张　焮　供稿)

中国学所研究课题与学术奖励

研究课题一览表

国家哲学社会科学基金项目			
课题名称	负责人	立项时间	类别
从"民众运动"到"运动民众"(1919—1937)	乔兆红	2012 年	一般项目
全球反恐战争转型背景下境外"东突"分裂活动研究	王 震	2014 年	一般项目
商务印书馆档案抄件整理与研究	周 武	2015 年	一般项目
关心亚洲学者委员会与美国左翼中国研究的兴衰	张 焮	2016 年	青年项目
推动"一带一路"贸易和投资自由化便利化研究	沈桂龙	2018 年	重大专项
弗里德里希·李斯特经济学说的当代价值研究	梅俊杰	2018 年	一般项目
"一带一路"国别研究(以色列卷)	王 震	2018 年	重大项目子课题
特朗普政府以来的美国对华战略研究	焦世新	2019 年	重大专项
美国国际话语权相关研究	王 震	2020 年	重大专项
"一带一路"国别研究(斯里兰卡卷)	王 震	2020 年	重大项目子课题
美国关税史规律与启示研究	梅俊杰	2021 年	重大专项
明清黄海海域人群互动与秩序变迁研究	刘 晶	2022 年	青年项目
上海市社会科学规划招标课题			
新世纪以来中国的对外宣传和国际话语体系建设	徐庆超	2015 年	青年课题
中国梦与中国的世界秩序观	焦世新	2015 年	一般课题
日本乡村景观保护政策及对我国的启示研究	顾鸿雁	2016 年	一般课题

续表

上海市社会科学规划招标课题			
课题名称	负责人	立项时间	类别
美国关于中国共产主义运动中的妇女解放运动研究	褚艳红	2016 年	青年课题
"汉译中国学书目"编纂与研究	潘玮琳	2017 年	一般课题
中国共产党百年研究的海外视角	乔兆红	2017 年	系列课题
构建人类命运共同体理论与实践研究	焦世新	2018 年	系列课题
16 世纪至 17 世纪早期中朝之间的海上交往与海域管理研究	刘 晶	2020 年	青年课题
近代日本的种族身份建构与国家认同研究	宋晓煜	2021 年	青年课题
超越游戏：数字游戏、游戏劳动及游戏平台研究	胡冯彬	2021 年	自筹课题
中国共产党探索金融功能的思想与实践研究（1921—2021）	王 玉	2021 年	自筹课题
上海市哲社办委托/专项/重点智库课题			
中共上海建党精神研究	周 武	2019 年	特别委托课题
浦东开发开放在推动高水平改革开放中的地位和作用研究	沈桂龙	2020 年	委托课题
新冠疫情防控与应对专项研究	沈桂龙	2020 年	"抗击疫情"智库专项课题
"国际智库成果编译工程"项目	沈桂龙	2020 年	委托课题
疫情暴发以来欧美中国研究的最新论述与分析	潘玮琳	2020 年	重点智库课题
"一带一路"视野下的中国学研究	张 焮	2020 年	重点智库课题
当前国际格局转型与海外中国学	焦世新	2020 年	重点智库课题
海外中共学最新研究进展及主要特点	周 武	2020 年	重点智库课题
"十四五"新时代学术外宣专题调研	沈桂龙	2021 年	委托课题
全球城市在国际合作中的角色与定位研究	沈桂龙	2021 年	委托课题
重点智库成果推介	沈桂龙	2021 年	重点智库课题
重点智库成果推介（四国舆情）	焦世新	2021 年	重点智库课题

续表

上海市哲社办委托/专项/重点智库课题			
课题名称	负责人	立项时间	类别
全球变局条件下的海外中国观察	吴雪明	2021年	重点智库课题
海外中国学舆情跟踪与年度分析(2021)	吴雪明	2021年	重点智库课题
海外关于上海形象观察与对策研究	朱国宏	2021年	重点智库课题
当前美国中国学研究的国际话语建构、战略传播及其影响	胡冯彬	2021年	重点智库课题

获奖成果一览表

获奖时间、届数	获奖者	成果名称	奖项类别
上海市哲学社会科学优秀成果奖			
2014年第十二届（2012—2013）	王震	《近期内地"涉维"事件频发的根源与对策》	内部探讨优秀成果奖
2016年第十三届（2014—2015）	王震、张焮、徐庆超	《关于加强外宣工作战略统筹的思考与建议》	内部探讨优秀成果奖
2016年第十三届（2014—2015）	余建华、王震等	《恐怖主义的历史演变》	著作类二等奖
2018年第十四届（2016—2017）	沈桂龙等	《中国"一带一路"跨境园区发展报告》	决策咨询和社会服务一等奖
2022年第十五届（2018—2019）	沈桂龙	《中国"一带一路"跨境园区发展报告》	党的创新理论研究优秀成果奖一等奖（著作类）
上海市决策咨询研究成果奖			
2013年第九届	王震	《国际反恐背景下的中国边疆安全研究》	一等奖
2019年第十二届	沈桂龙	《上海参与"一带一路"战略主要抓手研究》	二等奖
上海市邓小平理论研究与宣传优秀成果奖			
2012年第九届	乔兆红	《复兴与增长：共容性组织推动的经济制度变迁1921—2011》	著作类二等奖

续表

获奖时间、届数	获奖者	成果名称	奖项类别
"上海市纪念改革开放四十周年理论征文"优秀论文奖			
2018年12月	乔兆红	《改革开放四十年:中国经验与现代化理论创新》	论文第一名
宣传系统2019—2020年度统战课题			
2020年12月	胡冯彬	《统战工作智库现状、优势、困境及对策——加强新型统战工作智库建设研究报告》	三等奖
2020年度上海统战理论政策研究创新成果			
2021年2月	胡冯彬	《统战工作智库现状、优势、困境及对策——加强新型统战工作智库建设研究报告》	三等奖
上海市社联庆祝建党百年理论研讨会和优秀论文			
2021年6月	乔兆红	《中国共产党与全面建设社会主义现代化国家新征程》	优秀论文奖
上海市党的建设研究会2021年度课题			
2022年2月	胡冯彬	《中国共产党成立百年来对外传播的历史经验与未来展望》	优秀成果

荣获各类奖项一览表

奖项	获奖者	年份
国家对外文化交流研究基地特聘专家	梅俊杰	2013年
上海市青年五四奖章	王震	2015年
曙光计划	王震	2015年
上海市巾帼文明岗、上海社会科学院巾帼文明岗	世界中国学论坛办公室	2016年
五一劳动奖章	王震	2017年
上海市三八红旗集体	世界中国学论坛办公室	2017年
国家民委民族研究优秀中青年专家	王震	2018年

续表

奖　　项	获奖者	年份
浦江人才	焦世新	2019 年
浦江人才	王　震	2020 年
黄浦区领军人才	沈桂龙	2020 年
五一劳动奖章	焦世新	2021 年
上海市"工人先锋号"	世界中国学论坛办公室	2022 年

（王圣佳等　供稿）

中国学所大事记

2012 年

3月13日　上海社科院世界中国学研究所正式成立。中共上海市委宣传部副部长、院党委书记潘世伟出席会议并讲话,副院长王振、干部人事处处长王玉梅、党群处处长王海良、党政办主任王健出席会议,副院长黄仁伟主持会议。会上,王玉梅宣读关于梅俊杰同志担任世界中国学研究所副所长、王圣佳同志担任办公室副主任的任命。王海良宣读成立世界中国学研究所党支部和乔兆红同志担任党支部书记的任命。

3月23日　台湾"清华大学"中文暨历史研究所陈珏教授来世界中国学研究所访问,副所长梅俊杰研究员,乔兆红研究员等人与陈珏教授就双方的研究方向作详细交流,并就未来开展合作的可能性进行探讨。院台港澳办主任王海良参加会见。

4月19—21日　黄仁伟副院长、梅俊杰副所长、潘玮琳助理研究员在北京先后走访中国社会科学院、中共中央对外联络部、北京大学、中国人民大学、北京语言大学、国务院新闻办公室等相关机构,就世界中国学研究进行调研交流。

8月1日　由世界中国学论坛主办、世界中国学研究所编辑的大型学术辑刊《中国学》(第一辑)由上海人民出版社正式出版发行。该刊由上海社会科学院党委书记潘世伟担任编委会主任,副院长兼历史研究所所长黄仁伟担任编委会副主任,历史研究所研究员周武担任执行主编。

9月25日　香港浸会大学当代中国研究所所长薛凤旋教授来上海社会

科学院世界中国学研究所进行交流,中国学所副所长梅俊杰研究员及所内部分成员参加与薛教授的交流。薛凤旋教授详细介绍当代中国研究所的机构设置、研究方向、出版项目、访问计划。副所长梅俊杰对中国学所的概况、重点工作也作了简要介绍。双方均表达了进一步合作的意向。

9月28日　美国斯坦福大学国际安全与合作中心薛理泰教授来沪访问,并应世界中国学研究所邀请,就当前中国周边热点问题及美国中国学研究等内容作专题报告。副所长梅俊杰研究员主持报告会,中国学所全体科研人员参加会议,并就各自关心的问题与薛理泰教授交流。

10月1日　世界中国学论坛主办、世界中国学研究所编辑的大型学术辑刊《中国学》(第二辑)由上海人民出版社出版发行。

11月10日　世界中国学研究所(简称中国学所)成立大会顺利召开。中共上海市委宣传部副部长李琪和我院党委书记潘世伟共同为世界中国学研究所揭牌。李琪副部长和中国社会科学院国外中国学研究中心主任何培忠分别致辞,潘世伟书记发表重要讲话,世界中国学研究所副所长梅俊杰简要介绍研究所的创建宗旨和机构设置概况。成立仪式由王振副院长主持,副院长黄仁伟、谢京辉,以及经济研究所所长、前常务副院长左学金等有关领导出席会议,我院其他兄弟单位代表及部分外单位代表也到场祝贺。成立仪式后还举办了"中国发展与中国学"国际研讨会。美国哈佛大学终身教授、费正清东亚研究中心前主任傅高义(Ezra F. Vogel)、俄罗斯科学院院士、远东研究所所长季塔连科(M. L. Titarenko)、新加坡国立大学东亚研究所所长郑永年,美国乔治·华盛顿大学埃略特国际关系学院中国政策研究项目主任沈大伟(David Shambaugh),时任瑞士日内瓦亚洲研究中心高级研究员张维为(2013年6月就任本所名誉所长)就研讨会主题"中国发展与中国学"发表主旨演讲。高棣民(Thomas B. Gold)、葛兆光、耿昇、耿幼壮、何培忠、石之瑜、萧功秦、薛凤旋、阎纯德、张西平、周武、朱政惠、仇华飞等海内外知名汉学和中国学研究机构的学者分别就"中国研究范式省思"和"当代中国研究走向"等议题进行了深入讨论。《解放日报》《文汇报》、上海电视台等媒体对成立大会进行了报道。

11月11日　俄罗斯科学院远东研究所所长季塔连科研究员在上海社会科学院分部为全体研究生介绍了俄罗斯的中国研究情况,梅俊杰副所长主持讲座。

12月4日　美国伯克利加州大学社会学系高棣民教授访问世界中国学研究所,与中国学所科研人员就海外当代中国研究进行交流。本次座谈会由中国学所副所长梅俊杰研究员主持,他向高教授介绍中国学所的办所宗旨、研究室设置与科研方向,双方都表达了加强学术交流的愿望。与会的科研人员则就"中国威胁论"、消费社会、儒学复兴、中国的"关系"网等问题与高教授进行深入交流。

是月　乔兆红研究员撰写的《复兴与增长:共容性组织推动的经济制度变迁1921—2011》获第九届上海市邓小平理论研究与宣传优秀成果奖著作类二等奖。

2013年

3月23日　第五届世界中国学论坛在上海展览中心拉开帷幕。来自海内外的中国问题研究专家、知名学者近500人聚集"中国现代化:道路与前景"的主题,共同探讨国际化大背景下,中国的发展以及与世界的互动相处之道。齐赫文斯基(俄罗斯科学院院士、俄罗斯前特命全权驻华大使)、傅高义(美国哈佛大学亨利·福特二世社会科学荣休教授、费正清研究中心前主任)、饶宗颐(香港中文大学中文系荣休教授、中国文化研究所及艺术系伟伦讲座教授,香港大学林百欣中国文化讲座教授)荣获第二届"中国学贡献奖"。上海市副市长翁铁慧女士在论坛开幕式暨颁奖典礼上宣读获奖人员名单,并为获奖者代表颁奖。各位获奖者分别通过委派代表及录音的方式发表获奖感言。

5月14日　乔兆红研究员在中国学所会议室做"突破改革瓶颈:发挥商会在政府职能转变中的作用研究"的学术报告。副所长梅俊杰研究员担任评论,他就当前政府职能转变的背景、政府力量的世界经验等进行阐释,肯定该报告的学术价值和现实意义。全所同仁积极参与,分别就政企分开、市民社会、企业标准、政府行为和市场行为等问题展开讨论。

6月23日 在上海社会科学院世界中国学研究所主办的"海外看中国"系列讲座上,美中贸易全国委员会前主席柯白博士(Robert A. Kapp)发表题为"中美关系新展望"的专题演讲。本次演讲由副院长黄仁伟主持,世界经济研究所副所长徐明棋、国际关系研究所常务副所长刘鸣担任评论人,世界中国学研究所副所长梅俊杰及所内外研究人员和本院研究生参加本次活动。当日下午,柯白与世界中国学研究所全所人员进行座谈。座谈中,他对自己的求学经历、学术生涯,以及中美经贸交流工作等进行回顾,并就海外中国研究问题与大家作广泛的探讨。本次活动是世界中国学研究所"海外中国学研究研讨会"系列活动之一。

6月24日 中国学研究所所长聘任仪式在院部101会议室举行。院长王战与张维为教授签订"上海社会科学院聘请张维为教授合同",院党委书记潘世伟、副书记洪民荣,副院长黄仁伟、叶青、谢京辉、王振,以及中心组成员共30多人参加会议,会议由王振副院长主持。

6月25日—7月25日 乔兆红研究员访问台北政治大学。乔兆红研究员荣获台北政治大学"2013两岸菁英暨国际学人蹲点研究"奖助计划,于2013年6月25日至7月25日在台湾进行为期一个月的访学研究和田野调查。

6月28日 张维为就任上海社会科学院世界中国学研究所所长。聘期自2013年7月1日到2016年6月30日。王振副院长、人事处钱运春处长到所宣布任命。

7月21日 张维为所长会晤欧盟委员会前主席普罗迪。张维为所长应邀在浦东香格里拉大酒店主持由春秋综合研究院为欧盟委员会前主席、意大利前总理普罗迪先生举行的小型工作晚宴。副所长梅俊杰研究员也应邀参加晚宴。

7月26日 2013年度全球孔子学院外方院长研修班一行60余人访问我院。上海社会科学院院长王战致欢迎词,并与来宾就中国学研究等问题进行交流。上海社会科学院世界中国学研究所所长张维为向来宾作关于中国话语的报告。本次活动由院国际合作处处长李轶海主持,中国学所副所长梅俊杰以及中国学所全体成员参加活动。本次活动是国家汉办主办、复旦大学承办的2013年孔子学院外方院长研修班活动的一部分,由我院世界中国学研究所与复旦大学中华文明国际研究中心合作组织。

7月29日　张维为所长为北京大学教育学院举办的"中国梦与中国道路专题研讨班"作主旨报告。

8月12日　应国家汉办/孔子学院总部和厦门大学的邀请,张维为所长在厦门大学为孔子学院外方院长2013年第二期研修班作题为"如何介绍当代中国"的演讲。

8月15日　张维为所长与潘玮琳会晤美国卡特中心高级项目官员丁源远先生,双方就可能的合作进行探讨。

8月19日　张维为所长出席"世纪中国论坛"。由上海世纪出版集团、春秋综合研究院(观察者网)主办,上海人民出版社承办的"世纪中国论坛"引人瞩目。活动在上海图书馆召开,主题为"中国经济与社会的未来图景"。张维为所长与史正富教授(复旦大学新政治经济学研究中心主任)、韦森教授(复旦大学经济思想与经济史研究所所长)、华民教授(复旦大学世界经济研究所所长)一起,就中国经济、社会的现在及未来展开对话。

8月21日　应德国《时代周刊》基金会的邀请,张维为所长在德国汉堡为该基金会举办的世界青年领袖夏季班作"中国崛起与地缘政治"的演讲。

8月24日　应国务院台办邀请,张维为所长在北京为台湾中流知识精英夏研营学员作题为"中国发展道路总论"的报告。

9月1日　由上海社会科学院世界中国学研究所编的中英文版《中国道路与前景:第五届世界中国学论坛实录》在五洲传播出版社正式出版。本书以"中国梦"与世界互动、中国道路、中国精神、中国力量、世界的中国学以及"中国梦"的"世界回响"为主要线索,直观地呈现第五届世界中国学论坛的主旨演讲、圆桌会议和分会场的精彩发言,以及媒体对参会专家的深度访谈。此外,为向中国学的泰斗们致敬,该书还对谢和耐、孔飞力、傅高义等历届"中国学贡献奖"获奖者作重点介绍。

9月19日　张维为所长为荷兰国际关系研究院与德国国际文化交流协会和察哈尔研究会联合举办的"中国—欧洲关系中的文化与理解"(Culture and Understanding in China-Europe Relations)国际研讨会作主旨报告,题目是"从文化和文明的角度理解当代中国"。

9月21—26日　张维为所长以中国和平发展基金特邀理事的身份,参加在纽约联合国总部举行的"公民社会、政府与联合国代表三方关于后2015年区域发展目标建议的对话",并就中国发展经验及其分享等话题发言。

9月24—25日　应德国阿登纳基金会邀请,我所王震赴柏林参加"欧洲诸神的黄昏,新兴国家的黄金时代？欧盟与金砖国家面临的全球新挑战"学术会议与公共论坛,并在会上作"中国对金砖国家的政策：动机与前景"的发言,同时回答现场观众提出的问题。

10月7日　应上海纽约大学邀请,张维为所长为该大学学生作"读懂中国崛起"的演讲并回答学生的问题。

10月15日　2013年度第二期全球孔子学院院长高级研修班一行60余人来访。

10月22日　春秋研究院客座研究员陈方仁博士到我所作题为"美国政治生活漫谈"报告,并与中国学所同仁进行交流。陈博士以美国为例,谈到三权分立、"一人一票"等西方民主制度存在的问题,包括两党制的内耗、竞选的社会成本、剧场政治效应和"合法化腐败"等。

10月29日　台湾师范大学东亚系助理教授邵轩磊博士在我所作题为"战后日本之中国研究谱系"的学术报告,乔兆红研究员主持会议。邵博士以其相同主题的博士论文为基础,运用谱系学、知识社会学和能动层次分析等方法,梳理20世纪初至90年代日本中国学的学派脉络、人群互动和研究范式转变,并与中国学所同仁进行讨论和交流。

11月1—3日　张维为所长应邀参加"21世纪理事会北京会议",并就中国的政治制度和决策机制发言。

11月5日　张维为所长和香港中文大学王绍光教授,应中国社会科学院政治学所所长房宁的邀请,访问政治学所并与该所的研究人员就中国政治、西方民主、普世价值、中国外交等范围广泛的问题进行对话和交流。

11月8日　张维为所长,助理研究员潘玮琳、盛文沁应邀参加"国际视野下的中国发展道路"国际学术研讨会。此次研讨会为"中国社会科学论坛"系列会议,由中国社会科学院主办、中国社会科学院信息情报研究院和中国社会科学院国外中国学研究中心共同承办。

11月19日　我所助理研究员潘玮琳在所内学术沙龙作"海外学界关于儒家传统与民主关系的新看法"报告,并介绍近期参加中国社会科学论坛"国际视野下的中国发展道路"的情况。

11月26日　我所助理研究员盛文沁在所内学术沙龙作"近年来海外香港问题研究述评"报告。她梳理了2011—2013年海外学术杂志涉及香港问题的大量文献,重点评论海外学者就香港政治,以及香港与内地关系等方面的研究成果。

11月27日　奥地利格拉茨孔子学院执行院长陈万杰、奥地利施泰尔马克州商会服务与区域发展部部长雅各布·泰宾格尔(Jacob Taibinger)率24名"孔子新汉学计划"青年领袖来我所考察。上海社会科学院副院长黄仁伟教授、世界中国学研究所所长张维为教授主持活动并发表演讲。

11月28日　梅俊杰副所长在本院会见澳大利亚驻沪副总领事Megan Jones(周美琴)女士,回答了有关上海自由贸易区、中国最新改革方案等热点问题。

12月7—8日　由国务院新闻办公室主办,中国外文出版发行事业局、上海社会科学院共同承办的"中国梦的世界对话"国际研讨会在上海举行。世界中国学研究所协办本次研讨会。开幕式上,国务院新闻办公室主任蔡名照,中共上海市委副书记、上海市市长杨雄分别致辞。中国社会科学院院长王伟光、美国布鲁金斯学会高级研究员李侃如、清华大学公共管理学院教授胡鞍钢、库恩基金会主席库恩、英国伦敦经济学院亚洲研究中心客座研究员马丁·雅克、印尼战略和国际研究中心副主席瓦南迪、上海社会科学院党委书记潘世伟分别作大会演讲。上海社科院院长王战在闭幕式上致辞。来自中国、美国、英国、法国、德国、俄罗斯、印度、日本等20多个国家的近百名专家学者参加会议,就"中国梦与中国道路""中国梦与世界繁荣""中国梦与和平发展"三个议题进行研讨。

12月7—11日　我所助理研究员潘玮琳应邀参加英国伦敦国王学院主办的"中华人民共和国时期的物质文化"主题研讨会并发言。

12月15—17日　我所助理研究员潘玮琳应邀参加泰国朱拉隆功大学亚洲研究中心主办的"东盟与中国视角下的陆上亚洲与海上亚洲"主题研讨会并发言。

12月19—20日　由中国光大集团和上海世纪出版集团联合举办的"光大·世纪中国论坛"在香港举行。张维为所长应邀参加并以"中国崛起与文明型国家的逻辑"为题发表演讲。本次论坛演讲嘉宾还有林毅夫教授、史正富教授、陈平教授、张军教授。

12月23日　由上海市哲学社会科学规划领导小组办公室、上海市人民政府发展研究中心联合组织的2013年上海市社会科学创新研究基地、上海发展战略研究所工作室申报,经专家评审和上海市哲学社会科学规划领导小组终审,中国学所所长张维为首席专家的"民族复兴中国梦"研究,入选"上海市社会科学创新研究基地"。

12月30日　世界中国学论坛主办、世界中国学研究所编辑的大型学术辑刊《中国学》第三辑由上海人民出版社出版发行。该刊由上海社会科学院党委书记潘世伟担任编委会主任,副院长兼历史研究所所长黄仁伟担任编委会副主任,世界中国学研究所乔兆红研究员担任执行主编。

是月　我所副研究员王震成果《国际反恐背景下的中国边疆安全研究》获"上海市决策咨询研究成果奖"一等奖。

2014年

1月3日　海外中国研究新动向暨"海外中国研究书目提要"编撰讨论会在我所召开。我所参与编写本辑"海外中国研究书目提要"的科研人员潘玮琳、顾鸿雁、盛文沁、张焮、王震,以及复旦大学中华文明国际研究中心章可博士、王英达助理,复旦大学国际关系与公共事务学院政治学系郦菁博士,华东师范大学国际关系与地区发展研究院张昕博士,我院社会学所薛亚利副研究员参加了本次会议,并作交流发言。会议由潘玮琳主持。出席本次研讨会的还有我所乔兆红研究员、褚艳红、徐庆超等。

是月　为系统呈现近期海外中国研究的热点问题与主要观点,由上海社会科学院党委书记潘世伟、副院长黄仁伟主编,世界中国学研究所副所长梅俊杰组织全所编写的《海外中国观察》在中共中央党校出版社正式出版。该书是上海社会科学院世界中国学研究所策划的"海外中国研究系列"之一,该研究系列秉承"面向当代、追踪前沿、聚焦热点、厚今薄古、服务现实"的宗旨,致力对海外中国研究进行实时"再研究",既突出对海外中国学最新成果的动态呈现,也力图从海外的中国学成果中梳理出对中国现实发展具有借鉴意义的政策启示。

2月17—26日　张维为所长随国务院发展研究中心副主任刘世锦率领的中国共产党友好代表团访问比利时欧盟总部、德国和西班牙。代表团访欧期间广泛接触欧盟机构,德国和西班牙的党派、智库、学者及媒体。

4月29日　我所助理研究员顾鸿雁在所内学术沙龙作"农业文化遗产的保护和利用"报告。

5月13日　我所乔兆红研究员在所内作题为"全面深化改革与中国梦的内涵关系"的学术报告,并就十八届三中全会《中共中央关于全面深化改革若干重大问题的决定》主旨及中长期经济走向进行阐释。

5月20日　张维为所长在国防大讲堂作"中国震撼:一个'文明型国家'的崛起"的报告。国防大学的校领导、全体在校学员、教研人员和机关干部等1 000余人参加。报告会开始前,校长宋普选中将在国防大讲堂贵宾室会见张维为所长,并向其颁发授课证书。

5月21日　张维为所长在国家行政学院为国家万人计划获得者培训班作题为"中国崛起与道路自信"的报告。

5月30日　美国丹佛大学国际关系学教授赵穗生在世界中国学研究所作关于"《当代中国》学刊与美国当代中国研究转型"的学术报告,副所长梅俊杰研究员主持会议。

6月6—10日　张维为所长一行赴英参加首届"复旦—牛津高端对话"暨"中国模式、非洲发展与工业化进程中的政治"国际学术研讨会。本次会议由牛津大学中国中心和复旦大学中国发展模式研究中心共同发起主办，中国学所参与协办。乔兆红研究员和王震副研究员也应邀参加了本次会议并作发言。

6月12日　澳大利亚麦考瑞大学文学院副院长兼软实力研究中心主任奈仁·奇蒂（Naren Chitty）教授来我所访问交流。奇蒂教授介绍麦考瑞大学的教育研究情况，包括国际公共外交硕士课程以及软实力研究中心在促进亚太地区学术交流所发挥的作用，并与我所研究人员探讨在中国研究领域的合作交流事宜。

6月27日　在上海社会科学院世界中国学研究所主办的"海外看中国"系列讲座上，英国谢菲尔德大学东亚研究院荣休教授、《牛津中国研究书目》主编蒂姆·赖特（Tim Wright）发表题为"英国的中国研究现状"的学术演讲，并就"牛津中国研究书目"项目和与会人员进行交流。中国学所、历史所、政治学所相关科研人员及《社会科学报》记者参加本次活动。

7月17日　《人民日报》《光明日报》《经济日报》《解放日报》《环球时报》《南方日报》和《新京报》等报纸同时在重要位置刊登张维为所长《澄清关于"自由、民主、人权"的认知盲点》一文，该文最早刊发于7月7日的《北京日报》。

8月12—31日　我所乔兆红研究员应台北政治大学国际关系研究中心邀请赴台湾地区访学，在国民党党史馆、孙中山纪念图书馆等地搜集整理大量文献资料，并走访相关领域的专家学者。

8月20日　2014上海书展暨"书香中国"在上海展览中心正式落下帷幕。在本次书展评选出的十大最有影响力新书榜上，张维为所长的《中国超越》（上海人民出版社）与王震副研究员担纲翻译的《统治史》（华东师范大学出版社）成功入围。

9月22日　张维为所长同时在《人民日报》《参考消息》《环球时报》分别刊发文章《"中国模式"成功的制度原因》《"美国梦"出了什么问题？》《拒

绝"市场原教旨主义"》,谈市场,谈美国梦,谈中国模式。

10月3—7日　应国际日本文化研究中心邀请,我所乔兆红研究员赴日本京都参加"世界博览会:历史与未来"的国际学术研讨会,并作题为"中日博览会事业比较研究"的大会主旨演讲。

10月6日　应台湾大学历史系邀请,我所褚艳红助理研究员前往台湾,进行为期一个月的"台湾中国学研究"访学调研。

10月7—12日　我所副所长梅俊杰研究员前往德国参加"弗里德里希·李斯特国际纪念研讨会"。本次会议由李斯特家乡罗伊特林根市政府和罗伊特林根大学李斯特研究所联合举办。主办方以李斯特诞辰225年为契机,邀请了德国、美国、法国、意大利、葡萄牙、挪威、爱沙尼亚、中国、日本等国的30多位学者参会。

是月　王震副研究员撰写的《近期内地"涉维"事件频发的根源与对策》获"上海市第十二届哲学社会科学优秀成果奖(2012—2013)内部探讨优秀成果奖"。

11月11日　我所党支部书记乔兆红研究员在所内作题为"世博强国强国世博"的主题报告,本次报告是为配合世界中国学研究所党支部组织的"观世博,讲世博"集体活动而举行的。

11月18日　由我所与复旦大学中国发展模式研究中心、复旦牛津学社共同主办的"中国话语高端论坛"首场开讲。张维为所长作题为"解构西方话语,建构中国话语"的主题演讲。

12月3日　张维为所长应邀参加中共中央政治局常委、中央书记处书记刘云山在京主持召开的关于宣传思想工作和从严治党工作的调研座谈会。

12月23日　梅俊杰副所长在所里就"李斯特和森哈斯的后发展理论与中国现代发展"作报告。

2015年

3月13日　上海社会科学院创新工程"世界中国学论坛成果智库转化平台"项目启动研讨会在上海社会科学院世界中国学研究所召开,中国社会科学院国际中国学研究中心秘书长何培忠、上海同济大学国际关系与公共事务学院仇华飞、上海社会科学院副院长黄仁伟、政治学所名誉所长潘世伟、历史所研究员周武等院内外领导与专家出席研讨会，创新工程首席专家乔兆红研究员、团队成员潘玮琳助理研究员、张焮、王圣佳、樊慧慧等参加了研讨会。

3月10日—2016年3月10日　我所助理研究员盛文沁获国家留学基金管理委员会2014年国家公派高级研究学者及访问学者项目资助，访问英国约克大学。

3月29日—9月26日　我所副研究员王震获院人事处2014年度国际交流专项经费资助，赴美国华盛顿伍德罗·威尔逊国际学者中心（WWC）从事为期半年的访问研究。

3—5月　我所助理研究员潘玮琳受邀赴美国卡特中心访问研究。

4月1日　中国学所所长张维为主编的《国际视野下的中国道路和中国梦》出版，为"中国梦研究丛书"第一集。该书以中西理论与现实比较为切入点，对中国道路和中国梦进行深入解读，阐释中国道路的独特优越性和中国梦的巨大感召力。

4月21日　哥斯达黎加大学教授Patricia Rodriguez Holkemeyer来我所就新型民主含义与黄仁伟副院长座谈。台湾大学政治系教授、中山大学政治学研究所教授石之瑜来我所参加新智库论坛，作题为"中国研究的知识史：追踪、比较与再现"的学术报告。

4月21—30日　我所副所长梅俊杰研究员陪同王战院长出访英国、丹麦、瑞典。

4月30日　日本贸易振兴机构亚洲经济研究所（IDE-JETRO）主任研究员大塚健司来我所与顾鸿雁助理研究员交流中国的环境问题，包括流域水环境的综合治理和可持续发展。

5月4—7日　当地时间5月4日，首届世界中国学论坛美国分论坛在美国纽约拉开帷幕。本届美国分论坛的主题为"中国改革：机遇与挑战"，围绕这一主题举行高层演讲和学术研讨，直接面对美国主流社会讲述中国故事。此次活动由国务院新闻办公室和上海市政府主办，上海社会科学院和美国亚洲协会、美国卡特中心承办,世界中国学研究所承担大量组织筹备工作。5月4日,论坛在位于纽约的亚洲协会举行高层演讲。中宣部副部长、国新办副主任崔玉英,澳大利亚前总理、亚洲协会政策研究院院长陆克文发表主旨演讲。5月6日至7日,论坛在位于亚特兰大的卡特中心举行学术论坛,中国前外交部长李肇星和美国美中关系全国委员会前主席兰普顿在开幕式上发表主题演讲,世界银行前副行长林毅夫和美国卡内基国际和平研究院副院长包道格在闭幕式上发表主题演讲,中美两国30多位专家学者先后围绕"中美关系""中国政治改革""中国经济改革""中国社会治理"和"中国文化传播"等五个议题展开研讨。这是世界中国学论坛第一次走出国门。我所研究员乔兆红、助理研究员潘玮琳、研究助理张焱参会。

5月10—13日　张维为所长应托马斯莫尔研究所(Thomas More Institute)的邀请,参加该智库在布鲁塞尔举办的中国模式研讨会,以"中国模式与中欧关系"为题发表主旨演讲,并同与会的欧盟官员、欧洲议会议员、学者、企业家等各界人士进行充分的互动。

5月18日　张维为所长应全国港澳研究会、香港可持续发展研究中心、香港一国两制研究中心的邀请,在香港香格里拉大酒店为香港各界人士作"在全球语境下看中国崛起"的报告。

5月23日　张维为所长在清华大学时代论坛作"制度自信与中国崛起"的演讲并与听众进行互动。清华大学时代论坛是清华大学规模最大、影响力最强的学生综合性论坛,由清华大学学生会主办。

6月6日　应乔兆红研究员邀请,美国波士顿大学教授傅士卓(Joseph Fewsimth)来我所作美国中国政治研究的学术报告,就美国学术界对中共十八大以来中国政治生态的研究进行了较为全面的介绍,并和与会学者就中国政治研究的范式等进行探讨。

8月23—29日　第22届国际历史科学大会在山东大学召开。乔兆红研究员应组委会邀请参加本次大会,并作题为"世界博览会与世界历史整体发展"的专题演讲。

9月1日　世界中国学研究所召开干部任职宣布会。院党委书记于信汇出席并讲话,会议由副院长黄仁伟主持。党委组织部部长包蕾萍宣读关于王海良同志担任世界中国学研究所执行所长的决定。梅俊杰同志任职期满,不再担任世界中国学研究所副所长。

9月19日 为从经济史和经济思想史等多学科角度研究中国经济发展的历史经验和思想演进,并纪念顾准诞辰100周年,上海社会科学院经济研究所在上海大学举行"政府与市场:经济史学的视角——暨纪念顾准诞辰100周年"学术研讨会,我所乔兆红研究员参会。

9月20日 乔兆红研究员参加由上海市湖北荆门商会牵头组织的"迎中秋 话发展——上海市异地商会学术研讨会"。

10月20日 哈佛大学政府系亨利·罗佐夫斯基讲座教授、哈佛燕京学社社长裴宜理(Elizabeth J. Perry)来我所参加新智库论坛,作题为"哈佛燕京学社的历史与使命"的学术报告,并录制中国学贡献奖获奖感言。

10月29—30日 乔兆红研究员一行赴京参加"国际中国学知识史的交流与对话"国际学术研讨会。这次大会由中国社会科学院信息情报研究院与国际中国学研究中心联合承办,台湾大学中国大陆暨两岸关系教学研究中心和北京外国语大学国际中国文化研究院联合协办。来自欧洲、亚洲、澳洲等18个国家和地区的学者就中国研究发表演讲并互动交流。我所乔兆红、顾鸿雁、张焮、潘玮琳、褚艳红等与会。

10月30日 应香港特别行政区政府邀请,上海社会科学院世界中国学研究所所长张维为为香港特区政府官员和相关人士作题为"国际比较视野下的中国崛起"专题演讲。香港特首梁振英先生会见张维为所长,并在演讲会致欢迎词。

11月上旬 香港中国评论社社长郭伟峰一行访沪期间,世界中国学研究所执行所长王海良研究员会见郭伟峰等,并代表我所与中国评论社签订双方友好合作协议。

11月20—21日 题为"中国改革,世界机遇"的第六届世界中国学论坛在上海国际会议中心隆重召开。论坛由国务院新闻办公室、上海市人民政府主办,上海社会科学院、上海市人民政府新闻办公室承办。会议由中共上海市委副秘书长、中共上海市委宣传部副部长、上海市人民政府新闻办公室主任朱咏雷主持，中共上海市委副书记、市长杨雄致欢迎词。来自俄罗斯的季塔连科、美国的蓝普顿和裴宜理，以及印度的谭中等四位中国学研究专家获得中国学贡献奖，以表彰他们在该领域作出的卓越贡献。

11月22日　世界中国学研究所与院台港澳办联合举办"习马会重要意义与两岸关系取向座谈会"，参加第六届世界中国学论坛的台湾学者陈德升、王高成、周世雄、古允文应邀出席，与上海台湾研究专家进行座谈，充分交换看法。院台湾研究中心副主任周建明研究员主持座谈会，中国学所执行所长王海良研究员在会上发言。

11月27日　上海社会科学院台湾研究中心与浦东台湾经济研究中心举办"第六届两岸关系前瞻研讨会"，世界中国学研究所执行所长王海良研究员出席会议，提交题为《从"习马会"看两岸关系发展趋向》的论文并作专题发言。

12月8日　世界中国学研究所在院本部举行外文期刊工作专家座谈会，广泛听取专家意见建议。世界中国学研究所执行所长王海良研究员主持座谈会。

12月16—21日　我所乔兆红研究员应邀赴日本京都参加第48届国际日本文化研究中心国际学术研讨会，就"中国近代博览会事业的政府行为"发表演讲。

12月24日　梅俊杰研究员在上海财经大学为经济史学系的师生作学术演讲"经济史对后发展问题的启示"。

2016 年

1月8日　文化部对外文化联络局副局长朱琦、文化部中外文化交流中心交流与合作处副处长刘阳专程来我所访问，我院副院长黄仁伟、世界中国学研究所执行所长王海良会见朱琦一行。双方相互介绍各自在中国学领域开展的重要对外交流活动，商讨合作开展国外青年汉学家研修活动，并达成重要共识。

1月12日 上海外国语大学中国学研究所所长武心波一行来研究所访问,就中国学教学与研究等问题进行交流、探讨。世界中国学研究所执行所长王海良研究员会见武心波一行,双方就建立两单位战略合作框架及开展中国学教学与研究等共同感兴趣的问题进行交流座谈。世界中国学研究所党支部书记乔兆红研究员、办公室副主任王圣佳、副研究员胡筱秀、助理研究员潘玮琳等参加会见和座谈。

1月22日 由前韩国统一部长官、庆南大学北韩大学院教授柳吉在率领的韩国庆南大学代表团一行20余人来我院访问,应代表团要求,世界中国学研究所执行所长王海良研究员为来访客人作了"两岸关系历程、趋势及其对南北关系的启示"的学术报告,并回答听众提出的相关问题。

1月26日—2月1日 张维为所长、王震副研究员一行访问埃及,走访金字塔报社、金字塔报战略研究中心等智库,参加埃及国际书展举办的《中国震撼》阿拉伯文版首发式等一系列活动。

1月27日 张维为所长一行走访阿拉伯世界影响最大的报纸埃及《金字塔报》总部,会见《金字塔报》董事长艾哈迈德·赛义德先生,双方就"阿拉伯之春"后埃及的政治和经济趋势进行探讨,赛义德高度评价习近平主席访埃成果和"一带一路"倡议,并对中国将来如何在埃及发挥更大作用提出一些建设性的意见。当日还与埃及《金字塔报》战略研究中心创始人穆罕默德·法耶兹博士就"阿拉伯之春"对埃及政治发展的影响、埃及政治稳定状况、埃及对中国"一带一路"倡议的评估等问题进行深入讨论。1月28日,张维为所长一行在开罗国际书展参加"丝路上的埃及与中国:埃中关系走向"论坛。张维为所长作主旨发言,提出要以和平、发展、共赢的新理念来引领新一轮的全球化,而"一带一路"倡议就是这些理念的最好体现。埃及文化部长赫尔米·纳木纳和中国国家新闻出版广电总局副局长阎晓宏参加活动。1月29日,开罗国际书展举行张维为所长《中国震撼》阿文版首发式暨研讨会。张维为所长发表演讲,提出一个非西方国家要实现现代化,关键要处理好三个关系:现代化与本国文明传统的关系;现代化与本国政治制度的关系;本国与西方国家和西方模式的关系。张维为还分析"阿拉伯之春"变成"阿拉伯之冬"的原因。1月30日,张维为所长、王震副研究员拜访埃及资深外交官、前驻上海总领事安泽鼎大使,就中国如何在阿拉伯世界发挥更大作用进行坦诚交流。当日,张维为所长、王震副研究员一行还走访开罗大学孔子学院,与中方负责人和教员进行座谈,就如何通过孔子学院进一步扩大中国的影响进行探讨。

2月27日 由上海国际问题研究院和台湾淡江大学国际研究学院主办、上海国际问题研究院台港澳研究所承办的第二十届"世界新格局与两岸关系——两岸和平发展的挑战与前瞻"学术研讨会在上海召开。世界中国学研究所执行所长王海良研究员应邀出席会议,向会议提交了《浅谈民进党再度执政后的两岸关系》的学术论文,并在会上作专题发言。

3月19日 王海良研究员应邀出席由两岸关系和平发展协同创新中心、厦门大学台湾研究院主办的"亚太局势与台湾问题"学术研讨会。

3月22日 乔兆红研究员在所内作题为"全球视野下的中国:中国对于世界意味着什么"的学术报告。

是月 世界中国学研究所以"世界中国学论坛办公室"的名义荣获上海市和上海社会科学院"巾帼文明岗"两个荣誉称号。申办巾帼文明岗创建班组负责人为乔兆红研究员,班组成员包括潘玮琳、顾鸿雁、王圣佳、褚艳红、樊慧慧、盛文沁、张焮、王震等,90%以上均为博士(含两位在读博士)。中国学论坛办公室的创建宗旨是以"巾帼文明岗"为载体,以"世界中国学论坛"为平台,构建世界中国学的研究网络。

4月19日 文化部2016"青年汉学家研修计划"专家论证会在北京召开,上海社会科学院世界中国学研究所执行所长王海良研究员、研究助理张焮应邀出席。

4月21日 由上海社会科学院历史研究所与韩国国民大学中国人文社会研究所主办、上海社会科学院"中国当代史创新团队"承办的"多样化中国研究:视角与方法的探求"国际学术研讨会在上海国际社科创新基地召开,上海社会科学院世界中国学研究所执行所长王海良应邀出席会议。

4月26日 我所助理研究员顾鸿雁在所内作"日本乡村景观保护及其

启示"的学术报告。

4月27日　王海良研究员应海军东海舰队上海基地邀请,在基地所主办的"水兵论坛"发表题为"亚太战略态势与两岸关系前景"的演讲。

4—5月　助理研究员潘玮琳受邀赴韩国高丽大学亚细亚问题研究院访问。

5月13日　上海社会科学院法学研究所举行形势报告会,邀请世界中国学研究所执行所长王海良研究员为该所全体人员作题为"两岸关系发展态势浅探"的形势报告。

5月18日　由上海海洋战略研究所主办的"第三届上海海洋论坛国际研讨会"在上海海事大学召开,研讨会主题为"一带一路与中国海洋安全"。世界中国学研究所执行所长王海良研究员应邀出席研讨会并就其所提交的论文《"一带一路"建设对中国海洋战略安全的意义》作专题发言。

5月21日　我所副研究员王震应邀赴北京参加"首届海外当代中国问题研究圆桌会议"。本次会议由中共中央编译局国家高端智库领导小组办公室和马列主义文献信息部主办,中共中央编译局海外理论信息研究中心承办。

5月22—23日　世界中国学论坛东亚分论坛在韩国高丽大学拉开帷幕。来自中国、韩国、日本、新加坡、马来西亚和蒙古国等国家和地区的50多名专家学者以"中国未来的发展前景"为主题进行为期两天的深入研讨。本次论坛由世界中国学论坛组委会主办,上海社会科学院和高丽大学亚细亚问题研究所共同承办。除主议题外,论坛还设置中国经济发展前景、中国政治与社会发展前景等分议题,并组织学术讨论。中共中央政治局委员、中央书记处书记、中央宣传部部长刘奇葆同志莅临大会并发表主旨演讲,肯定世界中国学论坛取得的成绩和举办海外分论坛的意义,希望世界中国学研究进一步聚焦当代中国,加强对中国理念、中国道路和中国共产党治国理政的研究。于信汇书记、黄仁伟副院长出席论坛,我所执行所长王海良研究员、梅俊杰研究员,助理研究员潘玮琳、褚艳红、顾鸿雁,研究助理樊慧慧陪同并参与筹备。

5月27日　我所王震副研究员应邀参加上海外国语大学举办的"纪念中埃建交六十周年暨中国与中东关系"学术研讨会,并就当前全球反恐战争问题作专题发言。

5月31日　我所王震副研究员与我院西亚北非研究中心主任、历史研究所副所长王健研究员一道会见以色列外交部战略事务司副司长艾雅尔·普罗帕博士,双方就各自关心的话题及未来合作事宜进行会谈,以色列驻上海总领事馆副总领事章纳达先生等陪同参加会见。

6月1日　我所王震副研究员应邀赴北京参加英国国际战略研究所(IISS)与清华大学国家战略研究院(NSI)联合举办的"地缘政治、核问题与中东"学术研讨会。

6月5—8日　我所助理研究员褚艳红应中国妇女研究会邀请,参加在北京举行的"2016年妇女/性别研究研训班",接受为期3天半的培训。

6月15日　应上海市工会管理职业学院邀请,世界中国学研究所执行所长王海良研究员为上海市总工会作题为"对两岸关系重大转折的全面分析与战略思考"的形势报告。他从两岸关系重大转折的背景、两岸围绕"九二共识"核心内涵的争议以及当今台湾的处境进行分析,并阐述若干战略思考。

6月21日　世界中国学研究所所长张维为在本所作题为"读懂中国和世界视角"的学术报告。

6月25日　上海市社联《上海思想界》杂志社与上海社会科学院台湾研究中心联合召开"台湾问题与两岸关系再探讨"座谈会,世界中国学研究所执行所长王海良研究员应邀出席。

是月　由梅俊杰研究员领衔、上海社会科学院世界中国学研究所组织撰写的《世界中国学理论前沿》在上海社会科学院出版社出版。

7月2日　世界中国学研究所与上海市美国问题研究所联合举办"国际态势与中国反恐"学术研讨会,来自北京、上海和新疆各有关学术机构的专家学者共30余人与会,我院副院长何建华、上海市美国问题研究所常务所长胡华出席会议并致辞。

7月4日　世界中国学研究所执行所长王海良研究员应邀出席上海社会

科学院台湾研究中心主办的"5·20后两岸关系情势分析研讨会",并在会上发言。

7月7日　由中联部组织的欧美中青年学者考察团专程来世界中国学研究所访问并座谈交流。该团团员共11人,来自欧美7个国家,均为不同学科对中国研究有基础或兴趣的中青年学者。世界中国学研究所执行所长王海良研究员,研究员梅俊杰,副研究员胡筱秀,助理研究员盛文沁,院刊《社会科学》和《社会科学文摘》总编胡键,世经所研究员、院港澳研究中心主任尤安山共同会见考察团成员并与客人座谈。

7月26日　由韩国檀国大学文科大学长、退溪纪念中央图书馆馆长、历史系教授沈载勋率领的学者访问团一行五人来世界中国学研究所访问交流,执行所长王海良研究员、助理研究员张焮接待韩国客人。

8月18—20日　由海峡两岸关系法学研究会主办,黑龙江省法学会、黑龙江大学协办的第五届"两岸和平发展法学论坛"在哈尔滨市举行,本届论坛的主题为"两岸关系与法学交流",来自海峡两岸法学界、法律界人士、涉台研究者300多人出席论坛。世界中国学研究所执行所长王海良研究员应邀出席论坛并作题为"冷对抗状态下的两岸政治与法律对冲"的大会演讲,中国评论通讯社对该演讲作专题报道。

8月21—27日　世界中国学研究所执行所长王海良研究员应邀随上海市学者团赴台湾出席"台北—上海城市论坛",并参加该论坛的文化分论坛,随后走访台湾经济研究院、文化大学、淡江大学、政治大学、中兴大学、东海大学及台北论坛等智库。

9月4—23日　由文化部外联局与上海社会科学院联合举办的为期20天的"青年汉学家研修计划"(秋季班)在上海社科院拉开帷幕。本届青年汉学家研修计划共有来自巴西、秘鲁、比利时、印度、墨西哥等23个国家和地区的26位优秀青年汉学家参加研修,研修方向涉及中国历史、文学、哲学、艺术、语言、经济、当代社会等诸多领域。他们在上海社会科学院接受为期3天的集中授课,由杨洁勉、姜义华、王战、张维为等专家专题授课,之后在上海社会科学院各研究所、复旦大学、华东师范大学、上海国际问题研究院等合作单位研修。主办方还集中组织学员在上海市和华东地区开展中国改革开放、经济发展、社会法治和历史文化考察活动。

9月11日　乔兆红研究员应邀参加"市场经济思想在中国的传播和实践暨纪念《国富论》发表240周年"国际学术研讨会。

9月23日　应上海市人民政府侨务办公室邀请，世界中国学研究所执行所长王海良研究员出席"新形势下的侨务对台工作主题研讨会"，并就新形势下的侨务对台工作形势和对上海侨务对台工作发言。

9月23—25日　为加强同中国近现代史学术界的交流与合作，进一步推动中国近现代史学科建设和发展，山东师范大学历史与社会发展学院、中国社会科学院近代史研究所马克思主义史学理论与文化史研究室于2016年9月23—25日在济南联合主办"从闭关到开放：中国早期现代化与社会转型"学术研讨会。我所乔兆红研究员应邀与会，就"中国民众运动的研究缘起及理论基础"发表演讲。

9月24日　世界中国学研究所执行所长王海良研究员应邀出席"菲律宾对外政策研讨会"并在会上作专题发言。该研讨会由上海环太国际战略研究中心、江苏省国际友好联络会等单位联合主办。

10月1日　中国学所前所长张维为主编的《多重视角下的中国梦》出版，该书是"中国梦研究丛书"的第二集。本文集从多重视角出发来探讨中国梦和中国道路，其内容涉及政治、经济、历史、社会、反恐等许多方面，力求以较短的篇幅尽可能全面地反映这些领域内的一些最新研究成果。

10月10日　菲律宾大学亚洲中心副教授蒂娜·克莱门特(Tina Clemente)访问世界中国学研究所，我所乔兆红研究员、研究助理张焮和樊慧慧参加接待。

10月20日　世界中国学研究所执行所长王海良研究员出席题为"城市叙事：记忆、想象和认同"的世界城市文化上海论坛(2016)，并在分论坛"全球化语境中的城市文化认同"作评论发言。该论坛是由上海社会科学院、上海戏剧学院、上海社会科学院文学所等单位主办。

10月22—23日　世界中国学研究所执行所长王海良研究员出席"第四

届变化中的台湾政治生态与台海局势研讨会",并在会上就所提交的论文《从中美战略博弈看海峡两岸冷对抗》作发言。会议由上海东亚研究所主办,出席会议的有北京、上海、福建的专家学者、多位美国专家学者以及国台办、外交部及上海市台办相关官员。

10月26日 世界中国学研究所执行所长王海良研究员会见台湾大学政治系教授石之瑜,双方就台湾岛内政局和两岸关系发展趋势交换看法。院台港澳办主任刘阿明,助理周隆敏以及上海相关专家学者郭隆隆、包承柯等参加会见。

10月28日 上海社会科学院召开干部大会,宣布市委、市政府有关领导干部职务任免的决定。市委宣传部副部长燕爽、胡佩艳,市委组织部宣教科技干部处副处长姚训及院长王战、院党委书记于信汇等院领导班子成员出席大会。胡佩艳副部长主持会议。姚训副处长宣读市委、市政府有关上海社会科学院领导班子和相关研究所领导干部任免的决定。决定任命姚勤华同志为世界中国学研究所所长。

是日 世界中国学研究所执行所长、研究员王海良,副研究员王震会见瑞典斯德哥尔摩国际和平研究所(SIPRI)中国和全球安全项目主任、高级研究员司乐如(Lora Saalman)博士。王海良向客人介绍中国学所和世界中国学论坛的情况,司乐如介绍国际和平研究所和她的项目情况,双方就开展学术交流与合作进行探讨。

10月29日 第二届海峡两岸21世纪海上丝绸之路研讨会在同济大学召开,世界中国学研究所执行所长王海良研究员应邀出席,并就他提交的论文《南海经略:把握中国陆海战略平衡》作主题发言。

11月4日 世界中国学研究所召开干部任职宣布会。院党委书记于信汇、世界中国学研究所所长姚勤华、执行所长王海良等出席。院组织部副部长周洁莉主持会议,并宣读上海社会科学院党委关于周武同志任世界中国学研究所副所长的决定。

11月5日 由中国统一战线理论研究会两岸关系理论福建研究基地、福建省统一战线理论研究会、福建省海外联谊会主办的第七届和谐海峡论坛在泉州市隆重举行,世界中国学研究所执行所长王海良研究员应邀出席论坛并在政治文化组研讨中,就其提交的论文《浅论两岸关系转入冷对抗》作重点发言。

11月15日　世界中国学研究所乔兆红研究员在所内作"中国学概念辨析"的学术报告,对国内外学术界常用的域外汉学、海外汉学、大汉学、新汉学、中国学、中国问题研究、当代中国研究、中国研究等概念及其源流,以及英语世界常用的 sinology,China Studies,Chinese Studies 等概念及其不同特点,进行较为全面的梳理和分析。

11月18日　上海社会科学院院长王战到世界中国学研究所指导工作,并就世界中国学研究所的科研工作发表重要讲话。世界中国学研究所姚勤华所长、王海良执行所长、周武副所长、院党政办公室副主任丁波涛以及世界中国学研究所全体职工出席会议。

11月26日　由世界中国学研究所与上海社会科学院台湾研究中心联合主办的"两岸关系的挑战与出路"研讨会在院总部举行,中共上海市委台湾工作办公室副主任李骁东,世界中国学研究所执行所长、院台湾研究中心秘书长王海良研究员出席开幕式并致辞,上海社科院台港澳交流办公室主任刘阿明主持开幕式,上海社科院副院长、历史研究所所长黄仁伟作主旨发言。

11月30日　世界中国学研究所执行所长王海良研究员应邀出席"两岸法学交流与涉台法治建设"学术研讨会,并以"关于修改《反分裂国家法》的思考"为题作专题发言。该研讨会由上海市法学研究会和华东师范大学法学院联合主办。

是月　王震副研究员、徐庆超助理研究员和张焮研究助理撰写的《关于加强外宣工作战略统筹的思考与建议》获"上海市第十三届哲学社会科学优秀成果奖(2014—2015)内部探讨优秀成果奖";王震副研究员参与撰写的《恐怖主义的历史演变》获"著作类二等奖"。

12月2日　为庆祝上海外国语大学建校67周年暨孔子学院建设十周年,上海外国语大学举办"自信自觉自洽:中华文化海外传播论坛",我所乔兆红研究员应邀与会,就"理解中国:用中国历史讲述中国故事"发表大会主旨演讲。

12月4—8日　王震副研究员应斯里兰卡地区战略研究所邀请赴斯里兰卡参加"中国在南亚及南亚在中国"国际学术会议。

12月6日　上海东亚研究所、中国评论通讯社、中评智库基金会联合举办"习近平对台思想分析"研讨会,世界中国学研究所执行所长王海良研究员应邀出席并以"习近平总书记对台战略思想新意向"为主题作重点发言。

2017 年

1月8日　梅俊杰研究员为文汇报政经中心下的"金融读书会"作"经济史专题:亚当·斯密的神话与重商主义的真相"的演讲。

1月17日　韩国高丽大学亚洲问题研究所中国研究中心主任李正男教授、韩国安全保障大学河度亨教授率"中国的大国化"课题组来访。

1月20日　上海社会科学院世界中国学研究所"妇女之家"揭牌仪式在我所会议室举行。上海社会科学院妇委会主任赵蓓文教授、奚艳专职副主任前来我所为"妇女之家"揭牌,姚勤华所长、周武副所长和中国学所职工出席揭牌仪式。

2月5—25日　我所顾鸿雁助理研究员应联合国大学可持续发展高等研究所邀请赴日开展市课题"日本乡村景观保护政策及对我国的启示研究"调研。

2月10日　应世界中国学研究所邀请,台湾"中研院"政治学研究所冷则刚研究员来我所访问,就"两岸文化资产保存的分析与省思"问题作专题学术报告,并在会后与全所科研人员进行交流。

2月15日　我院新闻研究所副所长张雪魁研究员应邀来所就当前舆情形势与专报写作等问题进行座谈,姚勤华所长主持座谈和交流活动。

3月23日　我所助理研究员潘玮琳应邀在西交利物浦大学中国研究系作题为"兴旧利废:1949—1955年上海的物资回收"的学术报告。

3月24日　华东师范大学终身教授、国际著名冷战史研究专家沈志华教授应邀做客"世界中国学讲座",就"周边国家对华关系研究"作学术报告。

是月　我所以"世界中国研究所世界中国学论坛办公室"的名义获得"2015—2016年度上海市三八红旗集体"荣誉称号。

4月14日　上海外国语大学中东研究所创始人兼名誉所长朱威烈教授应邀做客"世界中国学讲座"第二讲,就"当前国际政治中的伊斯兰世界:困境与出路"与我院师生进行交流。

4月18日　荷兰国际亚洲研究所所长菲利普·佩凯姆(Philippe M. F. Peycam)博士一行在我院国际合作处吴雪明处长的陪同下,访问上海社会科学院世界中国学研究所,并与我所研究人员进行座谈交流。

4月22日　世界中国学研究所与上海反恐研究中心共同举办"机遇中的挑战:'一带一路'沿线政治风险与反恐形势"学术研讨会,来自国家反恐办、中国现代国际关系研究院、新疆社会科学院、复旦大学、华东师范大学、上海外国语大学、上海国际问题研究院、上海交通大学,以及上海反恐研究中心和上海社会科学院的40多位专家、学者参加本次研讨会。

5月2日　梅俊杰研究员在所内做"英国现代化历程及其启示"的讲座。

5月9日　由上海社会科学院世界中国学研究所和世界经济研究所共同举办的"'一带一路'倡议与中国对外开放新战略"学术研讨会在我院小礼堂召开,王战院长和上海世界经济学会会长张幼文研究员出席开幕式并致辞。

5月24日　梅俊杰研究员在上海国际问题研究院为美国研究生访问团做专题讲座:"从历史角度看中国经济发展"。

5月30日　姚勤华所长等参加接待联合国教科文组织代表团。联合国教科文组织三位代表联合国教科文组织人文社科部研究、政策与预见室主任约翰·克劳利(John Crowley)博士,联合国教科文组织国际哲学与人文科学理事会(ICPHS/ CIPSH, UNESCO)秘书长路易兹·奥斯特毕克(Luiz Oosterbeek)教授,国际哲学与人文科学理事会成员单位亚洲人文联盟(ANHN)主席熊秉真(Ping-chen Hsiung)教授访问我院。

是月　上海市总工会集中表彰一批为经济社会发展作出突出贡献的先进集体和先进职工,世界中国学研究所副研究员王震获得上海市"五一劳动奖章"。

6月10日　与历史所联合举办"商务印书馆与中国现代转型"学术工作坊，会议由周武副所长主持开幕式，姚勤华所长与商务印书馆百年资源部主任张稷致辞。

6月20日　美国圣母大学校长助理、历史系Elisabeth Koll（柯丽莎）教授做客"世界中国学系列讲座"第五讲，就"美国中国学研究的最新动态"作学术报告。

是日　美国巴德学院历史系主任Robert J. Culp（高哲一）教授做客"世界中国学讲座"第六讲，就"知识生产与文化权威：知识分子在中国现代出版业的工作生活"作学术报告。

7月4日　纽约长岛大学东亚史与外交史终身教授、华东师范大学周边国家研究院研究员、华东师大—威尔逊中心冷战研究工作室主任夏亚峰教授做客"世界中国学讲座"第七讲，就"美国学界对中美关系研究的新发展"作学术报告。

7月9—10日　世界中国学论坛欧洲分论坛在德国柏林举行。这是继2015年美国分论坛、2016年东亚分论坛之后，世界中国学论坛连续第三年在海外举行分论坛。本次欧洲分论坛主题是"中国与全球化：新阶段、新挑战"，与刚刚举办的G20汉堡峰会相呼应，深入探讨当前全球化进程的深刻变化及其影响，以及中国和欧盟共同应对全球化曲折发展的作用与责任。本次分论坛由国务院新闻办公室主办，上海社会科学院、德国全球与地区问题研究所、中国社会科学院欧洲研究所、德国贝塔斯曼基金会共同承办。论坛期间，来自中国、德国及其他国家的50余位学者分别就"中国和世界的政治经济趋势""全球不同文化对话"和"中国与国际秩序"三个议题展开研讨。中国社会科学院副院长蔡昉、世界贸易组织发展部顾问汉斯-彼特·维尔纳等知名专家学者作主旨演讲，从不同角度探讨中欧在全球化和全球治理方面的共识和共同利益。王战院长、黄仁伟副院长出席会议，我所梅俊杰研究员、研究助理张燚、樊慧慧陪同并参与筹备。

7月19—24日　我所副研究员胡筱秀、办公室副主任王圣佳赴泰国参加由泰国清迈大学和荷兰国际亚洲研究院举办的第十届国际亚洲研究学者大会(ICAS10)。

是月　我所助理研究员潘玮琳获大英博物馆罗宾逊访问学者项目资助赴英访学。

8月5—10日　我所乔兆红研究员赴比利时参加由联合国教科文组织(UNESCO)举办的首届世界人文大会(WHC)。

8月23日　我所助理研究员潘玮琳应邀参加上海纽约大学环球亚洲中心主办的"印度洋连接上的港口与港口城市"国际学术研讨会，并作题为"美货：二战后上海的美军剩余物资回收初探"的学术报告。

8月28日　日本贸易振兴机构亚洲经济研究所大塚健司主任研究员、山田七绘研究员做客"世界中国学讲座"第八讲，分别就中国与亚洲环境治理、太湖流域农村面源污染防治对策及其实施过程作学术报告。

8月29—9月2日　我所王震副研究员应斯里兰卡地区战略研究所邀请，参加在科伦坡举办的"中国与南亚关系：一带一路与斯里兰卡"国际学术会议并作专题发言。

9月4—22日　由中华人民共和国文化部主办，我院、中外文化交流中心联合承办，中国学所协办的2017"青年汉学家研修计划"上海班于9月4日上午在上海社科国际创新基地开班。中共上海市委副秘书长、市委宣传部副部长朱咏雷，文化部外联局副局长朱琦，我院党委书记于信汇，上海市文化广播影视管理局党委副书记沈卫星等出席，开班仪式由我院原副院长黄仁伟主持。在为期三周的上海研修班期间，来自菲律宾、缅甸、日本、阿富汗、土耳其、阿塞拜疆、俄罗斯、罗马尼亚、英国、意大利、埃及、赞比亚、加拿大、格林纳达、阿根廷等29个国家的30位优秀青年汉学家参加研修，研修方向涉及中国历史、文学、语言、经济、政治、社会、国际关系等诸多领域。中国学所特邀沪上知名专家学者王战、葛剑雄、杨洁勉、沈国明、陆铭等为学员讲授"世界与中国互动下的中国学""中国地域文化的魅力和困境""中国外交新环境和新途径""中国法治建设的新阶段""全球化、城市化与中国经济可持续发展"等专题。研修期间，学员们赴上海社会科学院、复旦大学、华东师范大学、上海外国语大学、同济大学、上海国际问题研究院等学术机构开展研究工作,在中国导师的指导下撰写学术论文。主办方还集中组织学员参观了上海大型装备制造企业与特色社区,并赴安徽、江西等省实地考察江南历史文化,使青年汉学家们零距离接触中国社会,进一步加深对当代中国国情和历史文化传统的切身体会与直观认识。9月22日,2017"青年汉学家研修计划"上海班在上海社科国际创新基地举行结业仪式。

9月7日—10月7日　我所盛文沁助理研究员赴台湾东吴大学历史系访问。

10月20日　由上海社会科学院世界中国学研究所主办的"中国共产党百年研究的海外视角国际学术研讨会"在我院国际创新基地举行。来自加州理工州立大学、神户大学、复旦大学、华东师范大学、中国人民大学、南京大学、中山大学、武汉大学、北京联合大学,以及上海社会科学院的20余位国内外专家学者交流、探讨了海内外学界对中国共产党的最新研究。姚勤华所长作开幕致辞,并主持主题演讲,副所长周武研究员、乔兆红研究员分别主持相关议题并作点评,潘玮琳助理研究员、张焮研究助理就海外中国共产党研究的最新发展分别发言。

10月27—11月1日　我所王震副研究员赴台湾地区参加"第十三届恐怖主义与非传统安全研究学术研讨会"。

是月　上海社会科学院世界中国学研究所获得批准,可以自2018年起在马克思主义中国化专业下,招收5名世界中国学方向的博士研究生。

11月　我所乔兆红研究员主编的《海外中国学理论前沿》出版。

12月10—11日　第七届世界中国学论坛在上海举行。本届论坛主题为"新时代的中国",由国务院新闻办公室和上海市人民政府共同主办,上海市人民政府新闻办公室和我院联合承办。本届论坛邀请近200位海内外代表参会,中共中央宣传部副部长、国务院新闻办公室主任蒋建国,中共上海市委副书记、上海市市长应勇,澳大利亚前总理、美国亚洲协会政策研究院主席陆克文等领导及贵宾、代表、领馆官员、媒体等近500人出席开幕式。

2018 年

3月9日　世界中国学研究所妇委会与哲学所妇委会联合举办题为"爱与智慧同行：中国知识女性的过去、现在和未来"的女性学术沙龙。两所的女博士、女高知从历史和哲学的视角展开该话题，结合与美、日、韩等国家女性状况的国际比较，就性别平等、知识女性幸福观、当今中国妇女发展及亟须解决的问题等进行了深入讨论。

5月15—6月14日　焦世新副研究员应美国布鲁金斯学会邀请，赴美就当前的中美关系及特朗普对华战略调整趋势进行学术访问和实地调研。

5月21—29日　助理研究员胡冯彬赴荷兰参加"第16届中国互联网研究大会"；赴捷克参加"第68届国际传播学协会年会"。

5月22日　美国科罗拉多大学博尔德分校东亚系魏定熙（Timothy Weston）教授做客"世界中国学讲座"第十四讲，就"信息、资本主义和权力：中国近代报刊的起源"作学术报告。

5月25日　前驻外大使吴思科和田文林副研究员做客"世界中国学讲座"第十五讲，分别就"当前中东热点问题透析""当前伊斯兰世界困境与'一带一路'倡议"作学术报告。

5月29日　法国西布列塔尼大学副教授、汉语教学负责人月月做客"世界中国学讲座"第十六讲，就"法国中国学研究的历史与特点"作学术报告。

是月　上海社会科学院世界中国学研究所经过初试、复试选拔，在马克思主义中国化专业下，首次招收5名2018级世界中国学方向的博士研究生。

是月　研究所被评为上海社会科学院"2017年度献血工作考核优秀集体"。

6月4—13日　我所梅俊杰研究员应阿尔巴尼亚国际问题研究所、黑山国家科学与艺术学院邀请，与王战院长一起出访，推进智库合作交流。

6月30日　我所举办国家高端智库研讨会，就美国对华战略调整的趋势进行探讨。来自上海社会科学院世界中国学研究所、中国社会科学院美国所、上海国际问题研究院、中国社会科学院亚太与全球战略研究院、外交学院、北京大学国际关系学院、中国人民大学国际关系学院、南开大学周恩来政府管理学院、暨南大学国际关系学院、同济大学政治与国际关系学院等智库与高校的学者出席会议。

7月9—27日　由文化和旅游部主办,中外文化交流中心总协调,我院承办,中国学所和上海社会科学院智库建设基金会协办的2018"青年汉学家研修计划"(上海)七月班开班仪式在上海举行。文旅部外联局副局长朱琦、中共上海市委宣传部副部长燕爽、上海市文化广播影视管理局党委副书记沈卫星、上海社会科学院党委书记于信汇等嘉宾和来自27个国家共32名参加本期研修的青年汉学家出席开班仪式。开班仪式上,来自土耳其、俄罗斯、埃及和美国的4位青年汉学家从不同角度讲述他们的中国故事。研修期间,32位青年汉学家聆听了5场有关中国文化、经济、法制、外交、城市发展的高端学术讲座,并与来自上海社会科学院、复旦大学、华东师范大学、同济大学、上海外国语大学等合作单位的专家学者开展为期三周的专题交流和研讨。本次研修活动期间,青年汉学家还考察了上海本地的城市历史遗产、特色社区、知名企业和北京的历史文化遗迹,亲身感受中国的悠久文明和当代的发展成就。7月27日,2018"青年汉学家研修计划"(上海)七月班在上海社科国际创新基地举行结业仪式。

7月17日　台湾"中央警察大学"汪毓玮教授做客"世界中国学讲座"第十七讲,就"美国国土安全发展之探讨"作学术报告。

7月20日　上海社会科学院召开干部大会,宣布沈桂龙同志任上海社会科学院世界中国学研究所所长。市委宣传部副部长胡佩艳,上海社科院院长张道根、党委书记于信汇、党委副书记王玉梅,副院长谢京辉与王振,市委组织部宣教科技干部处、市委宣传部干部处负责同志出席会议。

是日　我所助理研究员潘玮琳应邀在牛津大学艺术博物馆作题为"19世纪中国的纸钱业"的学术演讲。

7月29日　我所助理研究员潘玮琳,应邀在大英博物馆作题为"以锡换茶:中英锡贸易与江浙锡箔业的历史渊源"的学术演讲。

8月15日—2019年7月14日　我所研究员王震获得美国哈佛燕京学

社资助,应邀赴美国哈佛燕京学社进行为期一年的访问研究。

8月23日　我所助理研究员潘玮琳应邀参加上海纽约大学环球亚洲研究中心学术年会,并作题为"西方博物馆藏中国纸钱初探"的报告。

8月24日　院党委书记于信汇代表院党委到世界中国学研究所进行干部任免情况的说明,沈桂龙同志任世界中国学研究所所长,姚勤华同志出于年龄原因,不再担任世界中国学研究所所长。院党委组织部副部长周洁莉、党政办公室副主任唐涛出席所内宣布会。

是日　大英博物馆币章部东亚钱币研究馆员汪海岚(Helen Wang)博士在我所作学术报告,报告会由世界中国学研究所所长沈桂龙研究员主持。

是月　我所助理研究员潘玮琳的专著《礼俗消费与地方变迁:江浙锡箔的物质文化史》出版,该书收入"上海社会科学院院庆60周年青年学者丛书"。

9月6日　"不忘初心　携手未来"主题党日暨院庆60周年院史知识竞赛活动在分部尚社苑举行,张焮、胡冯彬、褚艳红组成的中国学所代表队,勇夺该项竞赛冠军。

9月7日　上海社会科学院成立60周年大会暨第四届世界中国学贡献奖颁奖仪式举行。中共上海市委宣传部部长、世界中国学论坛组委会第一副主任周慧琳,中共上海市委宣传部副部长、市社联党组书记、世界中国学论坛组委会副主任燕爽,上海社会科学院院长、世界中国学论坛学术委员会主任张道根出席颁奖仪式,并为获奖者及其代表颁奖。上海社会科学院党委书记、世界中国学论坛组委会副主任于信汇主持颁奖仪式,并宣读获奖人名单。经过第四届世界中国学贡献奖通讯评议专家委员会评选,美国耶鲁大学历史学系斯特林讲座荣誉退休教授史景迁,法国国立东方语言文化学院荣誉教授白吉尔,俄罗斯联邦委员会经济政策委员会主席、俄罗斯中国友好协会主席、俄罗斯联邦特命全权大使梅津采夫,新加坡国立大学特级教授、东南亚研究院主席、澳洲国立大学荣誉退休教授王赓武荣获第四届世界中国学贡献奖。颁奖仪式上,梅津采夫、王赓武出席发表获奖感言,白吉尔、史景迁出于身体原因未能与会。白吉尔在会前寄来感谢函,史景迁由其夫人金安平女士代表出席并代为宣读其获奖感言。

  是日 耶鲁大学历史学系荣休资深讲师金安平女士在上海国际社科创新基地作"《论语》在海外：理雅各与庞德的足迹"的演讲。此次演讲为"世界中国学讲座"第十九讲，由我所助理研究员潘玮琳主持，历史研究所叶斌副研究员点评。

  9月10—29日 由文化和旅游部主办、上海社会科学院承办的2018"青年汉学家研修计划"（上海）九月班开班仪式于9月10日在上海社科国际创新基地举行。文化和旅游部外联局副局长朱琦、中共上海市委宣传部副部长燕爽、上海社会科学院院长张道根等和来自25个国家共33名青年汉学家出席。开班仪式由上海社科院世界中国学研究所所长沈桂龙主持。研修期间，33位青年汉学家聆听了5场有关中国经济发展、历史与文化、法制、外交、城市发展的高端学术讲座，张道根、葛剑雄、沈国明、杨剑、张学良等沪上知名专家学者担任主讲。本次研修活动期间，还组织青年汉学家考察上海本地的城市历史遗产、特色社区、知名国企，并赴甘肃敦煌亲身感受中国的悠久文明和当代的最新发展。青汉班在敦煌期间还参加第三届丝绸之路（敦煌）国际文化博览会分项活动"青年汉学家座谈会"，受到文化和旅游部部长雒树刚会见，世界中国学研究所所长沈桂龙主持会见活动。本次青年汉学家研修计划由中外文化交流中心总协调，上海社科院世界中国学研究所、上海社科院智库建设基金会协办。9月29日举行2018"青年汉学家研修计划"（上海）9月班结业仪式。

  9月13—17日 应耶鲁大学邀请，助理研究员潘玮琳参加美国耶鲁大学举行的"物质文化与中华人民共和国"学术研讨会，并作题为"废旧物资的辩证法"的报告。

  是月 上海社会科学院世界中国学研究所获得批准，可以自2019年起在中国史专业下，招收3名世界中国学方向的硕士研究生。

  10月16日 著名中国问题专家、英国社会科学院院士、英国华威大学政治学与国际问题研究教授沙恩·布雷斯林（Shaun Breslin）做客"世界中国学讲座"第二十讲，以"从英国视角研究中国崛起：政治学与国际关系之间的区别与联系"为题作学术报告。

10月23日 台湾著名学者石之瑜教授做客"世界中国学讲座"第二十一讲,以"天下观是怎么被理解为中国威胁论的?"为题作报告。

是月 世界中国学研究所所长沈桂龙研究员《推动"一带一路"贸易和投资自由化便利化研究》获2018年度国家社科基金重大研究专项;沈桂龙等撰写《中国"一带一路"跨境园区发展报告》获上海市第十四届哲学社会科学优秀成果奖——决策咨询和社会服务奖一等奖。

11月2日 台湾大学博士,东海大学建筑系教授,建筑中心主任郭奇正来访,就"全球视域中的在华教会大学研究"与我所有关人员座谈。

11月5日 研究所举办"海外关于中国问题的研究:历史、文化、经济、政治与社会"学术会议。本次会议由乔兆红研究员领衔的创新工程团队"世界中国学论坛成果智库转化平台"主办。世界中国学研究所所长沈桂龙研究员致辞并主持会议,副所长周武研究员、院经济研究所陆兴龙研究员、中国学所乔兆红研究员、上海师范大学人文与传播学院曹建南教授先后主持会议。来自国内外的众多学者济济一堂,共同探讨世界与中国的关系。

11月13日 复旦大学朝鲜韩国研究中心主任郑继永教授在我所作题为"朝鲜半岛局势转圜与中国对策"的报告。报告由世界中国学研究所所长沈桂龙研究员主持。

11月14—18日 应日本立命馆大学邀请,我所助理研究员顾鸿雁、办公室副主任王圣佳赴日本与日本立命馆大学、横滨国立大学商谈机构合作。

11月17日 上海社会科学院世界中国学研究所举办"上海与现代中国学的发端"学术会议。

12月3—4日 世界中国学论坛首届拉丁美洲分论坛在阿根廷首都布宜诺斯艾利斯举行,论坛主题为"'一带一路'倡议与中拉合作",与G20峰会相呼应。这是世界中国学论坛继2015年美国分论坛、2016年东亚分论坛、2017年欧洲分论坛之后,连续第四年在海外举行分论坛。围绕着中国改革开放的历程、"一带一路"倡议以及中拉合作发展前景三个主旨,与会者展开深入交流和讨论。本次论坛共有130多名专家学者与会,有38位学者作专题发言。

阿根廷驻华大使盖铁戈、阿根廷国际关系理事会副主席费利克斯·佩纳、上海社会科学院院长张道根作大会主旨演讲。中国社会科学院拉丁美洲研究所、上海社会科学院智库建设基金会、阿根廷国际关系理事会、阿根廷拉普拉塔国立大学、阿根廷工银基金会共同参与主办。世界中国学研究所所长沈桂龙研究员、樊慧慧研究助理陪同张道根院长、王振副院长等人参会，并于会后陪同访问阿根廷、墨西哥、古巴的学术机构。

12月11日　美国哈佛大学肯尼迪政府学院高级研究员欧伟伦（William Overholt）教授做客"世界中国学讲座"第二十三讲，以"中国成功背后的潜在危机"为题作学术报告。

12月12日　美国洛杉矶西来大学终身教授陈岳云做客"世界中国学讲座"第二十四讲，以"经济周期和经济危机——中国会经历吗？"为题作学术报告。

12月14日　世界中国学研究所荣获第四届"尚社杯"拔河大赛三等奖。

2019年

1月3日　世界中国学研究所2019年工作务虚会在陈云纪念馆会议室举行。王振副院长、张国云处长、吴雪明处长、沈桂龙所长等出席会议，所科研人员参加会议。会议由沈桂龙所长主持。

1月31日　由海上教育学会（Institute for Shipboard Education）和美国科罗拉多州立大学合作承办的"海上学府"（Semester At Sea）环球游学项目学生团一行24人来上海社会科学院分部访问交流，潘光教授应邀做专题讲座。世界中国学研究所承担此次接待工作。

4月7日　正在美国访问的王震研究员前往布朗大学拜会美国前助理国防部部长、驻沙特大使傅立民先生，就中美关系、中东问题等进行了访谈。

4月19日　正在美国访问的王震研究员专程拜访前美国驻华大使、威尔逊国际研究中心基辛格中美关系研究所前所长芮效俭大使，就中美关系若干问题进行了访谈。

是月　上海社会科学院世界中国学研究所经过初试、复试选拔，在中国史专业下,首次录取招收2名世界中国学方向的硕士研究生。

5月21日 正在美国访问的王震研究员在哈佛燕京学社资助下,与哈佛大学肯尼迪学院国际安全项目主任、美国人文科学院斯蒂芬·米勒院士共同主办了"演进中的亚洲核秩序"国际学术会议,来自中、美、日等国的20余名专家学者参加了会议,哈佛燕京学社年度执行社长安德鲁·戈登院士到会致辞。

6月16—7月5日 由中华人民共和国文化和旅游部主办,中外文化交流中心总协调,上海社会科学院承办,上海社会科学院世界中国学研究所和上海社会科学院智库建设基金会协办的2019"青年汉学家研修计划"上海班于6月17日开班。中共上海市委宣传部副部长徐炯、上海社会科学院党委书记于信汇、中外文化交流中心李蕊副主任等嘉宾和来自32个国家共37名青年汉学家出席。研修期间,37位青年汉学家聆听了张道根院长等5位专家学者的高端学术讲座,并与专家学者开展为期三周的专题交流和研讨。研修活动期间,协办方还组织青年汉学家考察上海的城市历史遗产、政府机构、特色社区、知名国企,并赴湖南考察中华传统文化与与旅游市场,亲身感受中国文化和发展成果。7月5日,2019"青年汉学家研修计划"上海班举行结业仪式。

7月4日 由上海社科院世界中国学研究所、国际问题研究所和智库建设处联合主办的国家高端智库"大家讲坛"在上海社科国际创新基地举行。美国人文与科学院院士、《国际安全》杂志主编、哈佛大学肯尼迪学院斯蒂芬·米勒(Steven E. Miller)教授应邀担任本次主讲嘉宾,并就"美国外交政策中的特朗普革命"发表演讲。我院国际问题研究所所长王健研究员和世界中国学研究所所长沈桂龙研究员共同主持会议,刘鸣研究员应邀对米勒教授的演讲进行评论。

7月16日 根据院《关于吴雪明等同志职务任免的通知》(沪社科院〔2019〕178号),聘吴雪明同志担任世界中国学研究所副所长,聘期自2019年7月至2022年7月止。

7月23日 市委"不忘初心　牢记使命"主题教育巡回指导组第三组组

长刘其龙同志、组员谢春讯同志,莅临上海社会科学院世界中国学研究所,了解现阶段主题教育活动开展情况,并进行现场指导。世界中国学研究所党支部书记、所长沈桂龙,副所长周武及部分党员到会。院党政办公室副主任潘翔陪同。

8月1日—2020年8月3日 我所助理研究员潘玮琳应邀赴美国哈佛燕京学社访学。

9月10—11日 为期两天的第八届世界中国学论坛举办。本届论坛主题为"中国与世界:70年的历程"。9月10日,中共中央政治局委员、书记处书记、中宣部部长黄坤明出席论坛开幕式并发表主旨演讲。中共中央政治局委员、上海市委书记李强在论坛开幕式上致辞。中共上海市委副书记、上海市市长应勇主持开幕式。530多人参加论坛开幕式和大会,超过800人参加各平行分论坛,35个国家和国际组织的300多位中外中国学研究学者围绕论坛主题展开研讨,近百名中外记者采访报道本届论坛。开幕式上,宣布美国亚洲协会荣誉会长卜励德、中山大学历史系世界史教授滨下武志、荷兰莱顿大学中国历史讲座教席施舟人、北京大学人文讲席教授杜维明获中国学贡献奖。同日,作为第八届世界中国学论坛的一个重要专场,由上海社会科学院世界中国学研究所、历史研究所共同协办的首届青年汉学家上海论坛,在上海国际会议中心长江厅圆满召开。中共上海市委宣传部副部长徐炯、中国文旅部国际交流与合作局副局长朱琦、上海社会科学院党委书记于信汇致辞,世界中国学研究所所长沈桂龙研究员主持开幕式。

是月 由副所长周武研究员主编的《世界的中国——海外中国学研究回望与前瞻》,张焮助理研究员主编的《论中国:历届世界中国学论坛大会演讲集》《中国研究热——历届世界中国学论坛报道集萃》,乔兆红研究员主编的《新时代的中国——第七届世界中国学论坛实录》正式出版。这四本书都列入"世界中国学系列丛书"。

10月15日 上海社会科学院国际战略研究中心主任周建明研究员在中国学所进行"中国学研究什么?——读懂中国故事的重要性"的专题讲座。此次讲座是"世界中国学讲座"的第二十五场,由世界中国学研究所所长沈桂龙研究员主持。

是月　上海社会科学院世界中国学研究所获得批准,可以自2020年起招收2名世界中国学专业(专业代码0602Z1)的硕士研究生。

12月12日　由上海社会科学院世界中国学研究所、圣彼得堡彼得大帝理工大学人文学院国际关系高等研究院主办,上海社会科学院俄罗斯中亚研究中心协办的"俄罗斯中国学与中俄关系"国际学术研讨会在上海社会科学国际创新基地召开。来自中国、俄罗斯和哈萨克斯坦的8位学者针对中俄文化、旅游、北极战略、国际关系和地方合作等领域展开深入探讨。

12月16—17日　王震研究员应邀赴卡塔尔首都多哈参加我院与布鲁金斯多哈中心联合举办的"一带一路倡议:地缘政治动荡时代的中国与中东合作"国际学术会议并发言。

12月24日　世界中国学研究所青年学术交流中心举办午餐会,主题为"一国两制在澳门的成功实践:我的一点观察与思考",主讲人吴雪明。

12月26日　上海市庆祝改革开放40周年理论研讨会在中共上海市委党校举行。市委常委、宣传部部长周慧琳出席并讲话。会上宣读上海市庆祝改革开放40周年理论征文活动优秀论文奖名单。我所乔兆红研究员的论文《改革开放四十年:中国经验与现代化理论创新》获得优秀论文奖第一名。

是月　世界中国学研究所所长沈桂龙研究员等《上海参与"一带一路"战略主要抓手研究》成果获"第十二届上海市决策咨询研究成果奖二等奖"。

2020年

1月2日　上海社会科学院世界中国学研究所召开2018级博士生毕业论文开题报告会,这是世界中国学研究所首次博士生毕业论文开题报告会。上海市社会科学界联合会主席、原上海社会科学院院长王战教授,上海社会科学院副院长张兆安研究员,原副院长黄仁伟研究员,哲学研究所所长方松华研究员,世界中国学研究所所长沈桂龙研究员,世界中国学研究所副所长周武研究员等6位博士生导师出席本次报告会,原社会学研究所副所长陆晓文研究员作为督导老师出席。报告会由副所长周武主持,低年级同学参与观摩、聆听。

1月7日　德国图宾根大学欧洲当代台湾研究中心研究员达严思(Jens Damm)做客"世界中国学讲座"第二十六讲,作题为"中国文化外交的跨国场域:中亚、中东、东南亚和欧洲的比较研究"的专题报告。

1月8日　上海社会科学院世界中国学研究所副所长吴雪明副研究员访问国家图书馆海外中国问题研究资料中心。国家图书馆海外中国问题研究资料中心副主任田贺龙、尹汉超副研究馆员参加会见和座谈。

1月15—16日　王震研究员应邀赴新加坡参加新加坡国立大学中东研究所举办的"转型中的中东:东亚经验借鉴"国际学术会议并发言。

5月25日　根据中共上海市委宣传部《关于设立上海市重点智库的通知》(沪委宣〔2020〕162号文),经综合评审并报市领导同意,决定设立上海社会科学院世界中国学研究所等15家单位为首批上海市重点智库,设立时间为2020年5月至2023年5月。

6月12日　经上海社会科学院党委组织部、上海社会科学院妇女委员会批准,世界中国学研究所召开新一届妇委会换届改选会议。本届妇委会期满,经所民主投票和院妇委会决议,宋晓煜担任中国学所新一届妇委会主任。所党支部书记、所长沈桂龙研究员表达对所上一届妇委会工作的高度认可及新一届妇委会的期许及支持。

6月19日　世界中国学研究所特邀上海社会科学院前副院长、复旦大学特聘教授黄仁伟研究员为全所科研人员作"当前国际舆情潮流及其对海外中国学的影响"的报告。所党支部书记、所长沈桂龙研究员主持会议。

6月28日　世界中国学研究所特邀复旦大学管理学院院长、博士生导师陆雄文教授为中国学研究内容和重点作相关报告。所党支部书记、所长沈桂龙研究员主持会议。

是月　上海社会科学院世界中国学研究所经过初试、复试选拔,首次招收2名世界中国学专业(专业代码0602Z1)的硕士研究生。

7月3日　为推动世界中国学研究所的学科发展和智库建设,世界中国学研究所特邀上海交通大学国际与公共事务学院副院长、国际应急治理研究院执行院长、博士生导师樊博教授作题为"'互联网+政务'的概念与推进"的学术报告。此报告为"中国学智库讲堂"第一讲。所党支部书记、所长沈桂龙研究员主持会议。

7月10日 世界中国学研究所特邀华东师范大学经济学院院长、教授、博士生导师殷德生作题为"疫后全球产业链真的会收缩吗?"的学术报告。此报告为"中国学智库讲堂"第二讲。所长沈桂龙研究员主持会议。

7月14日 世界中国学研究所特邀上海社会科学院上海国际经济交流中心研究员王泠一博士做题为"中美关系中的五个T和关于纪念抗美援朝七十周年的思考"的学术报告。此报告为"中国学智库讲堂"第三讲。所党支部书记、所长沈桂龙研究员主持会议。

8月28日 上海纽约大学城市科学与政策副教授关成贺博士,应邀作题为"大数据和人工智能在城市研究中的应用"的学术报告。此报告为"中国学智库讲堂"第四讲。世界中国学研究所梅俊杰研究员主持会议。

是月 我所助理研究员谢一青出版专著《金融工程及其在中国的应用研究》,此书列入"上海重点智库丛书"。

9月1日 世界中国学研究所原所长姚勤华研究员,应邀作题为"马克思后的社会主义分流与发展"的学术报告。此报告为"中国学智库讲堂"第五讲。世界中国学研究所所长沈桂龙研究员主持会议。

9月11日 我所助理研究员、哈佛燕京学社访问学者潘玮琳作题为"疫情时期的访学:在哈佛燕京社的观察"的学术报告。此报告为"中国学智库讲堂"第六讲。世界中国学研究所副所长周武研究员主持会议。

10月9日 世界中国学研究所特邀同济大学法学院院长、特聘教授蒋惠岭作题为"新时代法治中国之路与司法改革"的学术报告。此报告为"中国学智库讲堂"第七讲。世界中国学研究所所长沈桂龙研究员主持会议。

10月23日 院党委书记徐威一行到世界中国学研究所开展调研,院党政办公室主任邵建、院党委组织部部长包蕾萍、院人事处处长高子平、院科研处处长杜文俊陪同调研。世界中国学研究所所长沈桂龙、副所长周武、办公室副主任王圣佳、各研究室主任以及科研人员代表参会。

是日　上海外国语大学国际金融贸易学院院长章玉贵教授应邀作题为"中美经贸摩擦、新冠疫情冲击与2044年的中美关系预测"的学术报告。此报告为"中国学智库讲堂"第八讲。世界中国学研究所所长沈桂龙研究员主持会议。

11月6日　同济大学国际文化交流学院院长孙宜学教授,应邀作题为"'一带一路'中华文化国际传播人才培养的几点思考"的学术报告。此报告为"中国学智库讲堂"第九讲。世界中国学研究所所长沈桂龙研究员主持会议。

11月17日　华东师范大学城市发展研究院院长、教授、博士生导师曾刚,应邀作题为"长三角城市一体化水平评价及未来发展之管见"的学术报告。此报告为"中国学智库讲堂"第十讲。所党支部书记、所长沈桂龙研究员主持会议。

11月25日　为保证第九届世界中国学论坛顺利举行,上海社会科学院于上海社会科学国际创新基地召开第九届世界中国学论坛筹备专家座谈会。中国社会科学杂志社总编室副主任刘鹏、上海市经济和信息化发展研究中心主任熊世伟、上海社会科学院图书馆馆长钱运春以及其他研究机构、学术机构、政府部门、企业界的相关专家代表在会上发言。会议由世界中国学研究所所长沈桂龙主持,中国学论坛办公室工作人员及世界中国学研究所科研人员列席会议。

是月　世界中国学研究所乔兆红研究员出版专著《现代化的中国逻辑》,此书列入"上海重点智库丛书"。

12月1日　为加强世界中国学学科建设,上海社会科学院世界中国学研究所于上海社会科学国际创新基地召开世界中国学学科建设专家座谈会。座谈会由上海社科院世界中国学研究所副所长周武研究员主持,华东师范大学刘昶教授,浙江大学孙竞昊教授,华东师范大学曹景文教授,上海师范大学蒋杰副教授,《解放日报·上观新闻》主编、高级记者王多,《澎湃新闻·上海书评》主编黄晓峰,《学术月刊》编辑周奇、《社会科学》编辑陈炜祺,以及中国学所部分科研人员列席会议并发言。

是日　世界中国学研究所特邀中共上海市委党校(上海行政学院)唐钰

岚教授作题为"强化'四大功能'推进上海经济高质量发展"的学术报告。此报告为"中国学智库讲堂"第十一讲。梅俊杰研究员主持会议。

12月23日　澳门圣约瑟大学副校长张曙光教授，应邀作题为"西方学界关于中国Economic Statecraft的研究概述与启示"的学术报告。此报告为"中国学智库讲堂"第十二讲。副所长周武研究员主持会议。

12月28日　世界中国学研究所荣获上海社会科学院第六届"智库创新杯"拔河大赛三等奖。

是月　上海市人力资源和社会保障局公布2020年度上海市浦江人才计划资助名单，王震研究员获得本年度"浦江人才"计划资助。胡冯彬助理研究员撰写的《统战工作智库现状、优势、困境及对策——加强新型统战工作智库建设研究报告》获上海市宣传系统"2019—2020年度统战课题三等奖"；次年2月，该成果获"上海统战理论政策研究创新成果奖三等奖"。

2021年

3月2日　浦东市场监管局局长吴伟平应邀作题为"浦东市场监管体制改革思考与实践"的学术报告。中国学所所长沈桂龙研究员主持会议。

3月26日　王德忠院长一行来中国学所调研，听取所班子工作汇报及部分科研人员代表的意见建议，对中国学所工作予以充分肯定，并就中国学所今后的工作方向与发展重点进行指导、提出要求。参加王德忠院长调研的院处室负责人有：院党政办公室主任邵建、党委组织部部长包蕾萍、科研处处长杜文俊、智库建设处处长于蕾、财务处处长张国云、人事处副处长屠胤捷。中国学所各研究室负责人以及部分科研人员代表参加调研座谈。

4月16日　为更好把握国家和上海经济社会发展形势、深入推进党史学习教育活动和各项研究工作，世界中国学研究所特邀上海市发改委国民经济综合处处长、上海市发展改革研究院原副院长魏陆研究员就上海经济社会发展"十四五"规划作专题辅导报告。会议由中国学所党支部书记、所长沈桂龙研究员主持。

4月20日　上海文史资料研究会常务副会长、上海新闻出版局原副局长祝君波,应邀做题为"上海收藏简史及新中国时期的红色收藏家"的专题讲座,对中国和上海的收藏史、收藏学、中外交往以及有代表性的红色收藏家的品质和精神等作介绍、分析和解读。讲座由中国学所党支部书记、所长沈桂龙研究员主持。

4月23日　世界中国学研究所党支部赴浦东新区川沙新镇城厢社区开展党建共建活动。中国学所党支部书记、所长沈桂龙与川沙新镇城厢社区党委副书记刘晓平代表合作双方在结对共建协议上签字,川沙新镇机关党委常务副书记尹陈伟代表新镇党委出席会议并讲话。

4月29日　上海社会科学院工会举办"瞻工运遗迹,迎建党百年"职工城市定向赛。世界中国学研究所的耿勇、宋晓煜、王玉与侯喆四人组成"中国学所·喜洋洋队"参与此次活动。

5月18日　为进一步推进党史学习教育活动,深入学习关于加强党内监督的党史专题内容,世界中国学研究所邀请我院机关纪委书记刘社建研究员为本所全体党员和科研人员做"中国共产党百年监察史"的专题讲座。会议由中国学所党支部书记、所长沈桂龙研究员主持。

5月21日　上海市哲学社会科学规划办公室主任李安方一行到上海社会科学院世界中国学研究所开展专题调研,了解中国学所推进上海市重点智库建设的有关情况,就智库建设推进中存在的问题与未来的工作设想等进行座谈交流,同时还就近期刚刚发布的市哲社课题申报等有关事项进行辅导。中国学所所长沈桂龙研究员就中国学所入选首批上海市重点智库一年多来开展的工作作简要汇报。副所长吴雪明副研究员、王震研究员等就各自负责的国际智库研究动态、国际智库报告译丛等项目推进情况及目前存在的困难和瓶颈作交流和探讨。市哲社规划办的徐逸伦、徐冲就2021年度市哲社课题申报、国际智库成果编译项目等的申报指南、项目要求、成果规范等分别作专门的辅导和说明。

5月31日　王震研究员应邀参加"城市民族综合立法工作"专家座谈会并发言。

6月3日　上海市社联举办庆祝建党百年理论研讨会和优秀论文颁奖仪

式。我所乔兆红研究员的论文《中国共产党与全面建设社会主义现代化国家新征程》获优秀论文奖。

6月11日 《中国社会科学》编辑刘鹏应邀访问世界中国学研究所并就学术论文写作规范做专题讲座。中国学所所长沈桂研究员主持会议,中国学所全体科研、科辅人员参加会议。

是日 王震研究员主编新书《"一带一路"国别研究报告:以色列卷》(中国社会科学出版社)举行新书发布会,前驻以色列大使陈永龙,以色列驻沪副总领事茉馨和相关学者20人参加了会议。

是月 世界中国学研究所党支部荣获2021年度上海社会科学院"先进基层党组织"。

7月5日 世界中国学研究所党支部书记、所长沈桂龙研究员一行访问国家图书馆,与国图立法和决策服务部主任毛雅君会面交流,并交换两家单位的合作协议。中国学所副所长吴雪明副研究员、国图立法和决策服务部副主任田贺龙、海外中国问题研究资料中心副研究馆员尹汉超等参加签约仪式,并就国图海外中国问题研究文献馆藏特色、智库研究项目和未来合作方向等进行交流和探讨。

8月25日 梅俊杰研究员为"北京大学第五届中外经济思想史研究暑期讲习班"做"重商主义再认识"的专题讲座。

8月31日 为进一步提高工作效率,为所里同志开展科研、行政和论坛筹备等各项工作助力,世界中国学研究所党支部组织常用办公软件使用规范、技巧和心得的专题学习交流活动,支部宣传委员、副所长吴雪明副研究员做专题辅导。

是月 中共黄浦区委、黄浦区人民政府决定,授予世界中国学研究所所长沈桂龙研究员2020年"黄浦区领军人才"称号。

是月 我所助理研究员耿勇、刘晶、侯喆的译著《荷兰的中国研究:过去、现在与未来》出版,此书列入"世界中国学系列丛书"。

9月8日 王震研究员应邀参加美国《外交学人》(*The Diplomat*)举办的亚洲地区反恐在线学术会议,并作题为"全球反恐斗争的中国经验"的发言。

9月20日 王震研究员应邀参加巴基斯坦区域研究所举办的"阿富汗稳定的地区路径"在线国际学术研讨会并发言。

是月 由乔兆红研究员主编的《中国与世界：70年的历程——第八届世界中国学论坛实录》正式出版，此书列入"世界中国学系列丛书"；我所助理研究员顾鸿雁出版专著《人地共生：日本乡村振兴的转型与启示》，此书列入"上海重点智库丛书"。

10月12日 第九届世界中国学论坛协调动员大会在院部101会议室召开。院党委书记权衡，院长王德忠，院党委副书记王玉梅以及副院长王振、干春晖出席会议。会议由朱国宏副院长主持。会上，世界中国学研究所所长沈桂龙通报本届论坛筹备工作情况，各筹备工作小组交流各自的分工和任务，院领导对有关筹备工作做进一步的部署和协调。院部参与论坛筹办工作的机关和直属单位负责人，以及承办相应分论坛的研究所的有关同志参加本次协调动员大会，并作交流。

10月18—19日 由国务院新闻办公室和上海市人民政府共同主办，上海社会科学院和上海市人民政府新闻办公室联合承办的第九届世界中国学论坛于2021年10月18日—19日在上海国际会议中心举行，围绕"中国共产党·中国·世界"的主题，中国社会科学院副院长王灵桂，中国外文局局长杜占元，中国国际经济交流中心常务副理事长、执行局主任张晓强，复旦大学中国研究院院长张维为，俄罗斯政府前副总理、莫斯科大学副校长希尔盖·沙赫赖，联合国教科文组织驻华代表夏泽翰，新加坡国立大学东亚研究所所长郝福满等150多位海内外知名学者进行线下线上的演讲发言，从政治、经济、文化、社会及国际关系等诸多领域，探讨中国共产党的百年历程，及其对中国和世界未来发展的意义。本届论坛还公布第六届世界中国学贡献奖获奖名单，根据世界中国学贡献奖评选委员会78位专家的推荐和投票，共有3位专家荣获第六届世界中国学贡献奖，他们是英国剑桥大学荣休教授鲁惟一、美国加州大学圣地亚哥分校荣休教授周锡瑞和南开大学中华古典文化研究所所长叶嘉莹。

10月29日 上海社会科学院上海五一劳动奖表彰大会暨上海社科院工

会干部培训会议在院淮海中路本部小礼堂举行。院党委书记权衡出席会议并讲话,院党委组织部长包蕾萍、党委宣传部长汤蕴懿、院工会副主席赵蓓文、韩汉君、刘峰,获奖个人和获奖单位领导,以及全体院工会委员,各基层单位工会主席、委员出席会议。院工会主席杨鹏飞主持会议。院党委组织部部长包蕾萍宣读上海市总工会表彰决定,授予上海社会科学院图书馆2021年度"上海市工人先锋号",授予我所研究员焦世新"上海市五一劳动奖章"。院党委书记权衡为获奖个人和单位颁奖。

12月3日 梅俊杰研究员在完成国家课题研究的基础上,在所内作"赶超发展先驱弗里德里希·李斯特再认识"的学术报告。

是日 王震研究员应邀参加美国人文与科学院(AAAS)和胡佛研究所联合举办的"东北亚安全对中美地区和多边合作的含义"在线国际学术研讨会并发言。

12月7日 由上海社会科学院、上海市社会科学界联合会主办,上海社会科学院世界中国学研究所、上海社会科学院出版社、上海国际经济交流中心承办的"从世界看中国——《世界中国学概论》出版座谈会"在上海社会科学院举办。上海市委宣传部副部长徐炯、上海社会科学院党委书记权衡、上海市社会科学界联合会党委书记王为松出席会议并致辞,上海市社会科学界联合会主席、上海社会科学院国家高端智库顾问王战以作者的身份对此书的撰写进行了介绍。会议上下半场分别由上海社会科学院世界中国学研究所所长沈桂龙、副所长周武主持。

2022 年

1月24日 举办"双碳政策对物流业的影响"会议。会议由上海社会科学院世界中国学研究所主办,国际都市创新研究中心、长三角流通经济创新研究中心承办。王振副院长到会致辞并作主旨发言,沈桂龙所长主持开幕式。上海政法学院经济法学院教授王文革及我院法学所副所长李建伟等专家学者及企业界人士出席线上线下会议。

2月25日 我所召开全所大会,传达学习上海社会科学院2022年工作会议暨科研工作会议精神,所长沈桂龙研究员主持会议。

3月2日　召开干部任免宣布会。副院长朱国宏出席并讲话,会议由院党委组织部部长李开盛主持并宣读关于免去吴雪明同志上海社会科学院世界中国学研究所副所长及聘王圣佳同志担任上海社会科学院世界中国学研究所办公室主任的决定。吴雪明同志自2022年2月起任院党委宣传部部长兼科研成果传播办公室主任。

3月11日　梅俊杰研究员为市委宣传部领导召集的专家研讨会作"从世界史看中国现代化"的发言。

4月26日　梅俊杰研究员为"北大经济史学名家系列讲座"主讲"贸易政策与国家富强:英国经济史的启示",北京大学经济学院前院长晏智杰教授、中国人民大学经济学院贾根良特聘教授担任讲座与谈人,有500多人听取演讲,《文汇报》和澎湃新闻均作报道。

5月29日　上海社会科学院世界中国学研究所召开首届世界中国学方向硕士、博士学位论文答辩,两名2019级硕士、两名2018级博士和一名2019级博士参加答辩并通过答辩。

5月31日　上海社会科学院原副院长、复旦大学特聘教授黄仁伟教授作题为"当前国际形势及我国战略选择"的学术报告。此报告为"中国学智库讲堂"第十三讲。中国学所副所长周武研究员主持会议。

6月1日　我所副研究员潘玮琳应邀参加印度中国研究所(Institute of China Studies)关于中国环境治理的在线学术会议并发言。

6月27日　我所副研究员潘玮琳应邀参加中国人民大学主办的"新时代中国社会转型与发展国际研讨会"暨2022年"新汉学计划"博士生社会学专题工作坊,并作题为"当代中国研究的现状及挑战"的主旨发言。

7月12日　沈桂龙所长撰写的《中国"一带一路"跨境园区发展报告》获"第十五届上海市哲学社会科学优秀成果奖——党的创新理论研究优秀成果奖一等奖(著作类)"。

(王圣佳、马蕾、陈筝等　供稿)

后　记

《十年树木——上海社会科学院世界中国学研究所成立十周年纪念文集》和另外一本《以中国为方法——上海社会科学院世界中国学研究所成立十周年纪念论文集》是世界中国学研究所纪念建所十周年最重要的内容。纪念文集不同于论文集，它侧重于记录十年来为建所作出贡献的人员的珍贵记忆，从一个侧面反映世界中国学研究所的成长足迹，是世界中国学研究所一个阶段的历史化石。

纪念文集的内容安排颇费思量。世界中国学研究所因世界中国学论坛而生，世界中国学论坛召开早于世界中国学研究所的成立，世界中国学研究所的功能也不仅仅是举办论坛。是否请所有与论坛有关系的人撰写回忆录，有过深入讨论和研究，集体商量后最终还是只纳入与世界中国学研究所成立和发展直接相关人员，这既包括起初筹备建立世界中国学研究所的领导和职工，也包括后面世界中国学研究所的正式员工，以及为世界中国学研究所学科发展作出贡献的非本所的博士生导师等。回忆录的目录顺序总体上按照与世界中国学研究所紧密度、重要性和年代性排列，照片先后则按照大类和时间顺序排列。

纪念文集凝聚了许多人的心血。王海良研究员是这本书的主要策划人和负责人，从书名到内容和安排都花费了很多心思，付出了大量劳动。陈如江老师既代表世界中国学研究所前员工，又代表出版社负责这本书的编辑，为文集出版贡献了智慧，投入了大量精力。此外，研究所召开了多次会议，专门讨论纪念文集的出版，一些老领导和相关专家也都为本书的出版提出了很多好的建议。在职的和离开的世界中国学研究所的很多同志，为这本纪念文集的最终完成提供了有力帮助,在此一并感谢!

  本书内容涉及大量人的回忆,对于同一事情或不同事情的交叉,有着个人的不同记忆和判断,可能会在内容和认知上有所不一致。考虑到纪念文集的特殊性,我们尽量完整保留每个人的回忆内容。挂一漏万,缺憾难免,希望所有读者,特别是与世界中国学研究所有交集的读者,给予包容,对于提出的批评我们也将虚心接受。

世界中国学研究所建所十周年纪念筹备委员会

二〇二二年十月

图书在版编目(CIP)数据

十年树木：上海社会科学院世界中国学研究所成立十周年纪念文集 / 沈桂龙主编. — 上海：上海社会科学院出版社，2022
 ISBN 978 – 7 – 5520 – 3974 – 0

Ⅰ.①十… Ⅱ.①沈… Ⅲ.①中国学—文集 Ⅳ.①K207.8 – 53

中国版本图书馆 CIP 数据核字(2022)第 187198 号

十年树木
——上海社会科学院世界中国学研究所成立十周年纪念文集

主　　编：沈桂龙
出 品 人：佘　凌
责任编辑：陈如江
装帧设计：孙豫苏
出版发行：上海社会科学院出版社
　　　　　上海顺昌路 622 号　邮编 200025
　　　　　电话总机 021 – 63315947　销售热线 021 – 53063735
　　　　　http：//www.sassp.cn　E-mail：sassp@sassp.cn
照　　排：南京理工出版信息技术有限公司
印　　刷：上海新文印刷厂有限公司
开　　本：710 毫米×1010 毫米　1/16
印　　张：16
插　　页：10
字　　数：255 千
版　　次：2022 年 11 月第 1 版　2022 年 11 月第 1 次印刷

ISBN 978 – 7 – 5520 – 3974 – 0/K·666　　　　　　　　　定价：78.00 元

版权所有　翻印必究